역량의 창조

CREATING CAPABILITIES

CREATING CAPABILITIES

역량의 창조

인간다운 삶에는 무엇이 필요한가?

마사 누스바움 지음
한상연 옮김

2015년 12월 4일 초판 1쇄 발행
2023년 9월 15일 초판 6쇄 발행

펴낸이 한철희 | 펴낸곳 돌베개 | 등록 1979년 8월 25일 제406-2003-000018호
주소 (10881) 경기도 파주시 회동길 77-20 (문발동)
전화 (031) 955-5020 | 팩스 (031) 955-5050
홈페이지 www.dolbegae.co.kr | 전자우편 book@dolbegae.co.kr
블로그 blog.naver.com/imdol79 | 트위터 @Dolbegae79 | 페이스북 /dolbegae

책임편집 윤현아
표지디자인 김동신 | 본문디자인 김동신·이은정
마케팅 심찬식·고운성·조원형 | 제작·관리 윤국중·이수민
인쇄·제본 한영문화사

ISBN 978-89-7199-697-3 93300

이 도서의 국립중앙도서관 출판시도서목록(CIP)은 서지정보유통지원시스템
(http://seoji.nl.go.kr)과 국가자료공동목록시스템(http://www.nl.go.kr/kolisent)에서
이용하실 수 있습니다.(CIP제어번호: CIP2015029823)

책값은 뒤표지에 있습니다.

역량의 창조

인간다운 삶에는 무엇이 필요한가?

마사 누스바움 MARTHA C. NUSSBAUM
한상연 옮김

CREATING CAPABILITIES

차례

일러두기

1   이 책은 Martha C. Nussbaum의 영어 원판 *Creating Capabilities*(Harvard University Press, 2011)를 우리말로 번역한 것이다.
2   본문 1, 2, 5, 6장의 소제목은 원서에는 없고, 한국어판에만 있는 것이다.
3   본문의 각주는 저자와 옮긴이의 것으로 옮긴이 주의 경우 문장 끝에 작성자를 밝혀 놓았다 ('— 옮긴이').
4   원서의 이탤릭체는 고딕체로 바꾸어 표시했다.
5   단행본과 정기간행물에는 겹낫표(『』)를 논문에는 낫표(「」)를, 영화명에는 홑꺾쇠(⟨ ⟩)를 썼다.
6   외국 인명과 지명, 도서명 등은 국립국어원의 외래어 표기법과 용례를 따랐다. 다만 국내에서 이미 굳어진 인명과 지명의 경우에는 통용되는 표기로 옮겼다. 또한 이미 국내에 번역 출간된 도서는 원저 제목과 다르더라도 번역서 제목을 그대로 썼다.

서문

전 세계 가난한 국가의 문제를 다룬 경제학자, 정책결정자, 관료는 사람의 경험을 왜곡하는 이야기를 오랫동안 해왔다. 그들의 지배적 이론 모델은 어떤 국가나 1인당 GDP가 증가한다면, 아니 1인당 GDP가 증가할 때만 국민의 삶의 질이 향상될 수 있다고 단언했다. 이 조잡한 기준은 불평등이 심각한 국가, 국민 대다수가 경제발전의 덕을 보지 못하는 국가에 높은 점수를 주었다. 많은 국가가 국제 평판에 영향을 미치는 GDP 공개 순위에 민감하게 반응하기 때문에 조잡한 GDP 접근법에 따라 오로지 경제성장에만 힘을 쏟는다. 그러나 국민이 얼마나 가난하게 사는지는 신경 쓰지 않는다. 경제가 성장해도 곧바로 개선되지 않는 건강과 교육 문제의 해결에도 나서지 않는다.

그럼에도 GDP 모델은 좀처럼 사라지지 않고 있다. 발전경제학 및 국제통화기금IMF와 세계은행World Bank 같은 경제발전을 고민하는 국제기구의 실제 행동에서 보이듯 GDP 모델은 '개발도상국'의 발전 성과를 분석하는 표준적 도구로서 확고하게 자리 잡고 있을 뿐 아니라, 부유한 국가가 '발전하거나' 삶의 질을 높인다는 것이 어떤 의미인지 생각할 때도 두루 쓰인다('개발도상국'은 가난한 국가를 대신하는 말로 자주 쓰이지만, 엄밀히 말하면 모든 국가가 개발도상국이다. 국민의 삶의 질을 높일 필요가 없는 국가는 어디에도 존재하지 않기 때문이다). 사실 부유한 국가도 불평등 문제를 안고 있으므로 GDP 접근법은 부유한 국가에서도 가난한 국가에 적용될 때와 비슷한 왜곡을 낳는다.

최근 발전정책 분야에는 새로운 이론 패러다임이 등장했다. '인간개발 접근법' 혹은 역량 접근법으로 알려진 이 패러다임은 아주 단순한 물음에서 시작한다. 사람은 실제로 무엇을 할 수 있고 또 무엇이 될 수 있는가? 사람이 누릴 수 있는 실질적 기회는 무엇인가? 이들 물음은 단순하면서도 복잡하다. 사람의 삶의 질은 서로 밀접하게 연관된 다양한 요소로 이루어져 있기 때문이다. 새로 등장한 역량 접근법의 두드러진 특징 중 하나가 복잡하다는 점이다. 그 덕분에 사람의 복잡한 삶, 복잡한 노력을 잘 설명할 수 있다. 역량 접근법이 묻는 물음은 사람이 일상적 삶 속에서 묻는 바로 그 물음이다.

역량 접근법은 세계은행에서 유엔개발계획United Nations Development Programme, UNDP에 이르기까지 복지를 논하는 국제기구에 점점 더 큰 영향을 미치고 있다. 그 단적인 예로, 많은 국가가 1990년부터 유엔개발계획 사무국이 매년 발행한 『인간개발보고서』Human Development Report 의 영향을 받아 자국 내의 다양한 지역과 집단을 역량 접근법으로 연구한 『인간개발보고서』를 발행한다는 사실을 들 수 있다. 요즘에는 이런 보고서를 정기적으로 발행하지 않는 국가가 거의 없을 정도고 (미국도 2008년부터 『인간개발보고서』를 발행했다), 『아랍인간개발보고서』Arab Human Development 같은 지역별 보고서까지 등장했다. 80개 국가 출신 700명 회원을 거느린 인간개발및역량연구협회Human Development and Capability Associatio, HDCA도 인간개발 접근법이나 역량 접근법이 의미 있는 공헌을 했거나 공헌할 수 있는 광범위한 주제를 깊이 연구하라고 권장한다. 역량 접근법의 영향 속에서 경제성장과 사회발전 측정 문제를 다룬 『사르코지위원회보고서』Sarkozy Commission Report가 최근 발간되기도 했다.

역량 접근법은 이렇듯 점차 그 영향력을 높여왔으나 발전 문제 연구자가 주로 읽는 어려운 논문과 책에서만 논의되는 경우가 많았다. 아쉽게도 일반 독자나 대학 강사를 위한, 역량 접근법을 쉽게 다룬 책은 없었다. 이 책은 역량 접근법의 핵심 요소를 명쾌하게 설명하고 다른 접근법과 비교할 근거를 제시해 일반 독자와 전문가 사이의 간격을 메우는 것이 목표다. 특히 사람의 삶의 서사적 맥락 속에 역량 접근법을 놓아, 정책결정자가 사람의 삶을 들여다볼 때 무엇에 초점을 맞춰야 하는지 알려주려고 한다. 또 지금 이곳에 사는 사람을 존중하고 그들의 역량을 키워줄 의미 있는 개입을 할 정책 능력에 역량 접근법이 어떤 영향을 미칠지도 보여주려고 한다. 이 책은 지적 엘리트의 편향을 반영하는 차원에만 머물지 않을 것이다.

삶의 질을 개선하기 위해서는 현명한 정책을 선택한 뒤 헌신적으로 실천하는 것이 필요하다. 아무리 자세한 설명을 담는다 해도 삶의 질을 개선하는 이론에 관한 책만 써놓고 앉아 있는 것은 불필요한 짓일지 모른다. 그러나 이론도 우리가 사는 세상의 일부다. 이론은 현실의 중요한 문제를 바라보는 눈을 길러주고 그 핵심 특징을 깨닫게 해주며 특정 정책에 관한 논의를 이끌어낸다. 아무리 똑똑한 행동가라도 이론으로 무장하지 않으면 권력의 중심부에 별 영향을 미치지 못한다. 앞으로 누누이 지적하겠지만 기존 발전정책의 방향을 좌지우지했던 지배적 이론에는 심각한 오류가 있었다. 보편적 가치(이를테면 평등 존중, 존엄성 존중)라는 관점에서 보면 그릇된 방향으로 발전정책을 이끈 것이다. 올바른 방향의 정책을 선택하고 싶다면 잘못된 기존 이론에 도전할 대항이론이 필요하다. 이 대항이론은 참신한 관점에서 발전이 무엇인지 분명히 밝히고 발전을 달성하기 위한 우선 과제의 밑그림을 새롭게 제시해야 한다. 시급히 해결할 문제가 널려 있고, 정당화하기 힘든 불평등이 판치는 이 시대에 역량 접근법은 반드시 필요한 대항이론이다.

1장

정의를 원하는 여성

인도에서 여성으로 산다는 것

전 세계 사람 누구나 인간존엄성에 걸맞은 삶을 살기 위해 노력하고 있다. 각 국가의 지도자는 경제성장에만 정책의 초점을 맞췄지만, 국민은 무언가 다른 것, 의미 있는 삶을 추구한다. GDP가 증가했지만 사람들의 삶의 질이 높아지지는 않았다. 경제성장의 성과를 자랑하는 보고서가 불평등과 박탈감에 시달리는 많은 사람을 위로해주지는 못했다. 그들에게 필요한 것은 좀더 잘 살아보려는 노력을 뒷받침해주거나 적어도 사회적 관심을 불러일으켜 공적 논의를 유발하는 이론적 접근법이다. 그들의 간절한 노력을 은폐하거나 논의와 비판을 잠재우는 접근법은 필요하지 않다. 파키스탄 경제학자 고故 마붑 울 하크Mahbub ul Haq가 1990년 유엔개발계획의 『인간개발보고서』를 처음 발간하며 이렇게 말했다. "한 국가의 진정한 부는 국민이다. 국민이 오랫동안 건강하고 창의적인 삶을 누릴 환경을 만들어내는 것이 개발의 진정한 목적이다. 이 간단하지만 강력한 진실은 물질적·금전적 부를 추구하는 과정에서 종종 잊히곤 한다." 하크는 많은 사람이 직면한 다급한 문제에 대응하기 위해서는 새로운 이론적 접근법이 필요하다고 강조했다.

　인도 서북부 구자라트 주의 대도시 아흐메다바드에서 살아가는 아담한 체구의 30대 초반 여성 바산티Vasanti의 사례를 살펴보자. 바산티의 남편은 도박꾼에다 주정뱅이다. 그는 집안의 돈을 전부 긁어다 술 마시는 데 썼다. 돈이 바닥나자 구자라트 주정부가 산아제한을 장려하기 위해 지급하는 현금을 노리고 정관수술을 받았다. 바산티는 든든한 힘이 되어줄 자식을 낳을 수 없었다. 자식이 없는 여성은 가정폭력에 노출되기 쉽다는 점에서 그녀는 대단히 불우한 처지에 놓

였다. 날이 갈수록 남편의 학대가 심해졌고, 그녀는 이혼한 뒤 친정
으로 돌아갔다.

가난한 가정의 부모(부모가 세상을 떴다면 형제자매)는 결혼한 자
식, 특히 지참금을 챙겨 시집간 딸이 돌아오는 것을 반기지 않는다.
자식을 집에 다시 들이면 먹여 살릴 입도 늘고 새로운 걱정거리를 떠
안아야 하기 때문이다. 바산티는 남편이 이혼에 순순히 응해주지 않
고 이혼절차도 까다로워 무척 고생했다. 친정 가족이 다시 받아준 것
은 정말 다행이었다. 그녀와 비슷한 처지에 놓인 많은 여성이 거리에
나가 성매매를 하는 신세로 내몰린다. 바산티의 아버지는 살아생전
싱어 재봉틀* 부품을 제작해 생계를 꾸렸고, 바산티의 오빠와 남동
생은 아버지가 물려준 작업장에서 자동차 부품을 만들었다. 바산티
는 가게 한쪽에서 기거하며 아버지가 남긴 재봉틀로 사리sari°의 속옷
인 촐리choli*에 후크를 달며 돈을 벌었다. 그러던 중 오빠와 남동생이
사리 끝단을 감치는 용도로 쓸 재봉틀을 살 정도의 돈을 바산티에게
빌려주었다. 바산티는 그 돈을 받기는 했지만, 피붙이에 기대는 것이
달갑지 않았다. 모두 결혼해 처자식이 있었으므로 살기가 빠듯했기
때문이다.

그 무렵 바산티는 가난한 여성을 돕는 아흐메다바드의 선구적
NGO 여성자영업자조합Self-Employed Women's Organization, SEWA을 알게 됐
다. 국제적으로 인정받는 행동가 엘라 바트Ela Bhatt가 1972년에 설립
한 SEWA는 미소금융, 교육, 보건, 노동조합 조직 등 다양한 프로그램
으로 5만 명 이상을 지원했다. 인도의 다른 주와 달리 구자라트 주는

●　　아이작 M.싱어Isaac M.Singer가 1851년에 특허를 받아 전 세계에 판매한 가정용 재봉틀 — 옮
　　긴이.
○　　인도 여성이 입는 전통 의상 — 옮긴이.
◆　　배꼽이 보일 만큼 짧은 블라우스로 힌두교도 여성이 입는다 — 옮긴이.

극빈층 주민의 요구를 채워주는 사업에 많은 자원을 할애하지 않았고, 오로지 경제성장만 추구했다. 법률구조, 보건의료, 신용대출, 교육 등의 영역에서 바산티에게 도움을 줄 수 있는 주정부 프로그램은 없었다. 이런 상황에서 인도 최고의 NGO가 집 근처에 있었다는 것은 바산티에게 천만다행이었다.

SEWA의 도움으로 바산티는 자신의 명의로 대출받아 오빠와 남동생이 빌려준 돈을 갚았다(SEWA는 당시 소규모로 운영하던 신용협동조합이었으나 지금은 시내의 근사한 건물에 입점한 은행으로 규모를 키웠다. 이 은행의 임직원은 모두 여성이다. 그들 대부분이 과거에는 SEWA 프로그램 수혜자였다). 몇 년 뒤 나와 인터뷰했을 때 바산티는 SEWA 대출금을 말끔히 갚았다고 했다. SEWA 교육 프로그램에 등록해 글을 읽고 쓰는 법을 배운 뒤 사회적·경제적 독립과 정치적 참여의 중요성을 주변에 알리겠다는 포부도 밝혔다. 그때 바산티는 이미 깊은 우정을 나누는 친구 코킬라Kokila의 도움으로 지역사회의 가정폭력과 맞서 싸우는 활동에 열심히 참여하고 있었다. SEWA가 없었다면 두 사람의 우정은 불가능했을 것이다. 바산티는 비록 어려운 처지에 있었지만 엄연히 브라만 카스트 출신이었고, 코킬라는 그보다 낮은 카스트 출신이었기 때문이다. 카스트와 종교에 따른 차별은 인도 사회 전체는 물론 인도 여성운동에도 큰 걸림돌이다.

바산티가 처한 상황의 특징을 포착해 적절히 분석하고 필요한 조치를 권고할 이론이 있을까? 잠시 정치이론이나 경제이론은 접어두고 오로지 사람에게만 집중해보자. 바산티 이야기에서 어떤 점이 가장 눈에 띄는가? 무엇이 바산티 이야기의 핵심이라고 생각하는가?

우선 바산티의 체구가 상당히 작다는 점이 눈에 띈다. 이 점은 어린 시절 영양상태가 썩 좋지 않았다는 증거일 수 있다. 가난한 가정

은 자식을 제대로 챙겨 먹이기 힘들다는 점을 고려할 때 이 부분에서
그녀와 그녀의 오빠 및 남동생의 식사가 얼마나 차이가 났을지 궁금
해진다. 딸이 아들보다 영양상태가 부실하고 어린 시절 아플 때 의사
의 진찰을 받는 일이 드물다는 증거는 풍부하다. 왜 그런가? 딸은 성
인이 된 뒤에도 아들에 비해 취직할 기회가 극히 제한되므로 가족의
생계에 큰 도움이 되지 않기 때문이다. 집에서 가사노동을 한다 해도
그것이 돈을 벌어다주지는 않기에 그 경제적 중요성은 간과되기 일
쑤다. 더구나 인도 북부와 서부에서 딸은 결혼하면 지참금을 챙겨 떠
난다. 그러니 딸은 아들보다 돈이 더 들고, 부모는 노년에 자신을 부
양하지 않을 딸에게 왜 자산을 낭비해야 하는지 의구심을 품게 된다.
인도의 북부와 서부는 둘째 딸의 사망률이 아주 높은 것으로 유명하
다. 바산티의 영양 결핍은 빈곤의 결과였을 뿐 아니라 성차별의 결과
였다.

  불평등한 재산법과 상속법도 인도에서 태어난 딸들의 처지를 더
욱 힘들게 한다. 바산티의 삶을 생각할 때는 누구나 재산법과 상속법
이 그녀의 처지에 어떤 역할을 했는지 염두에 둬야 한다. 인도에서는
종교에 기반을 둔 민법체계가 독립 후에도 가족법, 재산법, 상속법을
계속 규율하며 극심한 남녀 불평등을 제도화했다. 예컨대 1986년까
지 딸의 생명 가치를 아들의 생명 가치보다 낮게 정한 관습 탓에 기
독교 여성들의 몫은 남성의 4분의 1에 불과했다. 힌두 여성 역시 힌
두 재산법 때문에 불평등을 감수해왔다. 내가 바산티를 처음 만나고
7년이 지난 2005년에야 힌두 여성들은 아들과 똑같은 토지 상속 지
분을 인정받았다. 바산티의 부모는 많은 땅을 소유하지는 않지만,
그녀가 어려운 처지를 분석해보면 불공정과 어떤 식으로든 관련이
있음을 알게 된다.

이들 문제를 곰곰이 생각하다 보면 인도에서 두드러지게 나타나는 성비 불균형으로 시선이 향할 것이다. 인구학자는 영양 공급과 보건의료 혜택이 비슷한 수준에서는 평균적으로 여성의 기대수명이 남성의 기대수명보다 더 길다고 추정한다. 보통 남성 100명당 여성 102명의 성비가 정상이다. 그러나 인도의 최근 인구조사에서는 남성 100명당 여성 92명의 성비가 나타났다. 이 성비는 인도 전체의 평균치다. 재산이 모계로 상속되고, 남편이 아내를 자기 집으로 데려오지 않고 아내 집으로 들어가 사는 인도 남부에서는 여성의 기대수명이 인구학자의 예측치와 일치한다. 예컨대 케랄라 주의 성비는 남성 100명당 여성 102명이다. 반면에 인도 북부의 몇몇 주에서는 성비가 평균에서 크게 벗어나 있다. 농촌 지역이 대부분인 비하르 주의 호별 인구조사에서는 남성 100명당 여성 75명이라는 경악할 만한 성비가 나타났다. 태아 성별의 감별이 가능한 지역은 성비 불균형이 훨씬 심각하다. 인도 어디에서나 양수검사가 가능한 산부인과가 눈에 띈다. 성별 선택에 의한 낙태는 굉장히 널리 퍼진 문제라 태아 성별 감식은 법으로 금지되었지만 실효성이 없다.

이렇게 볼 때 바산티가 살아 있다는 것은 행운이었다. 그녀의 부모는 잘 먹이지는 못했지만, 다른 가난한 집 부모보다는 형편이 조금 나았다. 내가 바산티를 만났을 당시 그녀는 상당히 건강해 보였다. 구자라트 주에서는 가난한 사람이 보건의료제도에 쉽게 접근할 수 없다는 점에서 그녀가 튼튼한 체질을 타고났다는 것은 운이 좋은 편이었다. 인도 헌법은 연방정부가 아니라 주정부에 주민 건강 관리의 책임을 두기 때문에 주마다 가난한 사람이 이용할 수 있는 보건의료자원에는 큰 편차가 있다. 케랄라 주를 비롯한 몇몇 주는 효율적인 보건의료제도를 갖추고 있지만 나머지 주는 대부분 그렇지 못하다.

다음으로 바산티처럼 똑똑하고 의지가 강한 여성조차 글을 읽고 쓰는 법을 배우지 못했기 때문에 일자리를 얻을 기회가 별로 없었다. 이 점 역시 구자라트 주의 교육제도가 실패한 결과로 해석할 수 있다. 교육도 건강과 마찬가지로 주정부의 소관 업무여서 주마다 문자해독률의 편차가 크다. 케랄라 주는 남녀 청소년의 문자해독률이 100퍼센트에 가깝지만, 인도 전체로 보면 남성의 75.3퍼센트가 읽고 쓸 줄 아는 반면 여성은 53.7퍼센트에 그친다. 문자해독률의 격차가 생기는 요인은 기본적 기대수명과 건강의 성별 격차를 만든 요인과 관련이 있다. 여성은 직장을 얻거나 정치에 참여할 기회가 별로 없으므로 부모의 관점에서 딸은 가사노동을 시키고 아들은 학교에 보내는 것이 합리적이다. 여성이 어릴 때부터 듣던, 집에서 살림이나 하라는 말은 자기실현적 예언이 되고 만다. 글을 읽고 쓸 줄 모르는 탓에 취업과 정치 참여 기회 대부분을 빼앗겼기 때문이다. 더구나 딸은 곧 친정을 떠나 다른 집안으로 시집을 가므로 부모는 딸의 미래와 이해관계가 있을 수 없다. 케랄라 주는 여성의 교육 문제만큼은 구자라트 주에 견줬을 때 잘 해결한 편이지만 교육받은 주민의 일자리를 창출한 실적은 초라하다.

교육은 기회를 열어주는 대단히 중요한 수단이기 때문에 2002년 개정된 인도 헌법은 초·중등교육을 받을 권리에 강제적 기본권의 지위를 부여했다. 그러나 가난한 가정의 학부모는 생계유지를 위해 자식을 학교에 보내지 않고 일터에 내모는 일이 잦았다. 이에 인도 대법원은 학교가 학생들에게 최소 18그램의 단백질을 함유한 350칼로리의 점심식사를 제공해야 한다는 판결을 내렸다. 자식을 학교에 보내는 부모에게 그들이 벌지 못한 돈을 웃도는 경제적 인센티브를 주기 위한 고육지책이었다. 물론 바산티는 이처럼 개선된 제도의 혜택을 누리지 못했다. 진작 도입되었다면 그녀는 문맹을 면하고, 그녀의 발육 상태도 더 나았을 것이다.

1992년에 개정된 인도 헌법은 **판차야트**panchayat[●] 의석의 3분의 1을 여성에게 할당했다. 의석의 의무 할당은 점심급식제도와 마찬가지로 부모가 아들뿐 아니라 딸도 학교에 보내게 하는 유인책으로 작용했다. 훗날 판차야트에서 딸이 가족의 이익을 대변할 가능성이 있다는 생각이 들었던 것이다. 그러나 의석의 의무 할당도 바산티에게는 부모의 교육적 선택에 영향을 미치지 못했다는 점에서 뒤늦은 것이었다. 그렇지만 그녀는 늦게나마 SEWA가 제공하는 성인교육 프로그램을 활용해 정치 참여와 직장을 얻을 기회를 얻었다.

바산티는 제도교육을 받지 않은 탓에 인도의 역사나 정치·경제 구조를 제대로 이해할 길이 막혀 있었다. 텔레비전으로 뉴스를 보고 친구로부터 여러 소식을 전해 들을 수는 있지만, 자신의 처지를 종합적으로 이해하고 당면한 문제를 깊이 파고드는 데는 여전히 역부족이었다. 자신의 삶을 더 풍요롭고 재미있게 해줄 시나 소설 같은 사람의 상상력에 기반을 둔 문학작품을 즐기지도 못했다. 그러나 음악과 춤을 즐기는 길까지 막힌 것은 아니었다. SEWA는 바산티와 비슷한 처지에 있는 여성을 교육할 때 음악과 춤을 효과적으로 활용한다.

바산티에게 핵심 문제는 가정폭력이었다. 이 복잡한 문제는 사회와 정부가 다양한 영역에서 어떤 선택을 하는가와 관련이 깊다. 알코올중독자인 그녀의 남편은 술만 마시면 주먹을 휘둘렀다. 인도의 몇몇 주는 알코올중독으로 골머리를 앓다 금주법을 도입하기도 했다. 그러나 금주법은 그리 효과 있는 처방이 아니었다. 술과 마약의 해악

● 인도, 파키스탄, 방글라데시, 네팔의 전통적 지방자치제도 — 옮긴이.

성을 가르치는 교육 프로그램이나 수준 높은 치료법이 있었다면 더 도움이 되었을 테지만, 구자라트 주정부는 그중 어느 것도 저소득층 주민에게 제공하지 않았다. 물론 주정부가 아무 대책도 없이 손을 놓고 있지는 않았다. 바산티의 남편에게 시술한 정관수술이 대표적 예였다. 그러나 가난한 사람을 돈으로 꾀어 정관수술을 받게 하는 것은 인구억제라는 점에서도 바람직한 정책이 아니었다. 무엇보다 여성의 선택권을 앗아가는 정책이었다. 가정폭력에 시달린 바산티는 경찰의 도움도 전혀 받지 못했다. 빈약한 경찰제도와 허술한 훈련의 결과였다. 이에 따라 그녀의 신체보전身體保全과 건강은 끊임없이 위험에 처했고 존엄성이 침해당했다.

가정폭력 문제를 들여다볼 때는 결혼생활의 '자발적 청산'과 '부부간 교섭권'을 생각해야 한다. 남편과 헤어지려는 여성이 두들겨 맞고 살 필요는 없다. 남편도 아내가 취업할 기회가 있거나 재산권을 행사할 수 있다는 것을 아는 경우 아무래도 폭력을 휘두를 가능성이 낮다. 인도의 발전경제학자 비나 아가왈Bina Agawal의 의미 있는 연구에 따르면, 같은 지역에서 가정폭력에 시달리는 여성과 그렇지 않은 여성의 차이를 설명하는 가장 중요한 요인은, 자기 명의의 땅이 있는지 여부다. 땅이 있는 여성은 가정폭력에 희생당할 가능성이 낮다. 결혼생활 청산시 자기 명의의 땅을 소유한 채로 남편 곁을 떠날 수 있기 때문이다. 학대하는 남편에 대항하는 다른 수단으로는 직장, 교육수준, 동산動産과 저축 등도 꼽을 수 있다. 딸에게 동정적인 친정의 존재도 결혼생활을 자발적으로 청산할 가능성을 열어준다. 바산티의 가족은 그녀가 존엄성을 유지하며 남편과 헤어지고 일자리까지 얻을 수 있게 해주었다는 점에서 흔치 않은 사례다. 그럼에도 부패한 데다 일처리가 느린 사법제도 탓에 이혼하기가 어려워 완전히 자립하기까지는 엄청난 고생을 해야만 했다.

SEWA의 대출은 바산티의 전반적 처지를 일거에 바꿔놓았다. 물론 그녀는 친정에 기댈 수 있어 아주 절망적이지는 않았다. 그럼에도 SEWA는 그녀가 만에 하나 오빠나 남동생과 관계가 악화되어도 쓸 수 있는 자금을 지원해주었다. 경제적 독립 덕분에 그녀의 자존감은 높아졌고 선택의 여지도 한층 넓어졌다.

가정폭력은 신체적 건강을 굉장히 해치지만 정서적 건강에 미치는 영향도 무척 파괴적이다. 바산티와 비슷한 처지에 있는 여성은 보통 두려움과 억눌린 분노로 극심한 고통을 겪는다. 애정과 성적 표현이 주는 진정한 즐거움도 누리지 못할 때가 많다. 바산티는 남편과 이혼할 조건을 충분히 갖춘 데다 오빠와 남동생과의 관계가 원만했으므로 정서적 건강은 그리 나쁜 편이 아니었다. 여기에다 SEWA의 대출은 잘살기로 향하는 문도 열어주었다. 이제 바산티는 코킬라와 돈독한 우정을 나누고 여성 모임 안에서 존중받으며 동등한 사람으로 대우받는 경험을 만끽할 수 있게 되었다.

결혼생활 동안 바산티는 자신을 학대하는 남편 말고는 모든 사회적 관계가 거의 끊겨 있었다. 친구도 없었고 직업 또한 없었으며, 정치 활동에도 전혀 참여하지 못했다. 이는 학대를 당하는 많은 여성의 처지다. 특히 카스트의 지위상 집 밖에서 일자리 찾기를 수치로 여기는 여성에게 공통적으로 나타나는 현상이다. 사실 바산티 같은 상위 카스트 여성의 처지는 자유롭게 돌아다닐 수 있는 하위 카스트 여성의 처지보다 나쁘면 나빴지 더 좋지 않았다. 그녀는 사랑을 베풀 자식을 얻는 일마저 자기 뜻대로 할 수 없었다. 바산티는 SEWA 덕분에 정치에 적극적으로 참여할 수 있었고 자신을 대등한 회원으로 인정하며 존중해주는 친구들도 만날 수 있었다. 그녀가 SEWA 사무실을 찾아가 낯선 사람에게 자신의 이야기를 털어놓았다는 사실 자체가 세상에 마음을 터놓게 되었고 호기심을 느꼈다는 신호였다. 그녀는 살아온 이야기를 할 때 무척 신나고 뿌듯해했다. SEWA에 참여하기 전만 해도 브라만 카스트에 속한 그녀가 선택할 수 있는 일자리는 대단히 제한적이었고, 읽고 쓸 줄 모르는 탓에 정치 활동에 참여할 수 있는 폭도 아주 좁았다.

바산티는 코킬라와 함께 가정폭력 퇴치 운동을 펼치므로 적어도 한 가지 정치 영역에서는 적극적으로 나선다고 할 수 있다. 그러나 그녀가 시민으로서 권리를 제대로 표현하는지, 투표권은 행사하는지, 사법제도 활용 방법을 아는지는 아직 의문이다. 인도 빈곤층의 전반적인 투표율은 굉장히 높기 때문에 **판차야트** 여성 할당제가 도입된 덕분에 여성의 정치 참여와 정치 인식도 점점 올라갔다. 덕분에 바산티도 정치제도에 관한 최소한의 지식은 갖고 있었을 것이다. 그러나 문맹이고 정식 학교교육을 받지 못했기 때문에 그 이상의 지식을 쌓을 능력은 막혀 있었다. **판차야트**에 대해 연구한 논문을 보면, 문맹 여성이 공공 업무에 참여하며 존경받기란 쉽지 않다.

SEWA는 이 모든 이슈를 관통하는 아주 기본적인 주제, 즉 자신의 삶을 통제하고 계획하는 여성의 능력에 초점을 맞춘다. SEWA는 여성이 수동적 존재, 남에게 휘둘리는 존재가 아니며 누군가가 마음대로 갖고 노는 노리개나 몸종이 아님을 가르친다. 여성은 선택할 능력이 있고 미래를 얼마든지 계획할 수 있다. 이는 자신들을 아무런 자율성도 없는 종속적 존재로 받아들이도록 자란 여성들에게 충격적인 신新 사고이다. 바산티의 경우 SEWA에서 대출을 받는 것과 친정으로부터 돈을 빌리는 것 사이에는 선택과 독립성의 측면에서 중요한 차이가 있다. 그녀는 새로 발견한 의사결정자의 지위에서 기쁨을 느꼈을 뿐 아니라 자신이 주체적으로 선택한 최초의 친구인 코킬라와의 관계, 여성 모임에서 만난 다른 회원과의 관계에서도 즐거움을 찾을 수 있었다.

바산티의 이야기에서 또 어떤 점에 주목할 수 있을가? 우리는 아직 바산티의 노동시간이나 일상생활의 구조에 대해 많이 알지 못한다. 그녀에게는 조금이라도 여가시간이 있었을까? 가만히 앉아 무언가를 생각하거나 아름다운 것을 감상하고 친구와 차를 마시며 수다를 떨 여유가 있었을까? 바산티는 옷을 잘 차려입는 데서 낙을 찾는 듯하다. 인도의 수많은 여성이 그렇듯 가난을 이유로 미적 상상력을 억누르지 않았다는 것은 그녀가 연한 파란색 사리를 즐겨 입었다는 사실에서도 쉽게 알 수 있다. 그녀는 놀이와 여가를 약간은 즐겼을 것이다. 보살필 자식이 없고 챙길 시댁도 없었으니 그럴 만했다. 인도 사회가 여가시간을 보호해준 덕분은 아니었다. 바산티의 삶을 살펴보면, 그녀가 전 세계의 수백만 여성처럼 고된 생업을 마치고 귀가해 또다시 가사노동은 물론이고 자녀 양육과 노부모 수발까지 책임져야 하는 '이중 노동'에 얽매이지 않는다는 점이 눈에 띈다. 제도적으로 노동자, 특히 여성 노동자에게 여가를 보호해주는 것은 품위 있는 사회를 만드는 데 중요한 과제다.

놀이와 여가와 관련해서 나는 바산티가 이혼문제를 마무리하고 나서 멋진 남성을 만나 재혼하고 싶어했을지 궁금해졌다. 인도 여성운동의 연구에서 놀라웠던 점은 서구식 애정 관념이 인도에 사실상 존재하지 않는다는 것이었다. 불행한 결혼생활 경험이 있는 인도 여성은 다른 배우자를 찾는 일에 큰 관심을 보이지 않는다. 오히려 배우자 없이 살아가기를 바란다. 그들은 간디의 자급자족 개념이 SEWA의 핵심 이념 중 하나라는 점을 긍정적으로 생각한다. 식민지

인도가 종주국宗主國과의 관계에서 자급자족을 달성하지 못해 자존
심을 지키지 못하고 자유를 누릴 수 없었듯이, 여성도 자신을 지배하
는 종주국 같은 존재인 남성으로부터 독립하지 못하는 한 자존심을
지키기 어렵고 자유를 누릴 수도 없다고 본 것이다. 인도 여성은 남
성 없이 살아가는 능력을 자존심의 상징으로 여긴다. 동성애를 무서
워해 레즈비언이 될 가능성도 희박한 인도 여성이 삶의 큰 즐거움 중
하나를 못 누리며 살아가는 것은 아닌지 의문이 들기도 한다. 정말
독신으로 살아가기를 선택한 것일까? 정신적 상처가 너무 크거나 영
양실조로 심신이 쇠약해져 인생의 동반자를 찾아 나설 엄두조차 내
지 못하는 것은 아닐까? 그러나 그들이 서구식 연애를 주제로 수다를
떨다가도 여성끼리 뭉쳐 사는 게 더 좋다는 결론을 내리는 모습을 보
면, 어느 한 가지 삶의 방식(예컨대 이성이든 동성이든 애정으로 결합한
커플로 살아가는 것)이 모든 여성에게 최선은 아니라는 생각이 든다.

　바산티와 환경의 관계를 궁금해하는 사람도 있을 것이다. 환경
이 오염되었거나 위험한 것은 아닌가? 그녀는 환경문제를 고민해
봤을까? 그리고 이 문제와 관련해 자기 자신과 다른 사람을 위한 선
택 기회가 있었을까? 생태계 보호를 외치는 여성운동 단체도 많지만
SEWA는 그렇지 않다. 바산티가 거주하는 지역의 주정부 역시 환경
문제에는 별 관심이 없다. 그렇다면 바산티 역시 환경문제에 관해서
는 깊이 생각할 기회가 없었을 가능성이 높았다. 그녀의 건강은 대기
오염이나 수질오염 같은 온갖 환경오염 탓에 나빠질 공산이 컸다. 빈
곤 국가에서 땔감으로 쓰는 쇠똥이 호흡기 질환을 불러일으키는 주
요 요인 중 하나라는 현실에 비춰볼 때 가장 '자연적인' 삶을 사는 여
성일수록 건강을 위협하는 요인에 더 많이 노출되는 편이다.

　지금까지 이야기한 것이 바산티의 사회적 배경을 알 만한 외부인

이나 독자가 떠올릴 수 있는 그녀 처지의 여러 측면이다. SEWA는 물론 바산티의 지인은 이들 측면을 중요하게 생각한다. 대부분 바산티의 평생에 중요한 것이었다. 그녀가 자신의 사회적 처지와 자신의 사회적 처지가 어디서 비롯됐는지 깨달을수록 그전에는 놀랐던 문제(예를 들면 **판차야트**의 역할, 어린이에게 적당량의 단백질을 제공할 필요성 등)도 자신에게 중요해진다.

이미 살펴봤듯이 바산티 상황의 여러 단면은 복잡하게 상호작용하지만, 그 각각은 바산티가 바람직하다고 생각한 삶을 살아가려면 그 자체를 문제 삼아야만 할 과제다. 좋은 공공정책은 그녀의 삶 전반에 영향을 미칠 수 있다. 이런 점에서 다양한 공공정책이 바산티가 선택하고 행동할 기회 및 자유에 어떤 영향을 미쳤는지 집중적으로 살피며 삶의 조건의 개선을 뜻하는 '발전'에 접근하는 것은 그 자체로 의미 있는 일이 아닐 수 없다.

GDP는 삶의 질을 제대로 보여주는가?

전 세계에서 활용되는 발전경제학의 지배적인 이론적 접근법(GDP 접근법)은 아쉽게도 인간답게 살아보려는 바산티의 절실한 노력을 뒷받침해주지 않는다. 지역 행동가나 관심 있는 관찰자가 그러듯 그녀의 처지를 '읽어내지' 못한다. 그녀를 다른 사람과 동등한 권리entitlements[●]가 있는 존엄한 사람으로 존중해주지도 않는다. GDP 접근법

● 권리를 뜻하는 단어로는 'right'와 'entitlement'가 있다. 'right'는 타인의 간섭을 받지 않을 권리를 뜻한다. 언론, 사상, 집회 등의 자유는 남의 간섭을 받지 않는 right로서의 권리이다. 이 권리는 타인의 희생이 없으므로 경제적 비용이 뒤따르지 않는다. 경제적 비용이 발생하지 않는 한 무제한으로 허용할 수 있다. 'entitlement'는 타인의 경제적 희생이 뒤따라야 수혜자

은 1인당 GDP의 증가가 주 state 나 국가 nation 가 더 잘살게 된다는 의미라고 본다. 바꿔 말해 경제가 성장할 때에만 구자라트 주는 올바른 정책을 추진하고 있는 것이고, 더 나아가 구자라트 주와 다른 주도 1인당 GDP를 잣대로만 비교되어야 한다.

숫자에 불과한 1인당 GDP가 아무리 높다 해도 바산티에게 무슨 의미가 있을까? 1인당 GDP는 '그녀의' 삶과 무관하고 그녀의 문제를 해결해주지도 못한다. 구자라트 주 어딘가가 외국 투자로 부가 늘어나더라도 그녀에게 돌아가는 혜택은 없다. 바산티가 1인당 GDP가 늘어났다는 이야기를 듣는 것은 구자라트 주 어딘가에 멋진 그림이 있지만 볼 수 없다는 이야기, 맛있는 음식이 차려져 있지만 맛볼 수 없는 것과 같다. 부의 증가는 좋은 일이다. 부의 증가로 정부는 바산티 삶을 바꿀 정책을 채택할 수 있게 해주기 때문이다. 그러나 그런 일은 일어나지 않았고 놀랄 일도 아니다. 그러나 늘어난 부가 바산티의 삶에 아무런 영향을 미치지 않더라도 놀랄 일은 아니다. 일반적으로 외국 투자로 늘어난 부의 혜택은 우선 엘리트층에게 돌아간다. 그 이유는 GDP는 부의 분배를 무시하는 단순한 평균치일뿐만 아니라, 사르코지위원회°의 보고서가 보여주듯 외국이 투자로 얻은 이익이 가계의 평균소득을 높이지 못하기 때문이다.

의 권리가 성립한다는 개념이다. 경제적 비용이 발생하기 때문에 무제한 허용할 수는 없고 사회적 최적 수준이 존재한다. 복지를 누릴 권리가 여기에 해당한다.

○　정식 명칭은 '경제 성과와 사회 진보 측정을 위한 위원회'Commission on the measurement of economic performance and social progress(이하 사르코지위원회). 2008년 초 프랑스 대통령 니콜라이 사르코지Nicolas Sarkozy의 제안으로 설립되었다. 현행 경제 성과 측정 방법인 GDP로는 삶의 질은 물론 경제적·환경적·사회적 지속가능성을 적절하게 측정할 수 없다는 문제의식에서 출발해 대안 지표를 모색하는 활동을 했다. 조지프 E. 스티글리츠Joseph E. Stiglitz가 위원장이고 아마티아 센이 자문회의 의장을 맡았다. 학계와 정부기관, 국제기관의 유명한 전문가가 위원으로 참여했다. 2008년 4월 첫 번째 전체 모임을 가졌고 2009년 9월 마지막 보고서를 발표했다 ― 옮긴이.

지역 엘리트층이 부의 재분배에 신경 쓰지 않는 한 부가 아무리 늘어나도 가난한 사람에게 그 혜택이 돌아갈 수 없다. 남성보다 취업 기회가 훨씬 적은 가난한 여성이 혜택을 누리기란 더더욱 힘들다. 주 정부가 직접 나서서 대책을 세우지 않는다면 경제성장은 건강과 교육의 질 향상으로 이어지지 않는다. 어쨌든 GDP 접근법은 바산티에게 중요한 것을 전혀 고려하지 않는다. GDP에만 초점을 맞추기 때문에 그녀의 삶에 아무 영향도 미치지 못한다.

우리는 GDP 접근법에만 신경을 쓰는 탓에 바산티가 구자라트 주의 경제적 번영의 열매를 맛보지 못하는 이유에 주의를 기울이지 못한다. GDP 접근법은 경제성장만이 구자라트 주 주민의 삶의 질을 개선하는 적절한 방법이라고 보기 때문에 바산티가 어떤 문제를 겪는지 제대로 파악하지 못한다.

『어려운 시절』*Hard Times*에서 찰스 디킨스Charles Dickens는 GDP 접근법을 배우는 교실의 풍경을 묘사했다. 선생님은 전학 온 지 얼마 안 된 곡마단 소녀 씨씨 주프에게 교실을 '5천만 파운드'의 돈이 있는 국가라고 상상해보라고 말한다. "20번 여학생, 돈이 5천만 파운드 있으면 부자 국가라고 할 수 있지요? 여러분은 부자 국가에 사는 거지요?" (이 학교에서는 집단의식을 강조하기 위해 학생을 이름이 아니라 번호로 부른다) 씨씨는 "모르겠어요" 하고 대답한 뒤 엉엉 울며 교실 밖으로 뛰쳐나간다. 나중에 그녀는 친구 루이자에게 선생님의 질문에 대답하기 힘들었다고 말한다. "누가 그렇게 많은 돈을 가졌는지, 그중에 내 것도 있는지 몰라서 대답할 수 없었어. 이제 생각해보니 나하고는 아무 상관이 없는 거였어. 어차피 내 몫은 하나도 없을 테니까."

우리에게 필요한 것은 씨씨 주프의 문제의식에서 출발하는 접근법, 즉 모든 사람에게 삶의 목적을 성취할 길을 열어줘야 한다는 접근법이다. 이 접근법은 현실에 발을 딛고 살아가는 사람들의 이야기, 정책 변화가 사람의 삶에 미치는 영향 이야기에서 출발한다. 다양한 사람들의 처지에 들어맞는 개발정책은 인간, 삶의 질에 영향을 미치는 수많은 요인에 관심을 기울이며 "각 영역에서 사람이 삶의 각 영역에서 실제로 무엇을 할 수 있고 무엇이 될 수 있는가?" 하고 묻는다. 개발 문제를 바라보는 어떤 접근법이든 '총합' 개념을 동원할 수밖에 없다. 이때 총합에서 적절한 정보를 얻어내고 싶다면 어떤 개별 항목에 중요성을 부여해야 하는지 신중하게 묻는 데서 논의를 시작해야 한다.

　바산티의 이야기에 담긴 여러 요소는 곧 소개할 핵심역량 목록과 밀접한 관련이 있다. 독자에게는 핵심역량 목록을 아는 내가 에둘러 바산티 이야기를 늘어놓으며 강조하고 싶은 것만 강조하는 것처럼 보일 수도 있다. 그러나 무엇이 중요한지 미리 정해놓지 않는다면 어떤 사람이 살아온 이야기를 살피거나 들을 수 없다. 플라톤이 『메논』 *Menon*에서 무엇을 알아야 하는지 모르면 결코 알 수 없다고 말한 탐구의 역설이다.

　그러나 역설에 얽매일 필요는 없다. 탐구하고 조사할 때는 새로 알게 된 사실에 대해 경직된 자세가 아닌 열린 자세를 견지해야 한다. 핵심역량 목록을 구성하기 전에 나는 될 수 있으면 많이 듣고 배우려고 했다. 바산티의 이야기를 비롯한 무수한 이야기가 그런 경험의 핵심을 이루었다(나중에 알게 되겠지만 이 말은 핵심역량 목록을 정당화하는 근거가 아니다). 현재의 핵심역량 목록은 최종본이 아니다. 인간존엄성을 구성하는 핵심 요소가 빠졌다는 비판이 나오면, 언제든지 수정할 수 있다. 나는 지난 몇 년간 다양한 국가 출신의 행동가들과 함께 일했다. 그들이 노련한 안목으로 자국 여성의 삶에서 무엇이 중요한 요소인지 포착하는 모습을 지켜보며 내 역량 접근법을 가다듬었다.

　최근 조너선 울프Jonathan Wolff와 애브너 드샬리트Avner De-Shalit는 이스라엘과 영국의 이민자 사회에서 역량이 중요하다는 사실을 경험적 연구로 밝혀냈다. 어떤 접근법을 토대로 사회를 설명할 때 균형을 유지하기는 힘들다. 설명자의 관심이 사람보다는 사회의 몇몇 특징으로 쏠리기 쉽기 때문이다. 그러나 GDP 접근법의 대안 접근법을 정립하려고 할 때는 순수한 호기심과 더불어 이론적 유연성을 고집해야 한다. 역량 접근법은 이러한 중요한 장점을 갖췄다는 점에서 GDP 접근법의 대안이 될 만하다.

　역량 접근법은 국제적 개발정책의 맥락에서 주로 이론화되었고, 삶의 질을 높이기 위해 고군분투하는 가난한 국가에 초점을 맞춘다. 최근에는 선진국도 독자적인 『인간개발보고서』를 발행했고, 유엔의 『인간개발보고서』는 이 선진국에서 나온 데이터를 비중 있게 다뤘다. 역량 접근법은 때로 가난한 국가에나 적용될 이론으로 여겨지기도 하지만, 어느 국가에나 인간존엄성에 걸맞은 삶을 살기 위한 노력, 평등과 정의를 실현하기 위한 몸부림이 존재한다. 바산티 이야기를 읽으며 미국에서 보기 힘든 특징이 몇 가지 눈에 띄었을 것이다. 문자해독률이 좋은 예다. 미국의 문자해독률은 인도보다 훨씬 높다. 그러나 자세히 들여다보면 미국 대도시 빈민가 학교에서는 실생활에 필요한 읽고 쓰는 능력조차 길러주지 못하는 사례가 적지 않다. 고등교육을 받을 기회도 불평등하다. 또 여러 연구가 보여주듯 미국에서도 인도 못지않게 가정폭력이 빈번하게 일어난다. 가정폭력의 심각성에 관한 대중의 인식이 높아졌고 인권변호사도 열심히 노력하지만, 가정폭력에 맞서 싸우는 전략은 여전히 어렵다. 보건의료 서비스와 영양 섭취의 불평등도 미국 전역에서 쉽게 눈에 띈다. 미국은 부유한 국가로 꼽히기 때문에 이 같은 기본 영역의 불평등이 있다는 게 쉽게 이해되지 않을 것이다. 결국 가난한 국가건 부유한 국가건 인간 개발 문제가 있고 적정한 삶의 질과 최소한의 정의를 실현하기 위한 몸부림이 보인다는 점에서 모두 개발도상국이라고 할 수 있다. 모든 시민에게 인간존엄성과 기회를 보장해주겠다는 목표를 완벽하게 달성한 국가는 없다. 역량 접근법은 이런 현실을 꿰뚫어 보는 힘을 제공한다.

2장   **핵심역량**

왜 역량 접근법인가?

우리가 연구 중인 접근법은 인간개발 접근법으로 불릴 때도 있고 역량 접근법 또는 역량들Capabilities 접근법으로 불릴 때도 있다. 가끔 이 두 가지 용어는 『인간개발과 역량』Journal of Human Development and Capabilities 에서 보듯 함께 묶이기도 한다(『인간개발과 역량』의 원제는 『인간개발』Journal of Human Development 이었다. HDCA 공식 간행물이 되면서 제목도 바뀌었다). 인간개발이라 하건 역량이라 하건 용어만 다를 뿐 실질적 내용에는 별 차이가 없다. 굳이 유의미한 차이를 꼽자면 '인간개발 접근법'은 유엔개발계획 산하 인간개발보고서 사무국에서 매년 발간하는 『인간개발보고서』와 밀접한 관련이 있다는 점, 그리고 『인간개발보고서』는 역량을 비교 척도로만 활용할 뿐 규범적 정치이론의 기본 개념으로는 인식하지 않는다는 점 정도다. 아마티아 센Amartya Kumar Sen 은 『인간개발보고서』의 기획을 주도했지만, 그의 (실용주의적이고 결과 지향적인) 이론의 모든 측면이 보고서 안에 담겨 있지는 않다. 『인간개발보고서』는 인간개발 정책의 논의 방향을 정하는 데 필요한 비교 정보를 모아 정리할 뿐 체계적 정치이론이나 경제이론을 주장하지는 않는다.

'역량 접근법' 또는 '역량들 접근법'은 센이 『불평등의 재검토』Inequality Reexamined 와 『자유로서의 발전』Development as Freedom 에서 제시한 정치·경제 프로그램의 핵심이다. 센은 이들 저서에서 어째서 역량이 삶의 질을 비교하는 최상의 개념 틀인지 보여주고, 왜 역량 접근법이 공리주의 접근법이나 유사롤스주의 접근법보다 뛰어난지 밝혀내려고 했다. 나는 '역량'이라는 말을 보통 복수형(capabilities)으로 쓴다. 사람의 삶의 질을 구성하는 중요한 요소는 한 가지가 아니라 여러 가지고 그 안에서도 질적 차이가 있다는 점을 강조하기 위해서다. 건강과 신체보전, 교육 등 사람의 삶을 구성하는 여러 측면을 하나의 척도로 측정하면 왜곡될 우려가 있다. 센은 역량의 복수성과 비환원성을 강조한다. 복수성과 비환원성 역시 역량 접근법의 핵심 요소다.

여러 맥락에서 나는 사람뿐 아니라 사람 아닌 동물의 역량에도 관심이 있기 때문에 '인간개발 접근법'이라는 용어보다는 '역량 접근법'●이라는 용어를 선호한다. 역량 접근법은 사람과 사람 아닌 동물에 공통으로 적용되는 정의와 권리에 관한 이론의 기초가 된다. 센은 나와 관심을 공유하지만, 동물의 역량을 고려하지 않는다는 점에서 나와 다르다. 역량 접근법은 일단 삶의 질을 비교 평가하고 기본적 사회정의에 관한 이론을 세우기 위한 접근법으로 정의할 수 있다. "사람은 무엇을 할 수 있고 무엇이 될 수 있는가?" 하고 물으며 사회가 사람의 기본적 품위decency나 정의를 지켜주는지 비교하고 평가해야 한다고 주장하는 이론이다. 역량 접근법은 **사람을 목적으로 보면서** 총체적 잘살기나 평균적 잘살기가 무엇인지 묻고 사람이 어떤 기회를 활용할 수 있는지 살핀다. **선택과 자유를 중요하게 생각하고,** 기회와 실질적 자유substantial freedom를 증진하는 사회가 좋은 사회라고 주장한다. 이때 선택과 자유는 오롯이 사람 자신의 몫이다. 누구나 기회와 실질적 자유를 적극적으로 누릴 수도, 누리지 않을 수도 있기 때문이다. 이런 점에서 역량 접근법은 사람이 자신을 규정할 역량을 존중한다고 할 수 있다. 역량 접근법은 **가치다원주의**pluralist about value 입장도 확고하게 견지한다. 사람마다 핵심역량을 달성한 정도는 양적, 질적

●　원문을 그대로 옮기면 '역량들 접근법'이라고 해야 하지만 국내에서는 '역량 접근법'이라는 표현이 통용되므로 앞으로 본문에서는 역량 접근법을 쓴다. 이 경우에도 저자가 사용한 원래 단어는 '역량들'임을 염두에 두기 바란다 — 옮긴이.

으로 다르기 때문에 역량을 단일 수치 척도로 환원해 평가하면 반드시 왜곡이 생긴다고 보기 때문이다. 더불어 사람의 구체적 특징을 이해하는 것이 역량의 성취를 이해하는 근본이라고 본다. 마지막으로 역량 접근법은 **아주 뿌리 깊은 사회적 부정의와 불평등**, 특히 차별이나 소외의 결과인 역량 실패capability failueres에도 **관심을 기울인다**. 사람의 역량과 삶의 질을 끌어올리는 것이 **정부와 공공정책의** 시급한 **과제**라고 본다.

이상이 역량 접근법의 본질적 요소다. 역량 접근법은 두 가지 목적으로 활용되어왔기 때문에 (최소한) 두 가지 버전이 있다. 내 역량 접근법은 기본적 사회정의에 관한 이론의 정립을 목적으로 삼으며, 그 과정에서 다양한 개념(**인간존엄성, 최저수준, 정치적 자유주의**)을 살펴본다. 근본적인 정치적 권리에 관한 이론이라고도 할 수 있는 내 역량 접근법은 **핵심역량** 목록을 적극적으로 활용한다. 귀에 익은 여러 복지이론과 나란히 놓고 보면 내 역량 접근법에는 빠진 부분도 있을 것이다. 무엇보다 한 사회의 삶의 질을 종합적으로 평가하기를 자제한다. 내 역량 접근법 속 **정치적 자유주의**는 그 역할상 가치에 관한 종합 설명을 배제하기 때문에 아무리 비교를 목적으로 한 것이라 해도 삶의 질을 종합적으로 평가하려고 하지 않는다.

한편 센은 역량이 삶의 질을 평가하기 위한 가장 적절한 비교 공간임을 밝히는 데 관심을 쏟았고, 그리하여 개발 논쟁의 방향을 바꿔놓았다. 센의 역량 접근법은 규범적 이론의 성격이 강하고 정의(예를 들어 성차별이나 인종차별에서 비롯된 역량 실패에 초점을 맞추는 정의)에 관심을 기울이기는 하지만, 기본적 정의를 분명하게 설명하지 않는다. 센은 최저수준 개념을 이용하거나 핵심역량 목록을 작성하지 않지만, 몇몇 역량(예를 들어 건강과 교육)은 특별히 중요하다고 생각한다. 또한 **인간존엄성** 개념이 중요하다고 인정하나 이론적으로 활용하는 데 힘을 쏟지는 않는다. 센은 역량 개념이 한 국가의 삶의 수준을 종합적으로 평가하는 토대라고 주장하는데, 바로 이 부분에서 정치적 자유주의를 핵심 요소로 삼는 내 역량 접근법과 결정적 차이를 보인다.

센과 내 역량 접근법이 어떻게 다른지는 4장에서 더 깊이 다룰 것이다. 여기서는 우리 두 사람의 역량 접근법을 삶의 질과 기본적 정의에 관한 단일하고 통일된 접근법이라고 이해해도 별 무리가 없을 것이다. 센도 내가 그랬듯이 바산티가 처한 상황을 이야기하면서 그 본질적 특징을 얼마든지 찾아낼 수 있었다. 다만 센은 본질적 특징을 정리해 핵심역량 목록을 작성하거나 거기서 최소한의 사회정의가 달성되었는지 평가하려고 시도하는 대신 역량 개념으로 삶의 질을 종합적으로 평가하는 데 더 비중을 두었을 뿐이다. 지금까지 센과 내가 공유하는 역량 접근법의 기본 윤곽을 이야기했고, 센의 역량 접근법에서는 중요하지 않지만 내 역량 접근법에서는 중요한 몇몇 개념을 소개했다. 이제 내 역량 접근법을 구체적으로 살펴보자.

역량이란 무엇인가?

역량이란 무엇인가? 이에 대한 답은 한마디로 "이 사람은 무엇을 할 수 있고 무엇이 될 수 있는가?"라는 물음에 대한 대답과 같다. 센은 역량을 '실질적 자유'이자 선택하고 행동할 수 있는 (일반적으로 상호 연관된) 기회의 집합으로 정의하며 이렇게 말한다. "사람의 '역량'은 성취할 수 있는 기능functionings●의 선택 가능한 조합을 가리킨다. 그래

36

서 역량은 일종의 자유, 즉 선택 가능한 기능의 조합을 달성하는 자유다." 달리 말해 어떤 사람의 고유 역량을 가리키는 동시에 그것과 정치적·사회적·경제적 환경의 조합이 만들어내는 자유나 기회이기도 하다. 복잡한 역량 개념을 일기 쉽게 설명하고자 나는 '실질적 자유'를 **결합역량**이라고 부른다. 바산티의 결합역량은 구체적인 정치적·사회적·경제적 상황에서 선택하고 행동할 기회의 총합이다.

어떤 사람의 특성(성격적 특징과 지적·감정적 역량, 건강상태와 내면화한 학습, 인지 및 동작 기능)은 당연히 '결합역량'과 밀접한 관련되지만, 사람의 특성과 결합역량은 구분해야 한다. 결합역량은 사람이 지닌 특성의 '일부'이기 때문이다. 나는 이렇게 고정적이지 않고 유동적이며 역동적인 사람의 상태를 **내적역량**이라고 부른다. 내적역량은 선천적 능력innate equipment과 다르다. 훈련되거나 계발된 특성과 능력으로 대부분 정치적·사회적·경제적·가족적 환경과의 상호작용 속에서 길러진다. 바산티의 학습된 정치적 기량이나 바느질 솜씨, 새로 얻는 자신감과 과거에 시달렸던 두려움의 극복 같은 특성이 내적역량의 예다. 사회는 신체적·정서적 건강을 향상시키는 자원인 교육을 통해 시민이 내적역량을 계발할 수 있도록 지원해야 한다. 또한 가족의 보살핌과 사랑, 교육제도 등도 뒷받침해줘야 한다.

내적역량과 결합역량의 구분은 왜 중요한가? 이 두 역량은 서로 중첩되지만 엄연히 별개인 품위 있는 사회의 두 가지 과제와 일치한다. 사회는 내적역량을 만드는 데는 능하지만 사람이 내적역량에 맞

● 기능은 '존재의 상태와 행위'로 구성된다. 이런 점에서 삶이란 서로 밀접히 연관을 맺는 여러 기능의 집합이다. 건강한 삶을 살아가는 것, 괜찮은 일자리를 얻는 것, 생명의 안전을 위협받지 않는 것처럼 비교적 단순한 것부터 행복한 삶을 사는 것, 자존감을 유지하는 것, 누구에게도 간섭받지 않고 평온하게 살아가는 것처럼 상당히 복잡한 것까지 기능은 다양하다.—옮긴이.

게 기능할 기회는 열어주지 못할 수 있다. 많은 사회가 정치 문제에 관해 언론의 자유를 누릴 수 있다고 가르치지만, 실제로는 언론을 억압해 자유로운 의견의 표출을 막는 경우가 많다. 내적역량의 차원에서는 종교의 자유를 누리지만 결합역량의 차원에서는 정부가 종교의 자유를 보호하지 않는 탓에 종교의 자유를 누릴 기회가 없는 사람도 흔히 눈에 띈다. 법적 권리가 없는 이주민이나 어떤 이유에서든 정치 참여 기회를 빼앗긴 사람은 내적역량 차원에서는 정치에 참여하나 결합역량의 차원에서는 정치에 참여하지 못한다. 반대로 (예를 들어 정부를 비판하는) 내적역량을 깨달을 수 있는 정치적·사회적 환경에서 살지만, 비판적으로 사고하거나 공개적으로 발언할 역량이 제대로 계발되지 않은 사람도 있을 수 있다.

결합역량은 내적역량에다 기능을 선택할 수 있는 정치적·사회적·경제적 상황을 더한 것으로 정의된다는 점에서 개념상 내적역량을 생성하지 않고 결합역량만 생성하는 사회는 생각하기 힘들다. 이에 더해 많은 영역에서 선택할 상황은 잘 만들어내지만 시민을 교육하지 않거나 시민의 지적 역량 계발을 뒷받침해주지 않는 사회도 생각해볼 수 있다. 인도의 몇몇 주가 그렇다. 정치 참여를 원하는 사람에게 문을 활짝 열어놓고 있지만, 정치 참여를 가능케 하는 기본적인 보건의료 수준과 교육 수준은 형편없다. 거기에는 내적역량도 결합역량도 존재하지 않지만, (정치 참여를 막지 않는다는 점에서) 사회가 몇 가지는 제대로 했다고 말할 수 있다(당연히 가난하거나 소외된 사람을 제외하면 많은 사람이 결합역량은 확실하게 갖고 있다). 바산티가 사는 구자라트 주의 경우 인도의 다른 주와 마찬가지로 정치 참여율이 높다. 주민의 정치적 역량을 잘 길러주었다고 할 수 있다(실제 기능에서 역량의 존재를 추론한다는 데 주목하라. 경험적으로는 이렇게 추론하기가 쉽지 않다. 투표할 역량은 충분하나 투표하지 않겠다고 선택한 사람이 존재할 수 있기 때문이다). 구자라트 주 역시 가난한 사람, 여성, 종교적 소수자의 교육과 적절한 정보, 자신감같이 서로 연관된 내적역량을 제대로 길러주지 못했다.

내적역량과 결합역량은 뚜렷하게 구분되지 않는다. 어떤 기능을 활용해 내적역량을 획득하는 사람도 있고, 기능을 활용할 기회가 없어 내적역량을 잃어버리는 사람도 있기 때문이다. 그래도 이들을 구분해두면, 어떤 사회의 성취와 결함을 직관적으로 진단하는 데 쓸모 있는 자기 발전적 수단heuristic이 될 수 있다.

내적역량은 선천적 능력이 아니지만, 선천적 능력 개념도 역량 접근법에서 중요한 역할을 한다. 역량 접근법의 '인간개발'이라는 말에는● 인간이 세상을 살며 타고난 역량을 펼쳐 보인다는 의미가 담겨 있다. 역량 접근법은 역사적으로 볼 때 아리스토텔레스, 존 스튜어트 밀John Stuart Mill, 라빈드라나트 타고르Rabindranath Tagore 등 인간의 성숙과 자기실현을 강조하는 철학자들의 영향을 받았다. 역량 접근법은 여러 면에서 낭비와 결핍 같은 직관적 개념을 동원해 사회가 역량의 개발을 막은 게 잘못임을 시사한다. 애덤 스미스Adam Smith는 교육받을 기회를 빼앗기면 "인간 본성의 본질적 부분이 (……) 훼손되고 망가진다"라고 했다. 역량 접근법 이면의 중요한 직관적 개념을 포착한 말이다. 이런 점에서 우리는 계발될 수도 계발되지 않을 수도 있는 선천적 역량을 논의해야 한다고 보고, 그래서 선천적 역량을 드러내기 위해 기본역량이라는 말을 사용한다. 기본역량의 계발은 DNA에 내장되어 있지 않다. 모성의 영양과 태아기의 경험이 기본역

● 원래 역량 접근법은 '인간개발 접근법'이라고 불리기도 했다 ─ 옮긴이.

량을 펼치고 구체화하는 데서 중요한 역할을 한다. 이런 맥락에서 우리는 아기가 태어난 뒤에도 잠재력은 물론 이미 환경에 의해 결정된 태아기의 내적역량에도 관심을 기울인다. 기본역량도 계발하고 훈련할 수 있는 내적역량이라는 점에서 제대로 이해하면 유용한 개념이다.

기본역량 개념은 매우 신중하게 적용해야 한다. 자칫 사람의 정치적·사회적 권리는 타고난 지능이나 재능에 비례해야 한다고 주장하는 이론으로 이어질 수 있기 때문이다. 역량 접근법은 이런 주장을 하지 않는다. 실제로 역량 접근법은 어느 한 국가 국민의 정치적 목표는 똑같아야 한다고 주장한다. 다시 말해 누구나 강제된 기능이 아니라 선택하고 행동할 실질적 자유를 의미하는 결합역량을 최저수준 이상으로 가져야 한다고 본다. 이것은 모든 사람을 동등하게 존중해야 한다는 의미다. 역량 접근법은 능력우선주의적 관점, 즉 더 많은 능력을 타고난 사람이 우대받아야 한다는 관점에서 기본역량을 바라보지 않는다. 정반대로 타인의 도움을 받아야 최저수준 이상의 결합역량을 확보할 수 있는 사람이 우대받아야만 한다고 주장한다. 인지장애인을 보자. 그들은 대리인이 도와줘야 '정상인'과 같은 기회를 누릴 수 있다. 또 자신의 독자적인 선택역량을 계발할 수 없으므로, 대리인이 제공하는 일부 내적역량에 기대야 한다. 역량 접근법은 인지장애인도 정상인과 똑같은 역량을 가져야 한다는 목표를 제시한다. 투표를 예로 들면, 인지장애인이 후보를 선택할 수 없을 때 대리인이 인지장애인의 이익을 대변하는 후보에게 대리투표를 할 수 있다고 본다. 단 인지장애인이 이미 태어나 부모가 있는 상태여야 하고a child of human parents, 살겠다는 적극적 의지를 보여야 한다는 제약을 둔다. 항구적 식물인간 상태에 있는 사람이나 무뇌증을 앓는 사람은 정상인과 똑같은 정치적 권리를 행사할 자격이 없다는 뜻이다. 역량 접근법은 교육에는 아무런 제약도 두지 않는다. 인지장애를 타고난 어린이에 대한 특별교육은 언제든지 필요하다고 주장한다.

역량과 **기능**은 동전의 양면과 같은데, 기능은 한 가지 이상 역량의 적극적 실현이다. 이때의 기능이란 능동적으로 무슨 행위를 하는 것이거나 어느 비평가가 지적했듯이 '근육을 사용하는' 것이 아니어도 상관없다. 건강을 누리는 것도 풀밭 위에 조용히 누워 있는 것과 마찬가지로 하나의 기능이다. 기능은 역량의 결과물이거나 실현물로서의 상태와 행위다.

역량과 기능을 비교할 때 염두에 두어야 하는 것은 역량이 곧 선택할 기회를 의미한다는 점이다. 그러므로 **선택할 자유** 개념이 역량 개념 안에 오롯이 담긴다. 센의 말을 빌리면, 굶주리는 사람과 단식하는 사람은 영양 섭취에 관한 한 똑같은 유형의 기능을 하지만 똑같은 역량이 있다고 보기는 힘들다. 단식하는 사람은 단식하지 않겠다는 선택을 할 수 있지만 먹을 것이 없어 굶주리는 사람은 굶주리지 않는 선택을 할 수 없기 때문이다.

어떤 의미에서 역량은 기능을 이끌어내는 방식 때문에 중요하다. 사람이 전혀 기능하지 못하는 사회는 사람에게 아무리 많은 역량을 보장해준다고 해도 좋은 사회라고 하기 힘들다. 사람이 역량을 전혀 사용하지 않고 평생 잠만 잔다면 역량은 무의미하고 불필요한 것이 된다. 좁은 의미에서 보면 역량 개념은 기능 개념의 귀결점이다 (단 자유와 선택의 영역으로서의 역량은 그 자체로 중요하다). 역량을 증진하는 것은 자유의 영역을 넓히는 것이다. 사람을 어떤 식으로 기능하게 하는 것과는 궤를 달리한다. 그러나 역량 접근법은 어떻게 활용될 수 있는가를 잣대로 선택의 진정한 가치를 측정하는 경제학의 전

통에서 벗어난다. 선택은 자유고, 자유에는 그 자체로 고유한 가치가
있다.

　　몇몇 정치적 견해는 국민이 건강하게 살아가고 보람 있는 일을
하고 종교의 자유를 마음껏 누린다면 정부는 제 몫을 다한 것이라고
판단하지만, 역량 접근법은 그렇지 않다. 기능이 아니라 역량을 적절
한 정치적 목표로 삼아야 한다고 주장한다. 그래야 사람이 자유를 누
릴 여지가 생기기 때문이다. 건강을 증진하는 정책과 건강역량을 증
진하는 정책 사이에는 도덕적으로 엄청난 차이가 있다. 건강역량을
증진하는 정책은 개인이 선택한 삶의 방식을 존중한다.

　　어떤 역량을 선택하는가는 삶을 바라보는 종교적·세속적 견해의
다양성을 존중하는 문제나 (4장에서 살펴볼) 정치적 자유주의 개념과
관련이 있다. 그러나 어린이는 다르다. (의무교육이 그렇듯) 어린이에
게 일률적으로 특정 기능을 요구하는 것은 성인이 되고 나서 필요한
역량의 전주곡을 연주하라는 것과 같다고 할 수 있다.

　　역량 접근법 이론가 중 일부는 몇 가지 구체적 영역에서는 정부
가 역량보다 기능을 증진해야 한다고 생각한다. 예를 들어 리처드 아
네슨Richard Arneson은 건강 영역에 관한 한 정부의 가부장주의적인 기
능 지향 정책이 필요하다고 주장했다. 정부가 권력을 동원해서라도
시민이 건강한 삶의 방식을 누리게 해야 한다고 보았다. 센과 나는
선택에 더 높은 가치를 두기 때문에 아네슨의 주장에 동의하지 않는
다. 한 가지 예외는 있다. 나는 정부가 시민에게 자신이 존중받을지
말지를 선택하게 해서는 안 된다고 주장한다. 예컨대 미국 정부가 모
든 시민에게 존중받을 권리를 '구입'하는 데 사용하라고 1센트를 주
었다고 가정해보자. 시민이 그 돈을 사용하지 않고 보관하는 쪽을 선
택한다면 정부는 시민을 함부로 대하고 모욕할 것이다. 이는 도저히

용납할 수 없는 일이다. 정부는 모든 사람을 존중해야 한다. 누구도 모욕해서는 안 된다. 내가 이 예외를 인정하는 것은 완전한 역량 목록을 작성할 때 품위와 존중 개념이 중심에 있어야 한다고 생각했기 때문이다. 이런 맥락에서 역량 접근법을 활용하는 사람이라면 노예제도가 사회구성원 대다수의 선호와 자발적 계약에 따라 등장했다고 해도 금지해야 한다는 말에 동의할 것이다.

선택의 자유를 제한해야 하는 또 다른 영역은 역량의 일부나 전체를 파괴할 것으로 보이는 행위를 할 권리와 관련 있다. 장기 판매를 허용해야만 하는가? 마약을 복용한다면? 부상 위험이 높은 스포츠를 즐기려 한다면? 대개 이런 영역에서 타협을 하지만, 그 타협이 항상 합리적인 것은 아니다. 그래서 지극히 파괴적인 약물인 술을 마시는 것은 합법이지만 마리화나 복용은 불법이다. 우리는 안전상 대부분 스포츠를 규제하지만 안전상의 이유로 어떤 영역의 자유를 제거해야 하는가를 공적으로 논의하지 않는다. 한편 우리는 어린이의 역량이 파괴되는 것을 심각한 문제로 보기 때문에 어린이 출입금지 구역 설정에 동의한다. 이 밖에도 합리적 안전규제가 타당한 사례는 많다. 예를 들어 글러브를 끼지 않고 권투시합을 할 권리를 막는 것과 같이 선택권을 박탈해도 사람이 인간존엄성에 어울리는 삶을 살지 못할 정도로 자유가 심각하게 침해당했다는 사실이 드러나지 않는다면 합리적 안전 규제는 타당하다. 그러나 이처럼 심각한 상황은 그리 많지 않다. 설령 심각한 상황이 벌어진다 해도 역량 접근법은 정치과정에서 해결되도록 놔둔다.

이 점은 역량 접근법이 "어떤 역량이 가장 중요한가?"라는 중대한 물음을 던진다는 데 주목하면 더욱 분명해질 것이다. 역량 접근법은 가치판단이 담긴 물음을 숨기지 않고 오히려 핵심으로 삼는다. 여기에 역량 접근법의 매력적인 특징이 있다. 다른 접근법도 가치문제에 관해 일정한 견해를 밝히지만, 대부분 명확성과 논거가 부족하다. 센과 나는 가치문제와 씨름할 때는 적절하고 규범적인 논거를 제시하는 것이 중요하다고 본다.

센은 강조와 사례 제시, 함축 등의 방법으로 가치문제에 관한 자신의 견해를 밝히지만 체계적인 답을 내놓지는 않는다. 이 부분에 관해서는 4장에서 다시 살펴볼 것이다. 그가 역량 개념을 비교 목적으로만 활용한다는 점에서 보면 체계적인 답을 내놓지 않는다 해도 이해 못할 일은 아니다. 그러나 그가 민주주의와 정의에 관한 이론을 정립하기 위해 역량 개념을 사용하는 한, 역량의 실체를 파고들려고 하지 않는 것이 과연 현명한지 의문을 품지 않을 수 없다. 규범적 법 normative law과 공공정책의 목적을 달성하기 위해 역량 개념을 활용하려면 역량의 실체를 파고들어 어떤 역량이 중요하고 어떤 역량이 덜 중요한지, 또 어떤 역량이 좋은 것이고 어떤 역량이 나쁜 것인지 판단해야 한다.

기본역량 개념으로 돌아가면 내 말을 이해하기가 쉬울 것이다. 인간은 (센의 말대로라면) 많은 '행위와 상태'에 필요한 능력을 갖추고 태어나므로, 우리는 그중 어느 것이 성숙한 역량으로 계발할 가치가 있는 것인지 자문해봐야 한다. 스미스는 어린이가 교육을 받지 못하면 인간으로서의 능력 human powers 이 "훼손되고 망가진다"라고 주장했다. 여기서 가족·사회 발달 과정에서 잔인한 짓을 할 능력이나 타인을 함부로 모욕하는 역량이 꺾이고 줄어든 어린이를 상상해보자. 우리는 이들 역량의 밑바탕에 선천적 인간 본성이 있다는 것은 인정하지만, 어린이가 "훼손되고 망가졌다"라고 말하지는 않는다. 또 어떤 어린이가 뮤지컬 〈양키 두들 댄디〉에 나오는 노래를 물구나무서서 휘파람으로 부는 법을 전혀 배우지 않았다고 해보자. 그렇다고 우리가 이 어린이를 두고 인간으로서의 역량이 "훼손되고 망가졌다"라고 말하지는 않는다. 휘파람으로 노래를 부르는 역량은 잔인해지는 역량과 달리 해롭지 않은 역량이기는 하나 중요한 역량이라고 하기는 힘들기 때문이다.

역량 접근법은 인간의 본성이 무엇인지 따지는 이론이 아니기 때문에 선천적 인간 본성에서 규범을 읽어내지는 못한다. 대신 역량 접근법은 시작부터 윤리적이고 가치 평가적이다. 즉 계발 가능한 여러 역량 중 정말 가치 있는 것은 무엇인지, 공정한 사회가 육성하고 뒷받침하기 위해 노력해야 하는 역량은 무엇인지 묻는다. 인간 본성에 관한 설명은 우리에게 어떤 자원과 가능성이 있는지, 우리가 어떤 도덕적 난관에 직면하는지는 알려줄 수 있지만 무엇이 가치 있는지는 알려주지 않는다.

인간이 아닌 동물은 인간보다 외부 상황에 적응해 변화하는 순응성이 떨어지기에 고통스러운 좌절을 겪지 않고는 해로운 역량을 억제하는 법을 배우지 못한다. 동물의 삶은 인간의 삶과 워낙 달라 '이해하기' 어렵다. 이런 점에서 동물의 역량에 관한 규범적 이론을 정립하고 싶다면, 동물을 관찰한 뒤 그 생활모습을 자세히 설명하는 이론을 먼저 만드는 것이 필요하다. 여전히 규범적 훈련은 어렵긴 해도 결정적이다.

10대 핵심역량

우리가 관심을 쏟을 역량은 어떻게 선정해야 할까? 목적이 무엇이냐

에 따라 달라진다. 단순한 비교가 목적이라면, 국가와 지역에 상관
없이 모든 종류의 역량이 흥미로운 비교 대상이 될 수 있으므로 미리
선정할 이유가 없다. 새로운 문제가 발생할 때마다 새롭게 비교하면
된다. 반면에 사회정의를 갈망하는 국가(또는 국가 공동체의 목표를
제시하려는 국가)의 헌법과 공공정책의 근거로 삼을 정치적 원리의
확립이 목적이라면, 역량의 선정은 굉장히 중요하다. 그러나 개념적
의미에만 의존해 역량을 선정해서는 안 된다. '역량 접근법'은 한 가
지 개념만 이용해 거기서 모든 주장을 도출하려는 이론이 아니다.

　　나는 인간존엄성에 어울리는 삶, 범위를 넓히면 동물의 종에 어
울리는 존엄성에 초점을 맞춰 역량 접근법을 설명하려고 한다. 인간
존엄성은 직관적 개념이지만 이해하기가 쉽지는 않다. 자명한 것이
라고 생각해 전후 맥락을 신경 쓰지 않고 함부로 적용한다면 자의적
이고 일관성을 잃을 소지가 다분하다. 인간존엄성을 자명한 개념, 어
떤 이론을 견고하게 뒷받침해줄 수 있는 개념인 것처럼 생각하며 함
부로 사용하는 것은 잘못이다. 내 역량 접근법은 이 같은 잘못을 범
하지 않으며, 존엄성을 이론의 한 요소로 본다. 역량 접근법의 모든
개념은 서로 연관되어 있다. 하나를 이해하면 다른 하나도 쉽게 이해
할 수 있다(이처럼 전체론적이고 비근본주의적인 유형의 정당화는 4장
에서 자세히 설명하겠다). 존엄성에서 특히 중요한 관련 개념은 존중
이다. 정치적 원리political principle 자체는 인간존엄성(또는 인간존엄성의
부재)을 어떻게 생각해야 하는지 설명하는 구실을 한다. 둘러보면 인
간존엄성을 뒷받침해주는 삶의 조건이 있는가 하면 또 그렇지 않은
삶의 조건도 있다. 사람이 인간존엄성을 뒷받침해주지 못하는 삶의
조건 속에서 살아갈 때에 인간존엄성은 부도난 약속어음과 같다. 마
틴 루터 킹Martin Luther King Jr.은 미국 건국이념에 담긴 약속을 이야기하

던 중 흑인의 인간존엄성은 "'잔액 부족'이라는 도장이 찍혀 되돌아온 수표"와 같다고 했다.

인간존엄성은 연관 개념을 살펴가며 그 내용을 채워야 하는 모호한 개념이지만 그 자체로 변회를 불러일으킬 수는 있다. 예를 들어 인간존엄성에 초점을 맞추는 것과 욕구 충족에 초점을 맞추는 것은 아주 다르다. 중증 인지장애인 교육을 생각해보자. 중증 인지장애인은 개발 교육을 받지 않아도 자신의 욕구를 충족할 줄 안다. 그럼에도 법원은 인간존엄성 개념을 적용해 중증 인지장애인도 공립학교에 다닐 길을 열어주었다. 적절한 교육으로 다운증후군 어린이의 사고력을 길러주지 못하면 인간존엄성에 걸맞은 대우를 해주지 않은 결과를 낳는다고 판결했다. 광범위한 영역에서 인간존엄성에 초점을 맞추면 장애인을 어린이처럼 수동적 수혜자로 대하는 정책이 아니라, 그들의 행위주체성을 보호하고 뒷받침해주는 정책이 선택될 것이다.

인간존엄성에 관한 여러 주장은 여러 면에서 부정될 수도 있지만, 어떤 것이든 내적역량과 결합역량으로 환원해 생각해볼 수 있다. 사회적·정치적·가족적·경제적 조건이 허용하지 않아 내적역량에 어울리는 기능을 선택하지 못하는 사람을 생각해보자. 그는 교도소에 갇혔을 때와 비슷한 좌절감을 느낄 것이다. 또 삶의 조건이 열악한 사람도 생각해보자. 이 두 사람 중 더 심하게 망가지는 쪽은 두말할 필요 없이 삶의 조건이 열악한 사람이다. 그는 내적역량을 제대로 계발하지 못하고 왜곡된 발달과정을 겪는다. 교도소에 갇힌 사람이건, 삶의 조건이 열악한 사람이건 인간존엄성은 남아 있다. 다른 사람들과 동등한 존중을 받을 가능성이 있다. 그러나 인간존엄성이 침해당하는 정도를 따져보면 삶의 조건이 열악한 사람이 더 심하다. 단순절

도와 성폭행을 생각해보자. 두 경우 모두 누군가에게 손해를 입히지만 단순절도는 피해자가 인간으로서 누려야 하는 존엄성을 완전히 없애지는 않는다. 그렇지만 성폭행은 피해 여성의 사고와 감정을 침범해 자아와 맺는 관계를 바꿔놓는다는 점에서 인간존엄성을 침해한다고 할 수 있다.

인간존엄성 개념은 적극적 노력과 깊은 관련이 있고, 그 때문에 기본역량 개념과도 가깝다. 기본역량은 계발하려고 노력하는 사람만이 누릴 수 있는 것이기 때문이다. 모든 사람이 똑같은 선천적 역량을 타고나는지는 논쟁의 소지가 다분하지만, 행위주체성을 지닌 사람은 모두 동등한 인간존엄성을 갖는다는 것은 분명하다(다시 말하면 행위주체라고 할 수 없는 영구적 식물인간이나 무뇌증 환자는 인간존엄성 적용 대상이 아니다). 한마디로 모든 사람은 법적·제도적으로 동등한 존중을 받을 가치가 있다. 바꿔 말하면 모든 시민의 주장은 동등하다. 결국 역량 접근법에서 동등함은 원초적 지위를 차지한다. 역량 접근법의 여러 부분에서 그 역할을 확인할 수 있다. 그러나 인간존엄성이 동등하다는 가정에서 모든 핵심역량도 동등해야 한다는 결론이 나오는 것은 아니다. 마찬가지로 사람을 동등하게 대우한다는 것이 모든 사람의 삶의 조건을 동등하게 해야 함을 뜻하지 않는다. 사람을 동등하게 대우한다는 것이 무엇이냐는 문제는 나중에 별도로 살펴보겠다.

내 역량 접근법은, 만약 박탈당하면 인간존엄성에 어울리는 삶을 살 수 없을 정도로 중요한 자유의 영역을 보호하는 데 주된 관심을 기울이고, 그보다 덜 중요한 자유의 보호는 일상적 정치과정에 맡긴다. 어떤 역량은 핵심적인 중요성을 띠며 따라서 어느 국가나 그것을 특별한 수준으로 보호한다. 초·중등 교육을 통해 기를 수 있는 역량이 그 대표적인 예다. 반면 〈양키 두들 댄디〉에 나오는 노래를 물구나 무서서 휘파람으로 불 줄 아는 역량은 핵심적 중요성을 띠지 않으므로, 특별한 수준으로 보호할 가치가 없다. 예전에는 그 중요성이 불분명했던 역량도 너러 있다. 남편의 성관계 요구를 거절할 아내의 권리는 수백 년간 중대한 신체보전의 권리로 인식되지 않았다. 오늘날에는 역량이 인간존엄성과 어떤 관련이 있는지를 밝히기 위한 논의가 필요하다. 이때 모든 것을 존엄성 개념에 직관적으로 호소하는 모호한 방법으로 논의해서는 안 된다. 존재할 것으로 짐작되는 권리와 이미 존재하는 권리 사이의 관계를 따져가며 오랫동안 자세히 논의해야 한다. 예를 들어 여성이 가정에서 신체보전을 보장받는 것이 시민이자 노동자인 여성의 완전한 평등이나 정서적·신체적 건강과 어떤 관계가 있는지 속속들이 따져 밝혀야 한다. 일처다부(일부다처)의 권리, 홈스쿨링의 권리처럼 논점이 불분명한 권리도 있다. 역량 접근법은 사람들의 현재 선호(왜곡될 소지가 다분한 선호)에서 가치를 도출하지 않으므로, 지지자의 수가 아니라 논거의 질적 수준을 중시한다. 분명한 점은 역량 접근법이 모든 문제를 다루지는 않는다는 것이다. 많은 문제의 해결을 정치과정에 맡긴다.

삶의 다양한 영역을 고려하며 사회정의에 다가가는 역량 접근법은 이렇게 묻는다. 인간존엄성에 어울리는 삶을 살아가려면 무엇이 필요한가? 적어도 10대 핵심역량의 최저수준이 필요하다는 것이 답이다. 역량 접근법은 정부가 국민에게 품위 있는 삶, 번영하는 삶을 제공하기 위해서는 다음과 같은 10대 핵심역량의 최저수준을 보장해야 한다고 주장한다.

1 **생명**life 평균수명을 누리며 살 수 있게 해줘야 한다. 너무 이른 나

이에 죽거나 수명이 줄어들어 가치 있는 삶을 살지 못하게 되면
안 된다.

2 **신체건강** bodily health 양호한 건강을 누릴 수 있어야 한다. 여기에는
자녀를 낳는 데 필요한 건강도 포함된다. 적절한 영양을 공급받
고 적합한 주거공간을 보유해야 한다.

3 **신체보전** bodily integrity 자유롭게 이동할 수 있어야 한다. 성폭행이
나 가정폭력 같은 폭력적 공격으로부터 보호받아야 한다. 성적
만족을 누릴 기회가 있어야 하고 자식을 낳을지 말지를 주체적으
로 선택해야 한다.

4 **감각, 상상, 사고** senses, imagination, and thought 감각기관을 활용할 줄 알
아야 하며, 상상하고 사고하고 추론할 줄도 알아야 한다. 그리고
'정말로 인간적인' 방식, 즉 글을 읽고 쓰는 훈련, 기초 수준의 수
학적·과학적 훈련을 넘어서 적절한 교육으로 지식을 전하고 교
양을 쌓도록 하는 방식으로 이들 역량을 확보해주어야 한다. 종
교, 문학, 음악 등에서 스스로 선택한 행사와 작품을 경험하고 생
산할 때 사고력과 상상력을 동원할 줄 알아야 한다. 정치적 표현
과 미적 표현의 자유, 종교 활동의 자유를 보호받으며 지성을 활
용할 수 있어야 한다. 즐거운 경험을 하고 유해한 고통을 피할 수
있어야 한다.

5 **감정** emotions 주변 사람이나 사물에 애착을 느낄 수 있어야 한다.
자신을 사랑하고 보살피는 사람을 사랑할 수 있어야 하고, 그런
사람이 없다면 슬퍼할 줄 알아야 한다. 일반적으로 말해 사랑, 슬
픔, 갈망, 만족, 정당한 분노를 느낄 수 있어야 한다. 공포와 불안
으로 감정발달이 방해를 받아서도 안 된다(이 역량을 지원하는 것
은 인간발달 과정에서 대단히 중요하다. 다양한 인간적 유대관계를 지

원하는 것과 같다).

6 **실천이성**practical reason 선善 관념을 형성할 수 있어야 한다. 삶의 계획을 비판적으로 성찰할 줄 알아야 한다(이를 위해서는 양심의 자유와 종교의식의 자유가 보상되어야 한다).

7 **관계**affiliation ①다른 사람과 더불어 살고 다른 사람을 인정하며 다른 사람에게 관심을 보이고 다양한 사회적 상호작용에도 참여할 수 있어야 한다. 다른 사람의 처지를 상상할 줄 알아야 한다(관계 역량을 보호하는 것은 관계를 구성하고 관계를 증진하는 제도와 더불어 집회 및 정치 발언의 자유를 보호하는 것과 같다). ②자존감의 사회적 토대를 마련해주어야 한다. 다른 사람과 동등한 가치를 지닌 존엄한 존재로 대우받을 수 있어야 한다. 그러려면 인종, 성별, 성적 지향, 민족적 배경, 사회계급, 종교, 국적 등에 근거한 차별이 사라져야 한다.

8 **인간 이외의 종**other species 동물이나 식물 등 자연 세계에 존재하는 모든 것에 관심을 기울이고 관계를 맺으며 살아갈 수 있어야 한다.

9 **놀이**play 웃고 놀 줄 알아야 하고 여가를 즐길 수 있어야 한다.

10 **환경 통제**control over one's environment ①정치적 측면: 삶에 지대한 영향을 미치는 정치적 선택 과정에 효과적으로 참여할 수 있어야 한다. 정치에 참여할 권리, 언론 및 결사의 자유를 보장받아야 한다. ②물질적 측면: 재산(부동산과 동산)을 소유할 수 있어야 한다. 재산권을 행사할 때나 직장을 구할 때도 다른 사람과 동등한 대우를 받아야 한다. 부당한 압수 수색을 받지 말아야 한다. 직장에서는 실천이성을 발휘하고 동료와 서로 인정하는 의미 있는 관계를 맺는 가운데 인간답게 일할 수 있어야 한다.

이 핵심역량 목록은 인간의 삶과 관련이 있지만 동물의 삶도 보살펴야 한다고 생각할 적절한 근거까지 제공한다. 그 문제는 이 책의 마지막 장에서 다룰 것이다.

역량은 무엇보다 개인의 것이다. 집단의 역량은 개인의 역량에서만 나온다. 역량 접근법은 **사람을 목적으로 대우하라**는 원칙을 옹호하고 각 개인의 역량을 만들어내는 것을 목표로 삼는다. 한 개인을 다른 개인이나 전체의 역량을 위한 수단으로 이용하는 것을 지향하지 않는다. 이렇게 개인에게 초점을 맞추면 실제 정책에서 큰 차이가 생긴다. 국민 개개인의 역량을 조사해 증진시키기보다는 가족을 정책이 지원해야 할 동질적 단위로 보는 나라가 많기 때문이다. 가끔은 집단에 초점을 맞추는 정책(예컨대 소수민족 우대정책)이 개인의 역량을 효과적으로 창출하는 수단이 될 수도 있다. 사람은 자신을 민족, 국가, 인종 같은 대규모 집단과 동일시하고 집단의 성취에 가끔 자부심을 느끼지만, 그렇다고 개인에게 초점을 맞추는 정책의 규범적 의미가 퇴색하는 것은 아니다. 구자라트 주의 수많은 가난한 주민은 주의 전반적인 발전과 자신의 발전을 동일시하지만 주가 아무리 발전해도 그들에게 돌아가는 몫은 많지 않다. 사람은 자신을 동등한 존중과 배려를 받을 가치가 있는 존재로 생각하지 않을 때도 있지만, 역량 접근법은 언제나 모든 사람을 똑같이 존중하고 배려해야 한다고 주장한다. 사람이 지금 당장 선호하는 것을 충족시키는 데 연연하지 않는 이론이다.

핵심역량 목록의 각 항목은 이질적이라 어느 하나로 환원될 수 없다. 이 말은 아주 중요하다. 국가가 어느 한 역량을 요구하는 사람에게 다른 역량을 더 많이 보장해주거나 돈으로 보상해주는 것은 불가능하기 때문이다. 각 역량은 고유한 특징이 있으므로 그에 맞는 방식으로 보호하거나 보장해야 한다. 이 점이 현실에서 어떻게 나타나는지는 역량을 모든 시민의 본질적 권리로서 보호하는 헌법을 생각해보면 쉽게 알 수 있다. 여러 중요한 역량을 보장받으며 안락하게 사는 시민도 헌법에 보상된 종교의 자유가 조금이라도 침해를 받으면 정부에게 종교의 자유를 보장하라고 목소리를 높인다.

사회정의를 설명하는 이론인 역량 접근법은 인간존엄성을 존중하기 위해서는 모든 시민에게 10대 핵심역량을 최저수준 이상으로 광범위하게 보장해줘야 한다고 주장한다(합법적 이주냐 불합법적 이주냐에 상관없이 외국인 이주민도 다양한 권리가 있다는 것을 부정하고 싶지 않기에 나는 굳이 시민이라는 말을 사용한다).

핵심역량 목록은 일종의 제안이다. 그중 한두 가지 항목은 중요하지 않아 특별히 보호하는 대신 일상적 정치과정에 맡겨야 한다는 반론이 나올 수도 있다. 이와 관련해 놀이와 여가가 왜 핵심역량으로 보호받아야 하는지 묻는다고 가정해보자. 나는 그럴 때마다 전 세계 수많은 여성이 직장에서 일을 끝내고 집으로 돌아와서도 아이와 노부모를 보살피며 가사노동을 전담하는 '이중 노동'에 시달리는 것이 과중한 부담임을 지적한다. 여성은 이중 노동 탓에 고용 기회, 정치 참여, 신체적·정신적 건강, 다양한 유형의 우정 등 핵심역량 목록에 실린 많은 역량에 다가가지 못한다. 놀이하고 상상력을 자유롭게 확대하는 역량은 인간다운 삶을 실현하는 단순한 도구에 그치지 않고 필수불가결한 부분이므로 핵심역량 목록에 반드시 실려야 한다.

비극적 선택과 역량의 순위 정하기

사회적 상황 탓에 모든 사람에게 10대 핵심역량의 최저수준을 보장해줄 수 없을 때도 있다. 무엇보다도 둘 이상의 핵심역량이 상충관계에 놓일 수 있다. 예를 들어 구자라트 주에서 바산티와 비슷한 처지에 있는 가난한 부모는 자식을 학교에 보내서는 안 된다고 생각할지모른다. 어린 자식이 벌어다 주는 돈이 있어야 생계를 유지할 수 있기 때문이다. 이럴 때 누구나 자연스레 품는 의문은 '상충관계를 어떻게 해결해야 하는가?'일 것이다. (내가 제안한 10대 핵심역량이 그렇듯) 각 역량은 고유한 가치와 중요성을 지니므로 둘 이상의 역량이 충돌하는 상황은 비극이 아닐 수 없다. 어떤 선택을 하건 적어도 한 가지 역량은 보장받지 못하기 때문이다.

표준적인 비용-편익 분석으로는 이처럼 **비극적 선택**을 해야 하는 상황을 제대로 파악할 수 없다. 핵심역량의 최저수준 보장은 기본적 정의에 뿌리를 둔 권리다. 이 권리를 훼손하면 많은 비용, 즉 공정한 사회라면 누구도 부담해서는 안 되는 비용이 발생한다.

센의 주장에 따르면 이 같은 비극적 상황은 어떤 상황에서나 완벽한 순위를 정해야 한다고 요구하는 표준적인 경제적 접근법의 결함을 드러낸다. 센은 한 대안을 다른 대안보다 우위에 놓을 수 없고, 순위는 아무리 잘 정해도 불완전하다고 본다. 여기서 꼭 지적하고 싶은 것은 표준적인 경제적 접근법에 대한 센의 비판과 나의 비판은 미묘한 차이가 있다는 점이다. 나는 아무리 비극적 선택을 해야 하는 상황이더라도 어느 한 대안이 다른 대안보다 더 낫다는 식으로 순위를 정하는 것이 불가능하지 않다고 생각한다. 어떤 선택을 해도 바람직하지 못한 결과가 빚어지는 비극적 딜레마가 존재한다는 사실과 순위를 정하는 것이 불가능하다는 사실은 구별해야 한다고 생각한다. 사실 어떤 선택을 하건 바람직하지 못한 결과가 나오는 비극적 상황이라고 해도 한 선택이 다른 선택보다 더 나을 때가 있다(아이스킬로스Aeschylus의 희곡『테베를 공격한 일곱 장수』*Seven Against Thebes*에 나오는 비극적 영웅 에테오클레스Eteocles 입장에서 동생을 죽이는 신택 그 자체도 비극적이었지만, 테베 시 전체를 파괴하는 선택은 그보다 훨씬 더 비극적이었다). 일등부터 꼴등까지 완벽하게 순위를 정해야 한다는 요구에 문제가 있다는 센의 견해는 타당하지만 어떤 경우에도 순위를 정하지 말아야 한다고 생각하는 것은 오류가 아닐 수 없다.

각 역량의 최저수준이 적절하게 준수되었다는 가정하에 비극적 선택을 해야 하는 상황이 닥치면 우리는 다음과 같이 물어야 한다. '아주 고약한 상황이다. 사람은 인간존엄성에 어울리는 삶을 살지 못하고 있다. 지금은 아니더라도 미래에는 모든 역량이 실현되도록 하려면 어찌해야 할까?' 핵심역량 목록을 올바르게 작성하고 역량의 최저수준이 합리적으로 정해지면 이 물음에 대한 답을 찾을 수 있을 것이다. 인도 이야기로 돌아가보자면, 구자라트 주에서 가난한 부모가 직면해야만 했던 딜레마가 케랄라 주에서는 해결되었다. 케랄라 주는 일하는 어린이를 위한 수업시간 유연화flexible school hours 프로그램을 선구적으로 실시했다. 더불어 어린이가 학교에 다니느라 벌지 못한 돈이 결코 아쉽지 않을 만큼 영양가 풍부한 점심식사를 제공해주는 프로그램도 도입했다. 이들 프로그램 덕분에 케랄라 주에서는 문맹자가 사실상 사라졌다. 인도 대법원은 가난한 주도 창의적 정책을 도입하면 비극적 딜레마를 해결할 수 있음을 깨닫고는 인도의 모든 공립학교에 의무급식을 시행하라는 명령을 내렸다.

비극적 선택을 해야 하는 상황은 부유한 국가에서도 드물지 않다. 미국을 예로 들어보자. 가난한 미혼모는 자녀를 제대로 보살피는 대안과 생활수준을 높이는 대안 중 어쩔 수 없이 하나를 선택해야 하는 딜레마에 자주 직면한다. 예를 들어 전일제 일자리에서 일해야 복지 혜택을 누릴 자격이 생긴다고 정한 규정 탓에 가난한 미혼모는 자식을 제대로 보살피기를 포기하고 전일제 일자리를 찾아 나선다. 또한 자녀나 부모를 보살펴야 해서 취업 기회를 포기하는 여성도 많다. 이런 딜레마는 공적 탁아제도, 공적 요양제도 및 가족휴가, 의료휴가를 보장하는 정책으로 해결할 수 있다. 주변을 돌아보면 많은 미국인이 (보건의료 관련 혜택으로 대표되는) 양질의 생활수준을 확보하기 위해 열심히 일하는 것과 여가를 충분히 즐기는 것 중 하나를 선택해야 하는 처지에 놓여 있다. 그뿐 아니라 다른 부유한 국가의 노동시간에 비해 미국의 노동시간이 훨씬 길기 때문에 미국인의 가족관계는 나날이 나빠진다. 역량 접근법의 관점에서 이 같은 현실을 바라보면 문제와 답을 알아내기가 쉽다.

한마디로 말해 역량 접근법이 널리 인정받는다면 비극적 선택을 해야 하는 상황이 펼쳐질 때 지금처럼 수수방관하는 일은 없을 것이다. 무엇보다도 비극적 선택이 없는 미래를 창조하기 위한 최상의 방식을 찾아볼 것이다. 지금 당장은 역량의 최저수준 이상을 보장해줄 수 없더라도 그것에 더 가까이 다가갈 방법을 고민할 것이다. 예를 들어 대상자 모두에게 중등교육을 제공할 수 없는 현실이라면 그 차선책으로 평등한 초등교육을 받을 기회를 제공할 길을 모색해야 한다.

10대 핵심역량의 각 항목은 서로를 뒷받침해주는 관계다. 그중에서 특히 두 역량은 다른 역량을 체계화하고 다른 역량 안으로 녹아들어간다는 점에서 독특한 **구조적** 역할을 하는데, **관계 역량**과 **실천이성 역량**이 그 주인공이다. 관계 역량과 실천이성 역량은 인간존엄성에 걸맞은 모습으로 존재하는 다른 역량과 긴밀하게 엮인다는 의미에서 그 안으로 녹아들어간다. 만약 사람들이 충분한 영양을 섭취할 수 있는 환경에서 살아간다고 해도 실천이성 역량으로 건강과 영양 섭취 계획을 세우지 못한다면 인간존엄성에 어울리는 삶을 살 수 없다. 그저 유아 수준에서 보살핌을 받는 데 지나지 않을 것이다. 각각의 역량의 영역에서 훌륭한 정책이란 개인의 실천이성(올바른 선택을 할 수 있는 역량)을 존중하는 정책이다. 여기서 알 수 있듯이 자유로서의 역량 개념에서는 선택이 중요하다. 실천이성 역량이 다른 모든 역량에 질서를 부여한다는 말이 의미하는 바는 분명하다. 우리가 삶을 계획한다는 것은 사실 다양한 역량에 어울리는 기능을 선별한 다음, 그 우선순위를 정하는 것이기 때문이다.

관계 역량도 실천이성 역량과 비슷하다. 다른 역량이 인간존엄성을 존중하는 수단으로 이용될 때 그 일부가 된다는 의미에서 다른 역량 속으로 녹아들어간다. 관계 역량 덕분에 사람은 사회적 존재로서 존중받는다. 이런 점에서 직장 내 인간관계를 고려하지 않은 채 직장을 선택하게 하는 것은 적절치 못하다. 개인의 프라이버시를 보호해야 한다는 법률 조항을 근거로 친근한 영역zone of intimacy•을 보호받고 싶어하는 사람의 바람을 무시하는 의료 서비스 방식 역시 부적절하다. 공공정책에 관한 심의에서는 가족관계, 친구관계, 집단 간 관계, 정치적 관계 등이 구조적 역할을 한다는 점에서 관계 역량은 다른 역량을 조직화하고 체계화한다.

• 가까운 친지나 이성에게만 허용하는 아주 개인적인 공간을 말한다 ─ 옮긴이.

역량의 최저수준

10대 핵심역량은 다소 추상적이다. 그러면 누가 이 역량들을 구체화하는가? 대체로 각 국가의 헌법체계가 핵심역량을 구체화한다. 만약 성문헌법이 미비하다면 국정 운영의 기본 원칙이 핵심역량을 구체화한다. 어느 국가나 고유의 전통과 역사를 고려해 다양한 방식으로 역량을 구체화한다. 반면 세계 공동체 차원에서는 역량의 구체화가 문제로 제기된다. 책임을 지고 전 세계 사람의 역량을 구체화할 총괄 정부가 없기 때문이다.

이미 살펴보았듯 10대 핵심역량 목록에서 중요한 것은 **최저수준** 개념이다. 내 역량 접근법은 부분적 사회정의 이론으로서 모든 분배 문제를 해결하겠다고 주장하지 않는다. 다만 광범위한 사회적 최저수준을 구체적으로 보장하려고 노력할 뿐이다. 10대 핵심역량을 모든 시민에게 전달하는 것은 사회정의의 필요조건이다. 사회정의는 사실 그보다 더 많은 것을 요구해야 한다. 역량 접근법은 또한 최저수준을 넘는 불평등을 어떻게 처리해야 하는지를 두고 그 어떤 약속도 하지 않는다. 물론 많은 사회정의 이론이 최저수준을 높게 정하는 것만으로는 충분하지 않다고 주장한다. 더 엄격한 평등을 요구하는 사회정의 이론도 있다. 이를테면 존 롤스John Rawls는 불평등이 최소 수혜자의 수준을 끌어올릴 수 있는 곳에서만 정당화될 수 있다고 주장한다. 역량 접근법은 불평등 문제에 대한 해법을 내놓겠다고 주장하지 않는다(미래에 불평등 문제와 씨름할 가능성까지 배제하는 것은 아니다).

때로는 역량의 최저수준을 보장하기 위해 평등을 추구해야 한다. 얼마나 평등해야 역량이 적정한가는 쉽게 답하기 힘든 물음이다. 인간존엄성을 동등하게 존중하기 위해 어떤 역량이 필요한지 따질 때에만 답할 수 있다. 예를 들어 내 주장은 인간존엄성을 동등하게 존중하기 위해서는 사회정의의 최저수준을 폭넓게 보장해야 할 뿐 아니라 투표권이나 종교의 자유도 동등하게 보장해야 한다는 것이다. 여성에게 남성의 절반에 해당하는 투표권만 부여하는 제도는 소수자 종교의 신자와 다수자 종교의 신자에게 종교의 자유를 불평등하게 허용하는 제도가 그렇듯 대단히 불공정하다(예컨대 국가가 정한 노동일과 휴일이 기독교에 맞춰져 있기 때문에 기독교인은 일하지 않고도 자신의 종교적 안식일을 준수할 수 있다. 그러나 유대인이나 제7일안식일 예수재림교 신자가 자신의 종교적 안식일인 토요일을 준수하기 위해 일하기를 거부하면 해고당할 가능성이 높으며, 이 제도는 분명히 정의의 문제를 불러일으킨다). 내 생각으로는 정치적 권리의 모든 불평등은 분배의 불평등과 마찬가지로, 불평등한 지위에 놓인 사람의 존엄성을 모욕한다. 비슷한 맥락에서 명목상으로는 모든 어린이에게 최저수준 이상의 교육 기회를 준다고 해놓고, 실제로는 어떤 어린이가 다른 어린이보다 불평등한 교육 기회를 누린다면 기본적 사회정의의 문제가 불거지기 마련이다. 미국 대법원의 서굿 마셜Thurgood Marshall 판사는 텍사스 주 공립학교가 피고인 재판에서 평등이나 평등에 근접한 것은 적정하게 보장되어야 한다는 논지의 유명한 판결을 했다.

지금까지의 이야기는 물질적 조건의 영역에 속하는 권리에는 적용되지 않는다. 넓고 살기 좋은 집을 소유하는 것은 아주 좋은 일이다. 그러나 누구나 그런 집을 소유하는 게 인간존엄성과 관련되는지는 분명치 않다. 만약 인간존엄성과 관련된다면 재산에 대한 맹목적 집착을 불러일으킬 수도 있다. 깊은 연구가 필요한 부분이다.

사회정의의 최저수준을 엄밀하게 정하는 것은 각 국가가 알아서

할 일이다. 그리고 일정한 범위 안에서는 역사와 전통에 따라 정하는 것이 합리적이다. 그렇게 해도 몇몇 문제는 여전히 해결하기가 쉽지 않을 것이다. 이럴 때 역량 접근법은 무엇을 중요하게 생각해야 하는 지 알려주지만 각 측면의 중요성을 헤아려, 일도양단식 결정을 내리라고 요구하지는 않는다(예를 들어 찬반이 뚜렷이 갈리는 낙태의 권리를 논할 때 역량 접근법은 생각해야 할 문제가 무엇인지는 알려주지만 답을 주지는 않는다). 일상적 정치과정에서 민주주의가 제대로 기능한다면 최저수준이 다소 어렴풋이 설정되더라도 필요한 역할은 적절히 수행될 것이다.

　사회정의의 최저수준을 정할 때 생각해야 할 또 하나의 문제는 공상적 이상주의에서 비롯된 극단론이다. 한쪽 극단에서는 사회정의의 최저수준을 너무 높게 정해 세계 그 어떤 국가도 달성하지 못하게 해놓는 일이 벌어지고 있다. 이러면 아무리 독창적 아이디어를 내놓으며 혼신의 노력을 기울여도 해결 불가능한 비극적 갈등이 곳곳에서 일어난다. 다른 쪽 극단에서는 사회정의의 최저수준을 너무 낮게 정하곤 한다. 이럴 때는 최저수준 달성은 쉽지만 자칫 인간존엄성이 요구하는 수준에는 못 미칠 수 있다. 헌법 제정자(또는 추상적 조문이 담긴 헌법을 해석하는 법관이나 법률을 제안하는 의원)는 이 양극단을 피해 원대하나 너무 이상적이지 않은 사회정의의 최저수준을 선택한 뒤 정부가 창의성을 발휘하며 맡은 일을 잘하도록 격려해야 한다. 물론 말은 쉬워도 실천은 어렵다. 무엇보다 국가마다 경제적 자원의 규모가 다른데도 사회정의의 수준은 똑같이 정해야 하는가 하는 물음에 답해야 한다. 이에 대해 그렇지 않다고 대답하면, 그저 우연히 가난한 국가에서 태어난 사람의 존엄성을 무시하는 것으로 비칠 수 있다. 반면에 그렇다는 대답은 부유한 국가가 가난한 국가로 경제적 자원을 일부라도 재분배해야 할 의무를 진다는 뜻으로 해석될 소지가 있다. 각 국가가 자국의 역사와 조건에 따라 서로 다르게 최저수준을 정할 권리를 부정한다는 점에서 그것은 지나치게 일방적인 의무를 부과하는 일이다.

생산적 기능과 유해한 약점

역량 접근법은 최근 울프와 드샬리트의 저서 『사회적 약자』*Disadvantage* 덕분에 내용이 한층 풍부해졌다. 울프와 드샬리트는 내가 말한 10대 핵심역량의 목록을 지지하고 그 안에 담긴 다양한 장점을 인정하는 강력한 논거를 제시한다. 역량 접근법의 이론적 장치를 강화하는 몇 가지 새로운 개념도 덤으로 소개한다.

그 첫 번째가 **역량 보장** capability security 개념이다. 두 사람은 공공정책이 시민에게 현재는 물론 미래에도 믿고 의지할 역량을 제공해야 한다고 설득력 있게 주장한다. 바산티를 생각해보자. 그녀는 오빠와 남동생에게서 돈을 빌려 건강 및 일자리와 관련된 역량을 일정 정도 갖추게 되었지만 역량을 보장받는 단계에는 이르지 못했다. 그들이 갑자기 생각을 바꿔 어느 순간 돈을 갚으라고 요구하거나 친정에서 나가라고 등 떠밀 가능성이 있었기 때문이다. SEWA는 바산티에게 역량을 보장해주었다. 성실하게 일하며 그녀는 신용대출금을 갚고 약간의 저축도 할 수 있게 되었다.

영국과 이스라엘에서 이주민 집단을 대상으로 연구한 울프와 드샬리트는 역량 보장 여부가 10대 핵심역량을 확보하고 활용할 가능성에 압도적 영향을 미친다는 것을 발견했다(역량이 보장받는다는 느낌은 '정서적 건강' 역량의 한 측면에 속하는 것이지만, 그 안에는 정서적 측면과 합리적 기대 측면이 모두 담겨 있다. 역량 보장은 객관적인 문제이며 이런 점에서 정부가 국민을 속여 역량 보장이 이루어지는 것처럼 믿게 할 수 없다). 보장이라는 관점에서 역량을 살핀다는 것은 역량이 시장의 변동이나 권력정치power politics●로부터 얼마나 보호받는지 따져본다는 의미다. 국가가 역량 보장을 증진하기 위해 자주 활용하는 방법 중 하나가 초다수결° 찬성이 아니고서는 개정할 수 없는 성문헌법을 만드는 것이다. 그러나 헌법 그 자체로는 강제집행력이 약하므로, 재판받을 권리의 보장, 법관의 양심에 따라 재판할 자유가 먼저 보장되어야 한다.

역량 보장 문제는 정치과정 및 정치구조 문제와 관련될 수밖에 없으므로 다음과 같은 물음을 해결해야 한다. 어떤 형태의 정치조직이 역량 보장을 증진하는가? 법관은 권한을 얼마나 가져야 하고 법관의 역할을 어떻게 규정해야 하는가? 의원은 어떤 절차를 거쳐 선출되어야 하고 의회는 어떻게 구성되어야 하는가? 정치과정을 왜곡하는 이익집단과 로비집단의 힘을 어떻게 제한해야 하는가? 행정부와 전문가 집단은 시민의 역량 강화를 위해 무엇을 해야 하는가? 이들 물음은 마지막 장에서 다시 짚어볼 것이다.

울프와 드샬리트는 **생산적 기능**fertile functioning과 **유해한 약점**corrosive disadvantage이라는 대단히 흥미로운 심층 개념을 도입했다. 생산적 기능은 다른 역량의 수준을 한층 더 끌어올리는 구실을 한다(두 사람은 여기서 기능functioning과 역량capability을 명확하게 구분하지 않고 있다. 혹시 두운을 맞추고 싶은 마음이 이론의 명확성을 기해야 한다는 생각을 압

● 　정치는 지배자나 국가가 자신의 이익 추구를 위해 벌이는 권력투쟁이라는 개념 — 옮긴이.
○ 　단순한 과반수가 아닌 전체의 3분의 2, 4분의 3 등으로 의결하는 방식 — 옮긴이.

도한 것은 아닌지 의심스럽다). 울프와 드샬리트는 무엇보다도 관계 역량이 여러 영역에서 다른 역량의 형성을 도와주기 때문에 생산적 기능이라고 말한다(두 사람의 분석에서 생산적 기능은 관계 역량과 관련 있는지 아니면 양질의 관계를 형성하는 역량을 뜻하는지 약간 모호하다). 생산적 기능은 그 유형이 다양하므로 어떤 기능(또는 역량)이 생산적인지는 그때그때 달라질 수 있다. 바산티 이야기에서는 SEWA 에서 신용대출을 받은 것이 생산적 기능이었다. 덕분에 바산티는 (자기를 학대하는 남편에게 되돌아가지 않아도 되었다는 점에서) 신체보전 권리를 보호했고 일자리를 선택할 기회를 누렸으며 정치에 참여할 수 있었다. 또 신용대출로 정서적 행복감을 느꼈고 다른 사람과 친밀한 관계를 맺었으며 자존감 상승을 만끽할 수 있었다. 교육 역시 '생산적 기능'이라는 역할을 한다. 교육을 받으면 여러 방면에서 다양한 선택의 기회를 누릴 수 있다. 자기 땅을 소유하는 것 역시 생산적 기능이 될 수 있다. 자기 땅이 있는 여성은 가정폭력의 일방적 희생자가 되지 않는다. 남편과 살기 힘들 때 이혼 결정을 쉽게 내릴 수 있고 가정 내 지위도 높아진다. 유해한 약점은 생산적 기능과 정반대되는 개념으로, 역량을 빼앗겨 삶의 여러 영역이 엄청난 악영향을 받는 것을 뜻한다. 바산티 이야기에서는 가정폭력에 시달리는 것이 유해한 약점의 구실을 했다. 가정폭력으로 바산티는 '신체보전'이라는 측면에서 보호받지 못해 건강과 정서적 행복 역량, 관계와 실천이성 역량 등이 손상될 위험에 처했다.

공공정책이 개입할 최상의 시점을 알려면 무엇이 생산적 기능(혹은 역량)이고 유해한 약점인지 살펴봐야 한다. 각 역량은 중요하므로 모든 시민은 10대 역량을 최저수준 이상으로 보장받아야 한다. 그러나 10대 역량을 놓고 최우선으로 보장할 역량의 순위를 매겨야 하는

불가피한 상황도 있을 수 있다. 그럴 때는 생산적 기능과 깊이 관련
되고 유해한 약점을 제거하기 쉬운 역량을 최우선적으로 보호해야
한다. 이 같은 원칙을 세워두면 비극적 선택을 할 수밖에 없는 상황
이 닥쳤을 때 상당히 도움이 된다. 비극적 선택이 없는 미래를 준비
하기 위해서는 생산적 기능을 선별한 뒤 거기에 희소한 자원을 집중
투자하는 것이 최선의 대안이기 때문이다.

3장

여러 가지 접근법

CAPABILITIES

GDP 접근법

발전경제학은 그저 그런 일개 학문 분야가 아니다. 세상에 폭넓은 영향을 미친다. 특히 정치 지도자와 정책결정자는 발전경제학의 직간접적 영향에서 벗어나기 힘들다. 정치 지도자와 정책 결정자가 주변 경제학자의 조언을 듣거나 IMF와 세계은행 등 국제기관에 조언을 구하는 과정에서 알게 모르게 발전경제학을 접하기 때문이다. 발전경제학의 주요 이론은 IMF와 세계은행의 정책에 휘둘리기 십상인 가난한 국가에 강력한 힘을 발휘하지만, 부유한 국가에서도 그 힘은 약해지지 않는다. 사실 발전경제학에 담긴 사고방식은 국민의 삶의 질을 한 단계 더 끌어올리려는 국가건 지금까지 유지해온 삶의 질이 낮아지지 않기를 바라는 국가건 상관없이 얼마든지 활용할 수 있다. 삶의 질을 높이려는 욕구는 세계 어디에나 존재한다. 사실 부유한 국가 프랑스는 (역량 접근법의 영향을 받아) 삶의 질을 측정하는 유력한 척도를 재평가하기 위해 대통령 직속 사르코지위원회를 만들었다. 거기서는 주로 부유한 국가의 데이터를 분석했다. 우리가 발전에 관한 여러 이론을 생각할 때 반드시 염두에 두어야 하는 것은 세계 모든 국가의 모든 시민은 삶의 질이 높아지기를 간절히 바란다는 점이다.

발전경제학에서 널리 유행하는 모델은 오랫동안 1인당 GDP의 증가를 기준으로 삼은 국가의 발전 정도를 측정해왔다. GDP 접근법은 그 나름의 장점이 있다. 첫째, 측정하기가 비교적 쉽다. 화폐가치를 잣대로 다양한 유형의 재화와 서비스를 양적으로 비교할 수 있기 때문이다. 둘째, 투명하다는 점에서도 매력적이다. 실적을 부풀리기 위해 데이터를 날조하기 힘들기 때문이다. 셋째, 경제성장은 국가가 올바른 방향으로 나아가는 최소한의 한 걸음이 될 수 있으므로 경제성상 성과를 적어도 한 국가나 지역의 성과에 대한 상대지표로 보는 것은 합리적이다. 더구나 현역 발전정책 전문가 대부분은 국가가 앞장서서 분배정책을 취하지 않아도 경제성장의 혜택이 빈곤층에게도 서서히 녹아든다고 주장한 트리클다운(낙수) 이론trickle-down theory˙의 영향을 강하게 받았다.

　그러나 트리클다운 이론은 여러 각도에서 적합성이 의문시된다. 예를 들어 장 드레즈Jean Drèze와 센은 인도의 여러 주를 비교 연구한 뒤 경제가 아무리 성장해도 보건의료와 교육 같은 중요한 영역에서 삶의 질이 저절로 좋아지지 않는다는 것을 밝혀냈다(인도의 각 주는 정치제도를 공유하지만, 보건의료정책이나 교육정책은 물론 경제성장정책도 극심한 차이를 보인다는 점에서 훌륭한 비교 연구대상이 될 수 있다). 다른 데이터, 이를테면 지난 60년간의 인도와 중국을 비교한 데이터도 GDP 증가는 정치적 자유가 뿌리내리는 것과 뚜렷한 상관관계가 없음을 보여주었다. GDP를 기준으로 경제성장 성과를 따지면 인도는 중국에 비해 보잘것없다. 그러나 인도는 민주주의가 안정적으로 자리잡아 기본적 자유를 웬만큼 보호하는 편이지만 중국은 그렇지 않다. 또한 『인간개발보고서』는 교육과 수명 요인을 고려한 인간개발지수HDI로 세계 각국의 순위를 매긴 결과가 1인당 GDP를 기준으로 순위를 매긴 결과와 똑같지 않다는 것을 보여주었다. 미국은 GDP로는 세계 1위이지만, HDI로는 세계 12위에 머문다. 구체적 역량까지 고려해 따지면 미국의 HDI 순위는 더 내려간다. 1980년대까

˙　양동이에 넘친 물이 바닥을 고루 적시는 것처럼 정부가 투자를 늘리거나 세금을 깎아 대기업과 고소득층의 부를 먼저 늘려주면, 그 혜택이 중소기업과 저소득층에게도 골고루 돌아가고 경기가 활성화되어 경제가 발전하고 복지도 향상된다는 이론이다. 1989년부터 1992년까지 재임한 미국의 41대 대통령 조지 부시George Bush는 트리클다운 이론에 따라 경제정책을 펼쳤으나 예상한 효과를 거두지 못했다. 한국도 이명박 대통령 시절 트리클다운 이론을 신봉하며 부자감세정책을 추진한 적이 있다─옮긴이.

지만 해도 이 같은 사실이 널리 알려져 있지 않아 GDP 접근법은 삶의 상대적 질을 측정하는 올바른 이론으로만 여겨졌다. 빈곤층의 생활조건이나 보건 및 교육의 질에 관심을 보인 사람조차 GDP 접근법이 적합하다고 생각했다.

발전은 나날이 좋아져야 한다는 뜻이 담긴 규범적 개념이다. 이런 숨은 의미에 비춰볼 때, 1인당 GDP로 발전 순위를 매겨 상위권에 오른 국가의 국민은 점점 잘살고 삶의 질도 갈수록 높아져야 한다. 때로 이 함축적 의미가 분명해져 1인당 GDP가 한 국가의 삶의 질을 측정하는 척도로 여겨지기도 했다. 오늘날에는 GDP를 기준으로 국가와 지역을 살펴볼 때의 문제점이 분명해졌다. 간단히 정리해보자.

첫째, 우리는 지금까지 분배에 관심을 쏟기보다는 협소하기 그지없는 돈이라는 관점에서만 삶의 질을 측정하고 평균 수치인 1인당 GDP를 활용하는 데 전념했다. 그러나 1인당 GDP는 심사숙고할 가치가 있는 개념이 결코 아니다. 사르코지위원회의 보고서가 보여주듯 1인당 실질가계소득은 실제 생활수준을 보여주는 더 적절한 기준이다. 외국인 투자자가 투자 지역 주민의 소득 향상에 힘쓰기보다는 이윤의 본국 송금에만 열중하는 세계화 시대에는 1인당 GDP의 증가와 1인당 실질가계소득의 증가는 긴밀한 상관관계가 없다. 이 밖에도 GDP는 순액이 아닌 총액을 따지기 때문에 자본재의 감가상각을 고려하지 않는다. 정책결정자는 GDP에만 의지하지 말고 GDP 이외의 국가적 척도, 특히 가계의 관점을 고려한 척도의 중요성을 인식해야 한다. 사르코지위원회가 주장하듯 가사노동의 가치도 GDP에 포함시켜야 할 분명한 이유가 있다. 가사노동이 없다면 그에 해당하는 재화와 서비스를 시장에서 구입해야 하기 때문이다. 사실 1인당 GDP의 대안인 1인당 실질가계소득도 가사노동의 가치를 정확하게 포착하지 못한다. 현재 GDP는 가장 단순한 경제적 차원에서도 도전받는 중이지만, GDP를 대신할 알기 쉬운 척도는 아직 나오지 않았다.

둘째, 평균 개념에 바탕을 둔 모든 접근법과 마찬가지로 GDP 접근법도 분배를 전혀 고려하지 않는다. 간혹 불평등이 심한 국가에 높은 점수를 줘 정상 궤도를 밟는 국가로 보이게 할 때도 있다. 아파르트헤이트 아래의 남아프리카공화국은 불평등이 극심했지만, GDP상으로는 개발도상국 중 최상위권에 있었다. 비록 특정 계층에 편중되기는 했지만 국가가 보유한 부의 규모가 엄청났다. 국가 전체의 GDP 규모가 컸으므로 1인당 GDP도 당연히 높았다. 그러나 지극히 당연한 말이지만, 1인당 GDP는 부가 어디에 있는지, 누가 부를 지배하는지, 부유하지 않은 사람은 어떻게 사는지 전혀 알려주지 않는다.

GDP 접근법은 삶의 질을 제대로 살피지 못하는 데서 그치지 않는다. 남아프리카공화국 사례에서 알 수 있듯이 다음과 같은 당연한 물음을 던지지 않는다. 극도로 가난하고 한계상황에 몰린 인종 집단, 종교 집단, 민족 집단, 성별 집단이 있는가?

셋째, GDP 접근법은 삶의 구성 요소를 뭉뚱그려 단일한 수치로 나타내도 삶의 질을 파악하는 데 도움이 된다고 주장하지만, 실제는 그렇지 않다. 그저 건강, 수명, 교육, 신체안전, 정치적 권리 및 정치참여, 환경의 질, 취업 기회, 여가 등 상관관계가 별로 없는 삶의 여러 측면을 하나로 합쳐 이해할 뿐이다. 1인당 GDP만 보면 남아프리카공화국 국민은 상당히 잘사는 것처럼 보이지만, 그들이 다양한 삶의 영역에서 어떻게 사는지는 알 길이 없다. 또 두 국가의 1인당 GDP가 엇비슷할지라도 보건의료의 질, 공교육 수준, 정치적 권리와 자유의 보장 정도 등에서는 서로 현저히 차이가 날 수 있는데 GDP 접근법은 이들 삶의 질의 요소가 어떻게 다른지 알려주지 않는다(GDP 접근법은 경제만 탄탄하면 중국처럼 되는 것도 괜찮다고 본다. 무비판적 중국 숭배를 부추길 소지가 다분하다). 한 국가 내에서도 세력 간 힘의 차이 때문에 삶의 질의 차이가 증폭되기도 한다. 예를 들어 한 국가를 이루고 사는 다수자 집단과 소수자 집단은 아무리 소득 수준이 비슷하다 해도(극히 드문 일이다) 종교의 자유를 누리는 수준, 정치 참여 수준, 폭력으로부터 보호받는 수준 등이 두드러지게 차이날 수 있다.

그러나 GDP 접근법은 분배 문제, 정치적 자유의 중요성, 소수자 집단의 예속 가능성 등 삶의 중요한 측면을 제대로 드러내지 못한다. 1인당 GDP만 꾸준히 증가하면 정상적으로 '발전'하는 국가로 보기 때문에 당장 해결해야 할 시급한 문제를 간과하게 만든다.

GDP는 일정 정도 역량의 대용물이 될 수 있지만 그래봤자 대용물일 뿐 무엇이 사람의 삶에서 정말로 중요한지 알려주지는 않는다. 사람의 삶에서 중요한 것이 무엇이냐는 많은 연구를 필요로 하는 문제로 직접 연구해보는 것이 올바른 방향이다. 이때 연구 목적을 구체화하는 과정은 GDP가 아닌 다른 무언가가 중요함을 강력하게 일깨워줄 것이고 따라서 그 자체로 정책적 효과를 발휘하기도 한다.

공리주의 접근법

적합성의 관점에서 볼 때 공리주의 접근법은 GDP 접근법보다 한 걸음 앞선 경제적 접근법이다. 공리주의 접근법은 국민의 삶의 질을 총효용이나 평균효용을 잣대로 측정한다. 여기서 효용이란 선호를 충족시키는 수준을 말한다(공리주의 접근법은 정치철학에 그 뿌리를 두고 있으며, 한층 철학적 해석은 4장에서 살펴볼 것이다). 공리주의 접근법은 사람이 자신의 삶을 어떻게 느끼느냐로 삶의 질을 측정하므로 사람에게 관심을 기울인다는 장점이 있다. 이 장점은 "누구나 한 사람 분만큼 중요하다. 한 사람 분 이상으로 중요한 사람은 아무도 없다"라는 공리주의 창시자 제러미 벤담Jeremy Bentham의 주장에서 유래한다. 벤담의 말에는 A라는 사람이 농민이고 B라는 사람이 국왕이라고 해도, A의 만족과 B의 만족을 똑같이 여겨야 한다는 의미가 담겨 있다. 한 사람이 하나의 투표권만을 가져야 하는 이유도 여기서 나온다. 공리주의 접근법은 처음 등장했을 때만 해도 대단히 민주적이었고, 당시의 계급질서 맥락상 굉장히 급진적이었다. 벤담의 실제 의도도 그랬다. 공리주의를 대기업과 손잡은 몰인정한 이론쯤으로 헐뜯는 것은 공리주의의 급진적 기원과 약속을 망각하는 짓이다.

그러나 의도가 곧 전부는 아니다. 삶의 질을 측정하는 방법으로서 공리주의 접근법은 네 가지 문제점이 있으며, 이 방법은 겉보기보다 민주적이지 못할뿐더러 공공정책의 원리가 되기에도 미흡하다.

첫째, GDP 접근법과 마찬가지로 공리주의 접근법 역시 삶을 뭉뚱그려 이해한다. '부'보다 '만족'을 중시하므로 재산이 없는 가난한 사람을 전적으로 무시하지는 않지만 GDP 접근법과 유사한 문제점이 있다. 무엇보다도 최하위 계층이 극심한 고통을 겪더라도 대다수가 잘살면 국가 전체의 평균효용이나 총효용은 높아질 수 있다고 본다. 실제로 공리주의 접근법은 사회의 총만족 수준을 끌어올릴 수 있다면 최하위 계층에게 비참한 삶을 강요하는 것이 정당화될 수 있다고 주장한다. 노예제와 고문을 금지하지만 인도주의적 이유로 금지하는 것이 아니다. 사회의 총만족 수준을 높이는 데 비효율적인 방법이라는 불분명하고 경험적인 이유에서 금지할 뿐이다.

둘째, GDP 접근법이 그렇듯 공리주의 접근법도 삶의 구성 요소를 하나의 단위로만 측정한다. 공리주의자가 다목적 척도로 사용하는 '만족'이라는 용어는 '쾌락'이라는 용어가 그렇듯 모든 삶은 균일하고, 그래서 하나의 단위로 측정할 수 있다는 의미를 담고 있다. 그러나 현실의 삶은 너무나 다양하고 어느 하나의 단위로 측정하기가 불가능하다. 맛있는 식사를 할 때 느끼는 만족이 어떻게 곤경에 처한 친구를 도와줄 때나 자식을 양육할 때, 슬프지만 무언가 심오한 의미가 담긴 것 같은 음악을 들을 때 느끼는 만족과 비슷할 수 있겠는가? 말러의 〈교향곡 10번〉을 들을 때의 쾌락과 아이스크림을 먹을 때의 쾌락을 과연 동일선상에 놓고 비교할 수 있는가? 비교가 가능하다고 생각하는 것 자체가 터무니없다. 누구도 그따위로 비교하지 않는다. 인간의 삶에는 다양한 유형의 쾌락이나 만족이 있다. 누군가에게 "얼마나 만족스러운 삶을 살아가고 있습니까?"라고 묻는다고 해보자. 평범한 사람이라면 "음, 건강에 별 이상이 없고 하는 일도 잘돼요. 다만 친구가 아파서 걱정이기는 합니다" 하는 식으로 대답할 가능성이 높다. 그러나 공리주의 사회과학자는 이처럼 지극히 정상적이고 복합적이며 인간적인 대답이 나올 여지를 허용하지 않는다. 단일한 척도로 측정해도 별 무리가 없게끔 설문지를 구성한 뒤 응답자에게 항목 번호를 선택하라고 요청한다. 설문지 응답자가 상당히 많았다고 해보자. 그렇더라도 이 사실이 단일한 척도로 만족을 측정할 수 있다는 질문자의 견해에 응답자가 동의했음을 의미하지는 않는다. 응답자는 설문지 작성자의 권위를 존중해 답변한 것이라는 우리가 빤히 아는 진실을 보여줄 뿐이다. 실제로 어떤 분야의 권위자가 일정한 양식으로 설문지를 작성해 질문하면 사람들은 흔히 설문지가 다소 조잡하더라도 거부하지 않고 답변한다. 설문 문항의 작성 방식이 마음에 들지 않아 답변을 하지 않은 경우에는 결과에 집계되지 않는다.

간단히 말해 공리주의 접근법은 사람에게 관심을 기울이는 것 같지만 그 수준이 별로 깊지 않다. 단일한 척도에만 몰입하는 바람에 사람이 삶 속에서 어떤 가치를 발견하고 어떻게 가치를 추구해야 하느냐를 놓치고 만다. 벤담 자신은 무심하고 무신경한 사람이 아니었을 테지만 상상력이 부족했던 것만은 확실하다. 벤담의 제자 밀은 에세이 「벤담」Bentham에서 이런 말을 했다. "벤담은 사람의 본성에서 자연스럽게 우러나는 격렬한 감정 중에서 특히 동정심이 없었다. 아니 정확히 말해 그는 그 어떤 격렬한 감정도 느끼지 못했다. 상상력이 부족했기 때문에 (……) 어느 한 가지 생각을 품으면 그것과 전혀 다른 생각은 이해하지 못했다."

벤담과 밀은 물론 현대의 수많은 공리주의 경제학자(예컨대 개리 베커Gary Becher)는 선택과 무관하지만 선택의 배후에 있다고 여겨지는 쾌락이나 만족 같은 실제 심리 상태와 효용을 동일시한다. 한편 선택에서 선호가 현시된다고 보는 공리주의 이론도 있다. 이 두 가지 경제학 입장 사이에는 복잡하고 전문적인 쟁점이 있으나 여기서 굳이 설명할 필요는 없을 것 같다. 센의 경제학적 업적 중 하나가 현시선호이론revealed preference approach에 치명적인 문제점이 있음을 입증한 것이다. 「선택의 내적 일관성」Internal Consistency of Choice이라는 논문에서 선호가 추이율transitivity (A가 B보다 선호되고, B가 C보다 선호될 때 A는 C보다 선호되어야 한다는 법칙) 같은 합리성의 기본 공리조차 따르지 않는다고 밝혀냈다. 나는 현시선호이론의 문제점에 관한 한 센에게 동의하지만, 그보다 영향력이 더 강한 선호공리주의preference utilitarianism에 대해서만 비판의 날을 세운다.

공리주의 접근법은 내 두 가지 비판에 나름의 방식으로 대응한다. 이를테면 첫 번째 비판에는 사회적 최저수준에 관한 별도의 설명을 도입하고, 두 번째 비판에는 효용에 여러 차원이 있음을 인정한다. 특히 밀은 효용을 질적으로 구분하는 방식으로 공리주의를 수정하려고 했다. 논문 「다원적 효용」Plural Utility에서 센은 밀의 수정을 그대로 받아들인다. 밀은 또한 정치적 권리를 공리주의적 계산 대상에서 제외했고, 그럼으로써 공리주의는 내 첫 번째 비판에 대응할 최소한의 단초를 마련했다.

　그런데 지금부터 이야기할 내 세 번째 비판은 공리주의에 결정적 타격을 입힌다. 센과 존 엘스터Jon Elster가 내놓아 유명해진 공리주의 반대 논거는 선호와 만족의 사회적 적응성malleability에 초점을 맞춘다. 두 사람의 주장에 따르면 선호는 고유불변이 아니라 사회적 조건에 따라 달라진다. 어떤 사람의 힘이 미치지 못하는 곳에 특정 재화를 놓아둔 사회를 생각해보자. 그 사람은 보통 그 재화를 원하지 않는 법을 배운다. 엘스터와 센이 말한 **적응적 선호**를 형성하는 것이다. 처음에 상황을 잘 모르면서 그 물건에 욕심냈던 순간부터 적응이 일어난다. 엘스터의 책 『신포도: 합리성의 전복 연구』Sour Grapes: Studies in the Subversion of Rationality는 이솝우화에서 제목을 따왔다. 여우는 높이 자란 포도나무에 열린 포도를 따먹으려고 한다. 그러나 여우는 아무리 안간힘을 쓰며 뛰어올라도 닿지 않는다는 것을 깨달은 뒤, 그 포도는 시어서 먹기 힘들 것이라고 중얼거리며 물러선다. 사람은 때로 이솝우화의 여우보다도 못하다. 시도조차 해보지 않고 포기하는 법을 익히기도 한다. 자신의 성적·인종적·계급적 처지에서는 감히 넘봐서는 안 되는 곳에 갖고 싶은 것이 있기 때문에 지레 포기한다. 집 밖에서 일하거나 제대로 학교에 다닌 경험이 없고 오로지 얌전해야 한다는 생각만 주입받으며 자란 여성은 공부하고 싶다는 욕구나 일하고 싶다는 욕구를 형성하지 못한다. 당연히 누려야 할 기회를 부여받지 못해도 현재 상태에 만족하며 삶을 살아간다. 여러 소외된 집단의 구성원 역시 자신은 하급 인간이라는 생각을 내면화하기 일쑤다. 이렇게 적응적 선호가 일반적이라고 할 때 현실의 선호를 얼마나 잘 충족하는가의 관점에서 사회적 목표를 정하는 공리주의 접근법은 불공정한 기존 질서를 강화하곤 한다.

센의 적응적 선호 연구는 평생에 걸친 적응에 초점이 맞춰져 있다. 센에 따르면, 신체의 건강 차원에서도 사람은 사회가 무엇을 기대하는지 고려해 자신의 건강 상태를 판단한다. 센은 인도 벵골 지방에 사는 과부와 홀아비의 건강 보고서를 비교한 뒤 홀아비의 불평불만이 더 높다는 점을 발견했다. 자신을 보살펴주던 부인이 먼저 죽었기 때문이다. 과부는 검진 결과로는 건강이 좋지 않았으나 불평불만이 별로 없었다. 남편이 먼저 죽은 여자는 목숨을 유지할 권리가 없다는 말을 수없이 들은 덕분일 것이다.

바산티의 삶은 이 문제를 전면에서 날카롭게 드러낸다. 만약 그녀가 SEWA 모임을 통해 의식이 일깨워지는 경험을 하지 않았다면, 문맹에다 정치에 참여할 길이 막힌 자신의 처지에 불만을 품지도 않았을 것이다. 가정폭력에까지 적응하지는 않았겠지만, 내가 앞에서 말한 10대 핵심역량 상당 부분이 없는 삶에 적응하며 살아갔을 것이다.

이제 공리주의 접근법에 반대하는 네 번째 논거를 이야기할 차례다. 이 역시 설득력 있다. 공리주의 접근법은 목표로서의 만족에 초점을 맞춘다. 여기서 만족은 일반적으로 어떤 활동의 결과로 나타나는 사람의 상태나 상황을 말한다. 그 자체가 활동의 한 형태는 아니다. 어떤 활동을 하지 않아도 만족을 느낄 수 있다. 예를 들어 어떤 일이 잘 끝났다고 할 때 아무것도 하지 않은 사람조차 자신이 무언가 보탬이 되었다는 착각 속에서 만족감을 느낄 수 있다. 미국의 철학자로버트 노직Robert Nozick은 가상의 '경험기계'를 예로 들며 이 같은 거짓 만족을 생생하게 설명했다. 경험기계에 연결되면 가만히 있어도 사랑하고 일하며 먹고 마신다는 환상을 품을뿐더러 이들 각각의 활동과 연관된 만족감을 느낀다고 해보자. 노직은 대부분의 사람은 경험기계와 연결된 삶보다는 실제 선택과 활동으로 이루어진 삶을 더 선호할 것이라고 단언한다. 삶이 좌절과 실망으로 귀결된다는 것을 알더라도 사람의 선호 방향은 정해져 있다고 보는 것이다. 노직의 책을 읽은 독자는 이 주장에 대체로 동의할 것이다.

정리하자면 공리주의 접근법은 자유를 과소평가한다. 자유를 만족에 이르는 수단으로 평가하는데, 이 점에서는 공리주의자와 역량 접근법 이론가의 생각이 같다. 역량 접근법 이론가도 자유의 수단적 중요성을 강조하기 때문이다. 그러나 선택하고 행동할 자유는 수단일 뿐 아니라 그 자체가 목적이다. 표준적인 공리주의 접근법은 이 측면을 포착하지 못한다.

바산티의 삶에 비춰 볼 때 선택과 행위주체성agency의 문제는 대단히 중요하다. 여성은 종종 선택을 존중해야 하는 독립된 존재가 아니라 수동적이고 종속된 존재, 보살핌을 받아야 하는 존재로 여겨진다. 한마디로 어린아이 취급을 받을 때가 적지 않다. 우리는 유아가 지향해야 할 적절한 목표는 만족이라고 생각하지만, 다른 한편으로는 유아가 어떤 활동을 빨리할 수 있게 되기를 바란다. 그 과정에서 좌절을 겪더라도 말이다. 이런 점만 봐도 수동적 만족 상태는 성인의 적절한 목표일 수 없다. 보살핌에 역점을 두는 공공정책과 자유와 선택의 존중에 역점을 두는 공공정책의 차이는 매우 크다. 심지어 만족이 원하는 것의 전부로 비치는 영양 섭취 영역에서도 그렇다. 사람의 선택권을 보장하기보다 먹을 것을 나눠 주기만 하는 정책은 자유를 제

대로 존중하지 못한다. 나는 이 점을 잘 알고 있으며, 그래서 실천이
성 역량이 다른 모든 역량에 스며들어 역량 개발 추구 행동을 인간존
엄성에 어울리는 행동으로 만든다고 말했다.

자원 중심 접근법

소득과 부를 다목적 기본 자원으로 이해하며 그 평등한 분배(또는 적
절한 분배)를 촉구하는 접근법도 여럿 있다. 이들 접근법은 공리주
의 접근법의 대안으로 인기를 끈다. 센은 롤스가 『정의론』*The Theory of
Justice*에서 전개한 '기초재'primary goods 이론을 근거로 이들 접근법을 비
판한다. 그러나 롤스의 이론에서 기초재는 대단히 복잡하고 포괄적
인 이론 속의 한 요소에 불과하다. 센이 이 점을 좀더 잘 살폈다면 기
초재 이야기 말고 **보유한 자원을 국민에게 평등하게 분배하는 국가**일수록
자원을 잘 이용하는 국가라는 좀더 간단한 주장을 떠올렸을 것이고,
그 이야기를 꺼냈다면 더 좋았으리라. 내가 방금 말한 발상에서 나온
접근법을 '자원 중심 접근법'이라 부르자. GDP 접근법을 평등주의
관점에서 재해석한 접근법이다.

　　자원 중심 접근법은 분배에 큰 관심을 기울인다는 장점이 있지
만, 그렇다고 문제점을 피해 가기는 힘들다. 먼저 자원, 즉 소득과 부
는 사람이 실제로 무엇을 할 수 있고 무엇이 될 수 있는가를 뜻하는
역량을 대신하지 못한다. 사람은 비슷한 수준의 기능을 획득하려고
하나 자원을 기능으로 전환하는 능력은 제각각 다르기 때문에 요구
하는 자원도 차이가 나기 마련이다. 이런 차이 중 일부는 신체적 차
이에서 비롯된다. 예컨대 건강한 신체 기능이 유지되려면 어린이는

성인보다 더 많은 단백질을 섭취해야 한다. 임신 중이거나 모유 수유 중인 여성은 임신하지 않은 여성보다 더 많은 영양분을 섭취해야 한다. 이런 점에서 합리적인 공공정책은 모든 사람에게 똑같은 영양 자원을 제공하는 대신, 이를테면 어린이에게 더 많은 단백질을 제공해야 한다. 돈을 여기저기 흩뿌릴 것이 아니라 사람이 기능할 능력을 길러주는 것이 누가 봐도 더 합리적인 공공정책의 목표다. 돈은 수단에 지나지 않는다.

뿌리 깊은 사회적 불평등에서 연유하는 차이 역시 자원을 기능으로 전환하는 능력의 차이를 낳는다. 바로 이 부분에서 자원 중심 접근법은 앞에서 살펴본 다른 접근법과 마찬가지로 기존 질서의 동맹자가 되고 만다. 여성에 대한 교육의 가치를 낮게 평가하는 사회에서 여성에게 남성과 비슷한 수준의 교육 기회를 보장하려면 남성 교육보다 여성 교육 쪽에 더 많은 예산을 지출해야 한다. 또 장애인이 '정상인'과 비슷한 수준으로 사회 활동을 할 수 있게 해주려면 건물에 경사로를 설치하고 버스에 승강기를 장착하는 등 다양한 시설을 구축해야 한다. 이 두 가지 사례는 사실 비슷한 맥락에 있다. 불공정했던 과거 사회가 조성한, 특정 집단을 소외하는 환경을 바로잡기 위해 예산을 추가로 지출하는 것이다. 더 나아가 이렇게 보완과 개선의 성격을 띠지 않은 예산의 추가 지출도 다른 논거로 얼마든지 정당화될 수 있다. 태어날 때부터 다운증후군을 앓는 어린이를 교육하는 비용은 만만찮지만, 시민을 교육하겠다는 열의가 높은 사회라면 그 비용을 줄이지 말아야 한다. 여기서 중요한 것은 어떤 사례에서건 자원 중심 접근법은 사람이 실제로 어떻게 살아가는지는 말해주지 않는다는 점이다. 자원 중심 접근법은 소외당하고 예속당하는 집단의 정당한 항의를 무시하는 국가에 높은 점수를 주기도 한다.

많은 영역에서 소득과 부는 '기능을 발휘할 능력'의 적절한 대용물이 될 수 없다. 특히 사회적 존중과 포용, 존엄성을 인정하는 자세 nonhumiliation를 결코 대신할 수 없다. 사회에는 18~19세기 유럽의 유대인이나 20세기 미국의 게이와 레즈비언처럼 상당히 부유하지만 소외당하는 집단도 있다. 소득과 부가 완전히 평등하게 분배된다 해도 그들에 대한 낙인과 차별은 사라지지 않는다.

소득과 부의 수준이 꽤 높고 분배 상태도 양호하지만, 중요한 자유가 아예 없거나 거의 없을 때가 있다. 이를테면 종교의 자유나 언론과 결사의 자유가 전혀 보장되지 않는 사회일 수 있다. 또 종교의 자유나 언론과 결사의 자유는 있지만, 오염되지 않은 환경에서 살아갈 자유가 없는 사회일 수도 있다. GDP가 아무리 골고루 분배되었다 해도 그것이 이들 기본적 자유를 대신하지는 못한다. 우리는 기본적 자유 각각을 보장하는 공공정책을 요구해야 한다. 소득과 부를 늘리는 것이 기본적 자유를 실현하는 길이라고 섣불리 주장해서는 안 된다.

역량과 측정의 문제

지금까지 설명한 여러 이론에 대한 불만에서 사람은 실제 무엇을 할 수 있고 무엇이 될 수 있는가, 사회는 시민에게 어떤 선택 기회, 어떤 활동 기회를 주었는가 등의 문제를 고민해야 한다는 생각이 싹텄다. 센과 발전경제학자가 내놓은 삶의 질 비교 이론과 내가 앞에서 설명한 사회정의의 최저수준 이론은 중요한 기회와 역량은 이질적이라 같은 잣대로 비교하기 힘들다고 주장한다. 또 분배는 대단히 중요하며 '선호'는 무엇이 정말로 추구할 가치가 있는 것인지 보여주는 신뢰할 만한 지표가 아니라는 말도 한다.

유엔개발계획이 발행하는『인간개발보고서』독자는 HDI라는 단일 척도로 국가의 순위가 매겨진다는 것을 잘 안다. HDI는 기대 수명, 교육성과, 1인당 GDP 등의 데이터를 가중 합계해 산정한다(보고서 부록에는 가중치에 대한 설명이 실려 있다). 이때 HDI도 다른 접근법과 마찬가지로 과도한 단순화의 우려가 있다며 반대할 사람이 있을 것이다. 그러나 그런 반대는 HDI의 역할을 잘못 이해한 데서 비롯된 것이다. 사실 HDI는 전략적으로 도입되었다.『인간개발보고서』첫 호를 기획할 때 일부 원칙주의자의 반대를 꺾고 뒤늦게 HDI 순위가 삽입되었다. 당시 유명한 실용주의 철학자이자 경제학자이던 하크는 많은 국가가 순위에 너무 길들여져 있어 순위 말고 아무것도 인정하지 않으므로『인간개발보고서』에 순위가 실리지 않으면 별다른 영향력을 발휘하지 못할 것이라 믿었다. 그는 발전 순위에서 일반적으로 강조되지 않는 항목(수명, 교육)에 높은 가중치를 둔 색다른 지수로 순위를 정했다. 독자가 건강과 교육의 중요성을 강조하는 이 색다른 지수에 흥미를 느낀다면 보고서에 실린 다른 데이터도 읽으리라 기대했던 것이다. 사실『인간개발보고서』에서 중요한 것은 보고서 곳곳에 산재한 데이터다. HDI 순위는 이들 데이터의 핵심 측면에 눈길을 돌리게 하는 미끼 구실을 할 뿐이고, 그래서 최종 판정의 의미보다 도발적 의미가 더 강하다.

시간이 흐르면서『인간개발보고서』에는 HDI 이외의 가중지수도 실렸다. 남녀 불평등의 현실을 제대로 보여주지 못하는 HDI의 단점을 보완하기 위해 남녀평등지수Gender Development Index: GDI 가 도입되었다. 그 결과 높은 HDI 순위를 자랑하던 몇몇 국가(단적인 예가 일본)의 GDI 순위가 아주 낮은 것에 충격을 받기도 했다. GDI와 함께 여성권한지수 Gender Empowerment Measure: GEM도 등장했다. 여성이 수명과 교육에서 어떤 수준에 도달했는지를 넘어서서 정계나 고위 관리직, 고급 전문직 등에 얼마나 진출하기 쉬운지를 측정한 지수다. GDI와 GEM이 일치하지 않는 사례가 다수 발견되므로, GEM 역시 참고할 만한 가치가 있는 지수다. GEM은 일개 가중지수에 불과하지만, 여성의 관리 역량과 정치 역량도 여성의 평등에 중요한 요소임을 일깨워주는 역할을 한다. 『인간개발보고서』에는 GDI와 GEM 이외의 의미 있는 가중지수도 여럿 등장한다. 한편 각 『인간개발보고서』마다 하나의 주제(예를 들어 기술과 인권 등)가 정해져 있고, 그 주제와 관련이 깊은 무수한 데이터를 소개한 논문이 나온다. 『인간개발보고서』를 활용할 줄 아는 사람은 순위가 중요하다는 인상을 받지는 않을 것이다. 거듭 말하지만 각 지수의 순위는 관련 핵심역량에 주목하게 하는 구실을 할 뿐이다.

역량은 측정할 수 있는가, 측정할 수 있다면 그 방법은 무엇인가 하는 의문이 들 수 있다. 이때 주의해야 하는 것은 자칫 '측정의 오류'에 빠지기 쉽다는 점이다. 측정의 오류란 무언가(예를 들면 GDP)가 측정하기 쉽다는 것을 깨닫는 순간, 그것을 가장 적절하고 핵심적인 지표로 생각하는 현상을 말한다. 어쨌거나 역량이 공공정책의 새로운 가치 기준이라고 주장하기 위해서는 역량을 측정하는 방법을 찾아낼 수 있음을 입증해야 한다. 역량은 다원적이지만, 각각의 역량을 측정하기란 불가능하지 않다. 다만 역량은 내적으로 준비된 정도와 외적으로 주어진 기회가 서로 뒤얽힌 개념이라 측정하기가 만만 찮을 따름이다. 많은 역량 접근법 연구자가 역량의 측정 문제와 씨름하며 논문을 쓰는 중이다. 측정 이야기가 나온 김에 때로는 기능의 패턴에서 역량을 측정할 줄도 알아야 한다는 말을 하고 싶다. 예를 들어 미국 흑인의 투표율이 저조하다는 관찰 결과가 나왔다고 해보자. 기능의 부재에서 역량의 부재를 직접 추론하기는 힘들다. 흑인이 투표하지 않겠다는 선택을 할 수 있기 때문이다. 그러나 투표라는 기능이 저조한 패턴을 보이는 현상이 열악한 사회적 지위나 낙인과 뚜렷한 상관관계가 있다면, 무언가 교묘한 장벽이 있어 정치적 역량을 방해하는 것은 아닌지 의심해볼 수는 있다. 여기서 장벽이란 번잡한 유권자 등록 절차, 투표소 접근의 어려움, 막상 투표소에 갔을 때 퍼부어지는 욕설 등 눈에 보이는 것부터 교육 불평등, 투표도 소용없다는 절망감 같이 눈에 보이지 않는 역량 실패에 이르기까지 무척 다양하다. 이렇게 여러 요인이 얽힌 복잡한 문제라고 해서 연구의 여지가 없는 것은 아니다. 복잡한 문제에 올바르게 대응하려면 관련 요인을 식별해 측정해보려고 노력해야 한다. 사람이 놀이와 여가에 쉽게 접근할 수 있는지 알고 싶을 때 우리는 일하는 시간과 여가를 즐기는 시간같이 눈에 보이는 요인부터 살필 것이다. 그러나 곧 공원 등 여가시설의 위치와 관리 수준, 안전 수준같이 좀더 복잡한 문제와 마주하게 된다.

사람들은 측정이라는 말을 듣는 순간, 일정한 유형의 수치 척도를 적용하는 측정을 연상한다. 하지만 실생활에서는 질적 특성이 강한 측정도 낯설지 않다. 어떤 법 조항이 언론의 자유를 보장한 수정헌법 제1조를 위반하는지를 심리할 때 미국 대법원은 다양한 언론제도에 수치 척도를 적용해 일렬로 세우지 않는다. 대신 여러 헌법 교과서, 판례, 언론의 자유에 관한 역사적·사회적 자료 등을 참조한다. 이 덕에 대법원은 수치 척도를 동원하지 않더라도 특정 정책이 시민의 언론의 자유를 용납 가능한 최저수준 아래로 떨어트리는 것은 아닌지 큰 어려움 없이 측정할 수 있다. 여기서도 알 수 있듯이 몇몇 역량은 양적 척도로만 측정해서는 안 된다. 언론의 자유나 종교의 자유 관련 사례에서 수치 척도를 적용하는 것이 적절했다면 진작 적용했을 것이다. 최소한 근본권리의 최저수준과 관련 있는 몇몇 문제에서는 논증적 분석이 적절하다.

인권 접근법

역량 접근법은 국제인권운동과 밀접한 관계에 있다. 사실 내 역량 접근법은 인권 접근법의 한 갈래라고 봐도 무방하다. 센 역시 역량과 인권의 밀접한 연관성을 강조한 바 있다. 역량 접근법과 인권 접근법 밑바탕에는 사람에게 몇 가지 핵심 권리가 있고 사회는 이 핵심 권리를 존중하고 지지해야 한다는 생각이 깔려 있다(내 역량 접근법은 인간이 아닌 동물에게도 인간과 똑같은 권리가 있다고 주장한다. 권리를 인정하는 폭이 인권 접근법보다 넓다). 역량 접근법과 인권 접근법은 내용상으로도 밀접하게 연관된다. 10대 핵심역량은 「세계인권선언」 등 무수한 기념비적 인권 문서가 인정하는 인권과 실질적으로 겹친다. 사실 역량은 제1세대 인권(정치적·시민적 권리) 및 제2세대 인권(경제적·사회적 권리)과 같다고 해도 지나친 말이 아니다. 역량과 인권 모두 문화를 교차 비교할 근거를 제공하고 헌법에서 보장되어야 하는 것이 무엇인지 알려준다는 점에서 유사한 역할을 한다. 한편 인권 접근법은 젠더 문제나 인종 문제 등에 깊은 관심을 기울이지 않는다는 비판을 받지만, 역량 접근법은 세련된 인권 접근법이 그렇듯 이들 결함을 메우려고 애쓴다.

　역량 접근법은 기본적 인권 개념에 대해 철학적으로 명확하고 명

료한 태도를 보일 뿐 아니라 구체적으로 정리해 설명하는 힘이 있기 때문에 몇 가지 점에서 표준적 인권 접근법을 보완할 수 있다. 예를 들어 역량 접근법은 인권 주장의 근거를 사람으로 태어났는가, 최소한의 행위주체성이 있는가에서 찾지, 이성 등 사람의 구체적 속성을 갖췄는가에서 찾지 않으므로 인지장애인의 인권도 정상인의 인권과 동등하게 인정할 수 있다. 역량 접근법은 또 표준적 인권 접근법보다 인권과 인간존엄성 사이의 관계를 훨씬 알기 쉽게 설명한다(핵심역량은 부분적으로는 존엄성의 관점에서 정의될 수 있다). 더불어 인간의 권리와 인간이 아닌 종種의 권리의 관계도 명확하게 설명할 수 있다(역량 접근법은 지각 있는 모든 존재는 정의에 바탕을 둔 권리가 있다는 관점, 그리고 어떤 종이건 지금은 비극적 갈등을 겪는다 해도 그러지 않을 미래 세계를 만들기 위해 서로 협력해야 한다는 관점을 견지한다). 마지막으로 역량 접근법은 인간의 권리와 의무의 관계를 뚜렷하게 보여준다. 인권 접근법은 통합 이론이라 할 수 없지만 역량 접근법은 통합 이론이 되려고 노력한다.

핵심역량이 인간의 근본권리라는 생각은 의무와 깊은 연관이 있다. 근본권리가 존재하는 순간 근본권리를 보장할 의무가 발생한다. 그리고 국가의 기본 정치구조가 일차적으로 국민 근본권리의 최저수준(달리 말해 핵심역량의 최저수준)을 적절하게 보장할 의무를 부담한다. 이때 가난한 국가는 (부유한 국가의 도움을 받지 않고는) 모든 역량의 의무를 이행할 수 없다. 바로 여기서 부유한 국가가 가난한 국가를 원조해야 할 의무가 생긴다. 이와 비슷한 맥락에서 기업, 국제기관, 국제협정, 개인 등이 인간의 핵심역량을 증진할 의무를 부담하기도 한다(6장 참조).

내 주장은 핵심역량과 국가의 기본 정치구조로서의 정부 사이에는 개념적으로 깊은 연관이 있다는 것이다. 10대 핵심역량 목록에는 인간존엄성에 어울리는 삶에 꼭 필요한 역량이 들어가 있다. 정부를 조직한 목적에 관한 표준 설명에 따르면, 정부의 최소한의 임무는 국민이 인간존엄성에 어울리는 삶을 살 수 있게 해주는 것이다. 결국 공정한 국가를 만들고 싶다면 정부는 적어도 10대 핵심역량만큼은 국민에게 보장할 책임이 있다. 물론 또 다른 어떤 역량은 인간존엄성에 어울리는 삶에서 그리 중요하지 않으므로, 정부가 그런 역량까지 보장할 필요는 없다. 정부는 역량을 보장할 책임 중 일부를 독립된 민간기관에 위임할 수 있지만, 그 궁극적 책임은 사회의 기본 행정구조인 정부가 져야 한다. 시야를 전 세계로 넓혀 따져볼 때 단일한 세계정부를 세우는 것이 역량 실패 문제를 해결할 최상의 방법은 아니다. 일차적으로는 각 국가의 정부가, 이차적으로는 가난한 국가를 지원할 의무를 지는 부유한 국가가 인간의 역량을 보장할 책임이 있다.

센은 역량 개념과 인권 개념을 비교한 뒤 역량보다 인권 개념이 정부와 더 깊은 관련이 있다고 본다. 센은 핵심역량 개념을 사용하지 않으므로, 그가 말한 역량은 핵심역량이 아니라 일반적 의미의 역량이다. 여러 글로 판단하면 센은 내 핵심역량 목록에 올라 있는 역량, 예컨대 보건의료 역량과 교육 역량을 얼마나 충분히 보장하는가를 잣대로 정부를 평가하려고 한다. 이 점만 놓고 보면 나와 센 사이의 중대한 이견이 존재하지 않는다고 할 수 있다. 물론 사회정의 이론을 구성할 때 10대 핵심역량 목록이 어떤 역할을 하는가에 관한 한 나와 센의 생각은 약간 다르다.

거듭 말하지만, 역량 접근법은 여러 면에서 표준적 인권 접근법을 보완해준다. 반면에 인권 접근법에서 갈라져 나온 몇몇 낯익은 이론에는 비판의 날을 세우기도 한다. 미국의 정치적·법적 전통에서 흔히 보이는 이들 이론은 국가의 간섭을 막는 울타리로 권리를 이해한다. 국가가 뒷짐 지고 가만히 있을 때 권리를 누릴 수 있다고 보는 것이다. 역량 접근법은 정반대다. 권리는 정부의 적극적 역할과 관련된다고 주장한다. 국가의 개입이 없다면 권리는 백지 위의 글자에 불과하다고 본다. 구자라트 주정부가 바산티에게 주먹을 휘둘렀던 것은 아니다. 폭력은 남편이 휘둘렀다. 그러나 정부는 가정폭력을 금지하는 법률을 제정하거나 집행하지 않았고, 학대를 일삼은 남편과 이혼한 바산티가 생계를 유지하는 데 필요한 교육과 기술을 제공하지 않았다는 점에서 책임이 가볍지 않다. 한마디로 바산티가 겪은 수모와 고생은 정부 탓이 크다. 정부가 행동으로 실현하지 않는다면, 아니 실현하기 전까지는 근본권리란 그저 구두선口頭禪에 그친다. 이와 관련해 종종 이야기되는 '소극적 자유'nagative liberty 개념은 모순이다. 모든 자유는 적극적 자유다. 사람이 무언가를 할 수 있고 무언가가 될 수 있다는 것, 다른 사람의 간섭을 받아서는 안 된다는 것을 뜻한다. 정부가 아무것도 하지 말아야 한다고 생각하는 사람이 간혹 눈에 띄는 미국 사회에서는 적극적 자유 개념이 더욱 강조될 필요가 있다.

오랫동안 예속과 소외로 고통을 겪은 집단을 생각해보면 '소극적' 권리와 진정한 결합역량 사이의 차이가 더욱 분명해진다. 인도 건국 초기 네루Nehru 정권이 시민의 기본권을 보장하는 내용으로 헌법을 제정할 때 **달리트**dalit(불가촉천민) 출신 법무상 B. R. 암베드카르B. R. Ambedkar는 달리트의 권리를 보장해주는 국가의 적극적 프로그램이 준비되지 않는 한 동등한 권리라는 주장은 무용지물이 될 것이라고 여러 차례 지적했다. 다시 말해 타인의 부당한 간섭을 막는 정책, 가난한 사람이 생활조건을 이유로 근본권리를 포기하지 않도록 경제적으로 지원해주는 정책, 그리고 정치와 교육에서 소수자를 우대하는

징첵이 없다면 권리의 평등은 밀장난에 그칠 것이라고 보았나. 미국 정부가 인종차별과 성차별을 바로잡을 때도 흑인과 여성을 형식적으로만 비슷하게 대우하는 수준에 머물지 않고, 기회의 불평등을 끝장내는 적극적 행동에 나섰다. 미국 대법원도 역량 개념을 빌려 이른바 '분리하되 평등하게' 대우한다는 제도를 뿌리 뽑는 데 앞장섰다. 무엇보다도 인종분리 학교의 흑인 어린이와 백인 어린이, 그리고 남성 전용 편의시설에 출입하지 못하는 여성은 역량의 실패를 겪는다고 확고하게 선언했다. 또 사람이 정말로 무엇을 할 수 있고 무엇이 될 수 있는지 적극적으로 물으며 잘못된 질서를 구석구석 바로잡았다.

국가의 불간섭과 '소극적 자유' 개념은 국가와 가정(또는 가족)의 관계에서 특히 해롭다. 많은 자유주의 사상가는 고전적 자유주의에 따라 공적 영역과 사적 영역을 철저히 구분하고 국가의 개입에 냉담한 반응을 보인다. 또 백번 양보해 국가가 몇몇 영역에 개입해 국민의 권리를 보장하는 것은 인정하겠지만 가정만큼은 절대로 개입해서는 안 되는 특별한 영역으로 놔두라고 요구한다. 이 때문에 고전적 자유주의에 뿌리를 둔 전통적 인권 모델은 가정 내부에서 저질러지는 학대에 마냥 눈 감는다고 불평하는 여성이 많다. 역량 접근법은 가족 구성원의 근본권리가 침해당할 때 국가가 가정에 개입하는 것은 정당하다는 주장으로 고전적 자유주의의 오류를 바로잡는다.

역량 접근법은 또한 인권운동에서 흔히 보이는 '제1세대 권리'(정치적·시민적 권리)와 '제2세대 권리'(경제적·사회적 권리)의 구분에도 반대한다. 구분의 이면에는 정치적·시민적 권리가 경제적·사회적 조건과 무관하다는 관점이 숨어 있다고 본다. 역량 접근법에 따르면 어떤 권리건 예산 지출 같은 정부의 적극적 행동과 조치를 필요로 하므로, 경제적·사회적 권리의 성격을 가질 수밖에 없다.

센은 역량은 절차의 문제(누구나 특정 절차에 관여할 수 있는가?)를 따지지만, 권리는 항상 실질적 기회의 문제(모든 사람이 실질적으로 누릴 수 있는 것은 무엇인가?)를 따진다는 점에서 역량 개념이 권리 개념보다 범위가 더 넓다고 주장했다. 그러나 세계의 주요 헌법 전통에서 권리라는 말이 어떻게 쓰이는지 자세히 살펴보면 역량과 권리를 구분하는 게 무의미하다는 것을 알 수 있다. 사실 근본권리는 종종 절차의 성격을 띤다. 예를 들어 미국 헌법(또는 최근에 제정된 여러 헌법)은 '공정한 재판을 받을 권리'와 '법의 보호를 받을 권리'를 보장한다. 역량 개념은 센이 말한 것과는 다른 이유로 권리(혹은 인권) 개념에 비해 범위가 더 넓다. 사소한 역량도 있을 수 있고 심지어 유해한 역량도 있을 수 있다. 유익하고 중요한 핵심역량만 선별해 정리한 목록은 언제 어디서나 옹호해야 하는 인권의 목록과 거의 일치한다.

인권 접근법의 오류를 수정보완한 역량 접근법은 권리라는 말의 의미와 중요성을 오롯이 간직하는 가운데 전 세계 인권운동의 주요 성과와 「세계인권선언」의 핵심을 담아낼 수 있다. 역량 접근법은 기본적 정의에 뿌리를 둔 근본 권리를 강조한다. 세상이 어떻게 돌아가건 인간다운 대우를 받아야 한다는 정당한 외침이 있다는 사실을 상기시킨다. 아무리 GDP나 1인당 GDP, 총효용이나 평균효용의 극대화를 추구하는 사회라 해도 이 다급한 외침을 모독해서는 안 된다.

4장

근본권리

CAPABILITIES

자유와 내용

역량 접근법은 처음 등장했을 때부터 오늘날까지 발전성과를 비교하고 순위를 매기는 적절한 방법에 대한 새로운 설명을 제공하는 데 널리 활용되었다. 각 지역과 국가가 과거보다 또는 다른 지역이나 국가보다 더 나은 삶의 질을 보장하기 위해 글로벌 발전 '시장'에서 경쟁하는 오늘날, 역량 접근법은 삶의 질을 비교하는 올바른 방법에 대한 새로운 설명을 내놓는다. 그것은 한마디로 GDP만 보지 말고 인간의 핵심역량도 봐야 한다는 것이다. 원칙적으로는 어떤 역량도 비교기준이 될 수 있지만 『인간개발보고서』는 건강과 교육에 각별한 관심을 쏟았다.

　역량 접근법은 **평등**을 비교하는 새로운 기준을 제공한다. 몇몇 삶의 영역에서 평등은 중요한 정치적 가치다. 거기서 우리는 '무엇이 평등한가?'를 물어야 한다. 복리(만족)와 자원(소득과 부)을 중시하는 역량 접근법 반대론과 논쟁할 때 센은 역량이 매력적인 비교 기준이 될 수 있다고 주장했다. 대안 접근법에 대한 그의 대항 논거는 발전에 관한 논쟁에서 역량을 적절한 비교 기준으로 추천하며 제시한 논거와 똑같다.

　센은 역량을 비교 목적으로 활용하는 데 주력한다. 동시에 현실 사회를 평가할 때는 건강, 교육, 정치 참여, 인종과 종교, 성별에 따른 차별 금지 등의 역량을 선별해 다른 역량보다 더 중요한 위치에 올려놓는다. 역량 개념을 이용해 기본적 정의 개념을 정립하는 데 관심이 있는 것이다. 그는 기본적 정의와 관련 있는 역량이 무엇인지 낱낱이 열거하거나 정식으로 설명하지는 않지만, 자신의 설명이 나아가야 할 방향에 관해 많은 암시를 준다.

센은 때로 역량은 곧 자유고 사회는 자유를 극대화할 임무가 있는 것처럼 말한다. 또 자유가 보편적이고 다목적적인 사회적 선이라도 되는 양 '자유의 관점'을 이야기한다(센의 관점에 따르면 역량은 이들 사회적 선의 예에 지나지 않는다). 내 역량 접근법은 다른 방향으로 흐른다. 자유의 내용에 관심을 쏟고, 10대 핵심역량 목록을 정치적 근본권리와 헌법의 토대로 삼는다.

역량 접근법이 **정의**에 관해 무언가 이야기할 때는 역량을 선택해 그것을 중심으로 풀어가는 것이 중요하다. 바산티의 삶에서는 언론의 자유, 학습할 자유, 정치에 참여할 자유, 폭력으로부터 신체를 보호할 자유 등의 역량이 핵심적 중요성을 띤다. 반대로 가끔 사람이 지나친 관심을 보이곤 하는, 이를테면 헬멧을 쓰지 않고 오토바이를 탈 자유나 안전띠를 착용하지 않을 자유 같은 역량은 상대적으로 덜 중요하다. 한편 강자가 탐내는 어떤 역량은 약자에게 해를 입히는 수단이 된다는 점에서 매우 해로울 수 있다. 가정폭력과 성적 학대가 그 예다. 일부 남성은 이 행위를 금지하는 법이 자신의 자유를 부당하게 구속한다며 분개한다. 정의를 추구하는 역량 접근법은 이 말도 안 되는 불평에 귀 기울이지 않는다. 내 역량 접근법은 역량 개념을 중심으로 사회정의의 최저수준과 헌법의 핵심을 설명하고, 핵심역량 목록을 정당화한다. 그리고 그 과정에서 나는 헌법상 근본권리의 밑바탕에 깔린 정치적 원리를 분명하게 밝혀둔다. 이런 점에서 내가 지지하는 역량 접근법은 법 및 국가 형성과 밀접한 관련이 있다.

그러면 왜 우리는 센의 해법, 즉 자유를 사회적 선이라고 말하며 헌법구조가 보호해야 할 구체적 역량을 선정하는 임무를 국가에 맡기는 해법을 받아들여서는 안 되는가? 센의 해법이 민주적 선택을 더 존중해주는 것 아닌가? 물론 나는 민주국가에는 아무것도 강요해서는 안 된다고 생각한다. 그러나 이행의 문제는 다르다. 나는 다음과 같이 묻는다. 왜 몇몇 역량은 모든 국가에 중요하다고 주장하고 국제 무대에서 그것을 옹호해야 하는가? 보편적 자유 개념을 장려해서는 안 되는 이유가 있는가?

첫째, 자유의 증진이 일관된 정치적 프로젝트가 될 수 있는지 분명치 않기 때문이다. 어떤 자유는 다른 자유를 제한한다. 정치 캠페인에 거액을 기부할 부자의 자유는 투표권의 동등한 가치를 제한할 수 있다. 환경을 오염시키는 기업의 자유는 청정한 환경에서 살아갈 시민의 자유를 가로막는다. 센은 이처럼 다른 자유를 제한하는 자유는 미처 생각하지 못했다. 그는 다른 자유를 제한할 소지가 큰 자유나 자유 사이의 갈등에 대해서는 아무 말도 하지 않는다. 엄밀히 말해 자유 개념은 구속 개념과 관련이 있다. 타인에게 어떤 식으로든 개입하는 한 P라는 사람이 A라는 행동을 할 자유는 제한될 수밖에 없기 때문이다.

둘째, 모든 자유를 바람직한 사회적 목표로 간주하는 일관된 정치적 프로젝트가 있더라도, 역량 접근법의 정치적·윤리적 목표를 받아들이는 사람이 그 프로젝트를 반드시 지지해야 하는지가 분명하지 않기 때문이다. 앞에서 제시한 사례가 보여주듯 가난한 사람에게 특정 기본적 자유를 보장해주고 삶의 조건을 향상시켜줄 그 어떤 정치적 프로젝트에도 정치적 목적 달성에 꼭 필요한 자유와 그렇지 않은 자유가 있다고 솔직히 밝혀야 한다. 사실 사회적 근본권리와 밀접한 자유가 있는가 하면 그렇지 않은 자유도 있다. 또 정치적 정의관에 핵심적인 자유가 있는가 하면 그렇지 않은 자유도 있다. 더구나 정치적 정의에 관한 견해의 핵심을 이루지 못하는 자유 중에는 별로 중요하지 않은 자유, 심지어는 해롭기까지 한 자유도 있을 수 있다.

남성의 자유를 제한하지 않으면 젠더 정의gender justice는 제대로 보
장받지 못한다. 예를 들어 아내가 동의했건 동의하지 않았건 아내와
성관계할 남편의 '권리'는 많은 사회에서 남성의 소중한 특권으로 여
겨져왔다. 그래서 일부 남성은 부부 강간죄 때문에 성관계할 자유가
줄었다며 투덜댄다. 미국 50개 주 가운데 절반은 합의되지 않은 부부
간 성관계를 사실상의 강간으로 간주하는 법을 아직도 제정하지 않
았다. 전 세계로 눈을 돌려봐도 부부 강간죄가 없는 사회가 대부분이
다. 전 세계 수많은 곳에서 직장 내 여성 성희롱의 자유는 여전히 남
성의 소중한 특권으로 남아 있다. 이 때문에 성희롱을 규제하는 조치
가 나오면 그 즉시 자유라는 허울을 쓴 항의의 목소리가 울려 퍼진
다. 페미니스트는 나치의 정책을 지지하기 때문에 자유에 반대한다
는 뜻이 담긴 페미나치feminazi라는 말까지 등장했다. 물론 페미니스트
도 양성평등의 실현, 여성의 자유와 기회의 실현에 해롭다는 이유로
특정 자유를 제한하자고 주장한다.

요컨대 평등이나 광범위한 사회적 최저수준을 추구하는 사회는
여러 방식으로 자유를 제한할 수밖에 없다. 이때 유익하지 않은 자유
가 주로 제한된다. 그런 자유는 사회정의 실현에 필요한 핵심적 근본
권리에 포함되지 못할 뿐 아니라 여러 면에서 핵심적 근본권리를 서
서히 파괴한다. 한편 헬멧을 쓰지 않고 오토바이를 탈 자유 같은 것
은 그리 중요하지 않다. 그 안에는 사회정의 개념이 담겨 있지 않으
므로 당연히 헌법의 근본권리 목록에도 들어가지 않는다.

시민에게 인간존엄성에 걸맞은 삶의 조건을 제공하지 못하는
사회는 공정한 사회가 아니다. 의회 의원, 법관, 행정기관 등 다양한
정치행위자는 인간존엄성에 걸맞은 삶이 무엇인지 알아낼 의무가
있다. 그래야 현실에서 인간존엄성을 구현할 수 있기 때문이다. 정

치행위자는 또한 정말로 근본적인 자유(언론의 자유, 신체보전의 자유 등)와 근본적이지 않고 해롭기까지 한 자유를 구분할 줄도 알아야 한다. 성문헌법은 인간존엄성 보장에 필요한 근본권리를 명확히 밝히고, 다수의 횡포에 휘둘려 인간존엄성이 훼손되지 않게 하는 편리한 방법이나. 그러니 성문헌법에도 분명한 한계가 있다. 성문헌법을 채택한 인도에서는 1975년 인디라 간디Indira Gandh 수상이 국가비상사태를 선포한 뒤 국민투표를 거쳐 언론의 자유와 결사의 자유가 훼손되었다. 근본권리가 다수의 분별없는 찬성으로 순식간에 사라져버린 것이다. 이런 사태가 벌어지면 인간존엄성이 위기에 빠지므로, 성문헌법이건 불문헌법이건 초다수결로 근본권리를 보호해야만 **역량 보장**을 실현할 수 있다.

정리하자면 공정한 정치를 지향하는 모든 사회는 인간의 자유를 핵심적인 것과 부차적인 것, 이로운 것과 해로운 것, 특별히 보호할 가치가 있는 것과 보호할 가치가 없는 것으로 나누어 평가해야 한다. 이 같은 분류는 당연히 자유의 박탈을 평가할 때도 영향을 미친다. 자유 중에는 시민의 근본권리로 간주되는 것도 있다. 정의에 바탕을 둔 이들 자유가 줄어든다는 것은 정치 체제의 심각한 실패를 뜻한다. 이 경우 시민은 축소된 자유를 감내해야 할 손실 정도로 생각하지 않고 기본적 정의가 침해당해 발생한 손실로 느낀다. 반면에 비핵심적 자유의 축소는 특정 행위자 개인이나 집단에는 크고 작은 손실일 수 있지만 모든 시민이 감수해야 할 손실은 아니다. 예를 들어 '종교의 자유' 축소는 근본권리의 침해를 낳는다. 헬멧을 쓰지 않고 오토바이를 탈 자유의 축소는 손실일 수 있지만 근본권리를 침해한다는 문제는 없다.

센은 민주적 심의審議의 중요성을 거론하며 자신의 역량 개념 활용 방식을 옹호한다. 내 역량 접근법 역시 이행의 영역(대단히 특수하고 엄중한 상황이 아닌 한 한 국가가 다른 국가에 역량을 강요하지 않는다)과 구체적 설명의 영역(각 국가는 나름의 방식으로 역량을 자세히 명시하는데, 역량 접근법은 일정한 한도 내에서는 역량을 명시하는 것이 옳다고 본다)에서 민주적 심의가 중요하다고 본다. 더 나아가 민주주의가 제대로 작동한다면 다양한 차원과 맥락에서 민주적 심의가 이루어질 수 있다고 인정한다. 예를 들어 새로운 헌법을 제정할 때 시민은 국가가 앞으로 옹호할 정치적 원리를 심의한다. 심의가 끝나면 몇몇 권리는 단순 다수결로는 변경 불가능한 지위에 오른다. 근본권리가 담긴 헌법 조문이 불분명하거나 하위 법률이 근본권리를 침해할 가능성이 있을 때는 사법부가 무엇이 근본권리에 대한 적절한 해석인지 심의한다(거의 모든 현대 민주주의 국가가 인정하듯 사법부의 심리는 민주적 심의의 중요한 본보기다). 시민은 헌법을 개정할지 말지를 심의하기도 한다. 이때의 심의는 헌법을 제정할 때의 심의와 다르다. 헌법의 구조, 헌법 밑바탕에 흐르는 원리, 이들 원리를 정립한 사상가를 전제하기 때문이다. 법률을 제정해야 하는지 여부를 시민이 심의하기도 한다. 심의를 거쳐 제정한 법률이 헌법에 위배되면 보통 사법부가 개입한다.

지금까지 말한 심의 과정 전반에서 10대 핵심역량 목록은 다양한 역할을 한다. 우선 헌법을 제정하거나 해석하는 기준인 정치적 원리의 원천이 된다. 헌법 조문과 판례의 범위 내에서 근본권리를 사법적으로 해석하는 근거가 되기도 한다. 또 신속한 헌법 개정을 이끌어내는 원동력으로 작용할 수도 있다. 인도의 경우 교육과 인간존엄성 사이의 관계를 명확히 밝힌 법원의 판결을 계기로 초·중등 의무교육을 보장하는 헌법 개정이 이루어졌다. 마지막으로 근본권리를 이행하는 입법에서도 민주적 심의가 작동한다. 역량 접근법은 근본권리가 다수의 일시적이고 종잡기 힘든 선호에 휘둘려 보장되기 힘들다는 판단이 들 때는 민주적 심의의 생략을 허용하기도 한다. 역량 보장을 위해서는 헌법 개정 자체가 굉장히 까다롭고 시간이 오래 걸리도록 해야 한다. 거의 모든 현대 민주주의 국가는 헌법 개정이 쉽지 않도록 해놓았다.

역량 접근법이 자유의 내용에 관심을 기울여야 하는 이유가 하나 더 있다. 그 이유는 정치적 자유주의의 철저함에서 비롯된다. 품위 있는 사회의 정치적 원리는 다양한 포괄적 교설●을 존중하며 포괄적 교설 간 중첩적 합의를 목표로 삼는다. 그러므로 나는 역량 접근법을 삶의 가치나 삶의 질에 관한 포괄적 이론으로 활용해야 한다고 주장하기보다는 각각의 포괄적 교설이 나름의 용어와 개념으로 보편적 삶의 가치나 삶의 질을 이론화하게 내버려둔다. 이론화가 일단락된 뒤에도 포괄적 교설에 포함될 근본권리의 목록(역량 목록의 형식을 취하지만, 다소 미흡하고 폭이 좁은 목록일 것이다)이 정치적으로 얼마나 중요한지 확인하라고 시민에게 요청한다. 이런 관점에서 보면 삶의 가치를 보여주는 포괄적 지표로서 역량을 활용하는 센의 역량 접근법은 너무 많은 말을 한다는 생각이 들 것이다(그러나 앞에서도 밝혔듯이 사실 그는 말을 너무 적게 한다).

역량 접근법을 규범적 정치이론으로 생각하기에 앞서 '이상적 이론'과 관련된 문제를 짚고 넘어가야 할 것 같다. 센은 정의 문제를 다룬 새 저서 『정의의 개념』*The Idea of Justice*에서 다소 이상적이고 달성하기 힘든 목표를 정한 뒤 그에 적합한 정의이론을 세우는 프로젝트를

●　　롤스의 표현으로 종교, 철학, 도덕, 가치관 등을 말한다―옮긴이.

모두 비판한다. 이상적 이론(롤스의 정의론이 표적이다)이 현실적 대
안을 좀더 다양하게 고려해보지 못하게 막는 장애물이라고 보는 듯
하다. 이상적 기준을 정해놓는 접근법보다 여러 대안을 비교하며 순
위를 매기는 접근법을 지지해야 한다는 것이다.

이 지면은 센이 롤스와 이상적 이론 전반을 어떻게 비판하는지
평가하는 자리가 아니다. 또 센의 비판이 내 규범적 역량 접근법에
담긴 이상적 이론에 얼마나 적용되는지 따지기도 쉽지 않다(내 역량
접근법은 역량의 최저수준 보장이 사회정의의 필요조건이라고 주장한다
는 점에서 규범적 성격을 띤다). 내 역량 접근법은 비세속적이고 공상
적이라는 의미에서 '이상적'이지 않으며 롤스의 접근법과도 다르다.
이 문제는 나중에 논의하기로 한다.

정치적 정당화

역량 접근법의 비교론적 버전과 규범론적 버전은 모두 발전경제학에
도덕철학을 도입한다. 이 점은 발전이라고 평가할 만하다. 센과 나는
발전정책 전문가가 윤리규범과 정의의 기준을 끈질기게 묻고 따진다
면 정책 방향이 훨씬 좋아질 것이라고 주장한다. 역량 접근법을 이론
적 틀로 받아들이지 않더라도 윤리규범을 살필 여유가 생길 것이라
는 기대에서 하는 말이다. 『여성과 인간개발』*Women and Human Development*
과 『정의의 최전선』*Frontiers of Justice*에 담긴 내 규범적 역량 접근법은 공
정한 사회를 만들기 위해 무엇을 해야 하는지 묻는다는 점에서 더 많
은 비판적 사고를 가능케 한다. 종종 그렇듯 윤리에 신경 쓰지 않는
의사결정이 만연한 현실에서 이런 물음은 그 자체로 이미 발전이다.

물론 역량 접근법은 이 정도에서 멈추지 않는다. 구체적 논거를 갖고 도덕철학에서 흔히 엿보이는 여러 사회정의 이론에 맞선다. 내가 이해하기로 이렇게 구체적으로 맞서는 것은 규범적인 도덕적·정치적 견해인 역량 접근법을 정당화하는 과정의 일부다.

내가 지지하는 정치적 정당화에 관한 포괄적 설명은 윤리학에서의 정당화 방법에 관한 롤스의 설명에 토대를 둔다(윤리학에서의 성당화 방법에 관한 롤스의 설명은 다시 소크라테스와 아리스토텔레스로까지 거슬러 올라간다). 롤스의 설명처럼 내 설명도 '반성적 평형'reflective equilibrium의 면밀한 검토를 목표로 삼는다. 또한 나도 롤스와 마찬가지로 검토 과정은 사회정의의 영역에서 자기 자신의 도덕적 판단의 구조를 명확히 하려는 소크라테스적 시도라고 이해하며 정치적으로 다의적 성격을 띤다고 본다. 즉 정당화는 외따로 사고하는 개인에 의해서가 아니라 소크라테스적으로 사고하는 여러 개인 사이의 논의를 통해 달성된다고 생각한다.

이 이야기를 좀더 하자면 개인은 검토 과정에서 정의에 관한 가장 확고한 윤리적 판단을 전면에 부각시킨 뒤(롤스는 '노예제는 잘못이다'라는 예시를 활용한다) 다양한 이론적 견해와 대조한다. 이때의 목적은 판단과 이론적 원리의 안정적 조화를 찾아내는 데 있다. 고정불변의 것은 없다. 처음에는 설득력이 있어 보이던 판단도 장점이 많은 다른 이론의 판단과 모순되면 수정해야 한다. 처음에는 매력적으로 보이던 이론이 가장 기본적인 판단마저 유지해내지 못한다면 거부해야 한다. 아직 고려하지 못한 새로운 이론이 남아 있어 최종적으로 반성적 평형에 절대로 도달할 수 없다. 그러나 시간이 흐르면 정의에 관한 전반적 인식이 불완전한 상태로나마 더욱 깊어질 수 있다고 희망할 수 있다.

이론적 견해를 제시하는 사람은 자신의 논거를 개괄적으로 설명한 뒤 그 견해가 매우 강력한 윤리적 직관 및 판단과 어울린다는 것을 보여주는 **분명한 사례**prima facie case를 제시해야 한다. 이것은 내가 인간존엄성에 어울리는 삶의 개념이 10대 핵심역량의 중요한 요소라고 논증할 때 쓴 방법이기도 하다. 롤스의 논증이 그렇듯 내 논증의 기본 특징도 소크라테스적이다. 다시 말해 나는 대화 상대에게 인간존엄성 개념이나 인간존엄성에 부합하는 삶이 어떤 의미를 함축하는지 깊이 생각해보라고 요청한다. 또 인간이 어쩔 수 없이 선택한 삶의 방식 중에는 인간존엄성에 어울리지 않는다는 의미에서 인간적이지 않은 것도 있음을 생각해보라고 요구하기도 한다. 인간존엄성에 어울리는 삶이라는 직관적 화두는 대단히 일반적인 것 같지만 분명한 원리가 될 수 있다. 인간적이지 못한 삶을 지속시키는 노동에 관한 마르크스의 생생한 설명이 전 세계에서 공감을 얻고 있지 않은가? 인간존엄성에 어울리는 삶은 전 세계 헌법학이 널리 사용하는 생산적인 개념 중 하나다. 나도 이런 추세에 따라 공공정책의 영향을 받는 여러 삶의 영역에서 10대 핵심역량을 보호하는 것은 인간존엄성에 어울리는 삶을 달성하기 위한 본질적 조건이라고 주장한다.

나도 롤스처럼 주요 종교적 견해 지지자와 세속적 견해 지지자가 역량 접근법을 밑거름 삼아 점차 '중첩적 합의'overlapping consensus에 도달할 수 있음을 보여주려고 한다. 그러면 역량 접근법이 다원주의 사회의 정치적 원리의 토대가 될 수 있다는 점이 밝혀질 것이다. 역량 접근법은 시민에게 특정 종교적·형이상학적 견해에 뿌리를 둔 정치적 교설을 지지하라고 요청하지 않는다는 점에서 시민을 존중하는 '정치적 자유주의'의 한 형태이다. 물론 중첩적 합의는 현재 실재하는 것이 아니어도 괜찮다(롤스 역시 그러기를 바라지 않는다). 시간이 흐르면 중첩적 합의가 실재할 수 있다는 상상이 틀리지 않다는 점만 보여주면 된다. 동물의 권리를 옹호하는 견해 쪽에서는 이런 변화를 상상하기조차 힘들 것이다. 그러나 나는 동물의 권리를 둘러싸고서도 중첩적 합의가 가능하다고 본다.

그러나 지금까지의 논의는 예비 단계일 뿐이다. 독자는 여전히 다른 접근법도 역량 접근법과 비슷한 장점이 있다고 생각할지 모른다. 이제 역량 접근법은 아무리 독자적인 이론적 전통을 갖춘 접근법이라 해도 적어도 몇 가지는 미흡하다는 것을 입증하는 데 주력하겠다. 완전정보하의 욕구 공리주의informed-desireu tilitarianism● 및 고전적 사회계약론과 비교할 때 역량 접근법은 몇몇 부분에서는 장점이 뚜렷하다. 이들 접근법의 최상의 버전과도 상당히 잘 어울린다.

완전정보하의 욕구 공리주의 및 사회계약론을 좀더 자세히 검토하기에 앞서 역량 접근법에서는 가난한 사람의 실제 노력과 고충에 관한 경험적 자료를 얼마나 중요하게 생각하는지 짧게 짚고 넘어가겠다. 나는 바산티 이야기를 사례로 들며 발전경제학계에 널리 알려진 여러 접근법과 역량 접근법을 비교했고, 그 덕에 역량 접근법이 무엇을 말하는지 분명히 알릴 수 있었다. 이뿐 아니라 역량 접근법은 바산티 같은 사람이 현실에서 직면하는 상황이 무엇인지 묻고 대답한다는 장점이 있으므로, 서구에서 나온 이론이라는 이유로 매도하지 말아야 한다는 말을 말미에 덧붙이기도 했다.

당연한 말이지만 역량 접근법은 이야기와 사례에만 의존해 주장을 전개하지 않는다. 추상적 개념(예컨대 인간존엄성, 역량 개념)과 철학적 주장도 활용한다. 바산티가 지지하지 않았을 역량도 지지한다.

● 삶에 관해 완전한 정보가 주어질 때의 삶이 최상이라고 보는 공리주의적 입장 — 옮긴이.

예를 들어 민주주의에서 언론의 자유는 가난한 사람에게 특히 중요
하디고 말하며 지지한다. 가난한 사람이 언론의 자유를 요구하지 않
거나 원하지 않는 것처럼 보여도 지지하는 것이다.

　일반적으로 역량 접근법은 주관적 선호를 진지하게 고려하나 그
것을 근거로 삼지는 않는다. 발전경제학과 철학에 담긴 선호중심 접
근법에 강력히 반대하며, 선호를 종종 정치적 목적상 신뢰할 수 없는
것으로 본다. 전면적으로 수정된 완전정보하의 욕구 접근법조차 정
치적 정당화에서 부수적 역할을 한다. 바산티의 이야기나 그와 비슷
한 다른 이야기는 가난한 사람의 선호를 종합적으로 설명해주지 못
한다. 그들의 선호는 다른 자료, 경험적 자료를 봐야 알 수 있다. 주관
적 자료는 정치적 정당화를 제공할 수 없기 때문에 경험적 자료도 정
당화의 근거가 될 수 없다. 그러면 바산티의 이야기는 어떤 역할을
하는가?

　내 생각에 이야기는 주로 교육적 역할을 한다. 내가 바산티 같
은 여성이 고생하며 살아가는 광범위한 여러 조건을 살피지 않았다
면 무엇이 중요한 문제인지 놓치거나 문제 사이의 상호관계를 놓쳤
을 것이다. 독자도 비슷한 상황에 놓일 수 있다. 예를 들어 학대로 얼
룩진 결혼생활을 청산해 신체보전을 보호하는 일과 교육의 관련성
을 따져보겠다는 생각은 다양한 사회를 이론적으로 연구한다고 해
서 저절로 떠오르지 않는다. 구체적인 사례는 독자에게도 교육적 효
과를 발휘할 수 있다. 사례 속에 담긴 이야기가 없다면 독자는 다양
한 삶의 조건을 상상조차 할 수 없다. 독자는 그런 이야기를 통해 광
범위한 문제와 쟁점에 관심을 기울일 수 있고 상상력을 기를 수도 있
다. 또 특권 엘리트에게 멸시당하는 사람도 자신이 그들과 다르지 않
음을 깨달을 수 있다. 더 나아가 사례는 역량 접근법과 선호중심 접

근법이 얼마나 다른지 보여줌으로써 역량 접근법의 이론적 근거를 분명히 드러내는 역할도 한다.

완전정보하의 욕구 복지주의

앞에서 많은 발전경제학자가 널리 활용하는 비교적 단순한 버전의 공리주의가 역량 접근법과 어떻게 다른지 살펴보았다. 지금부터는 역량 접근법이 철학에서 널리 알려진 정교한 공리주의와 어떻게 다른지, 그중 선호는 왜곡되기 쉬우므로 수없이 수정해야 한다는 다수의 견해에 대해 좀더 말할 필요가 있다.

이들 견해는 대체로 완전하고 포괄적인 정보를 바탕으로 선호를 수정할 수 있을 때 어떤 선호가 드러나는지 묻는다는 점에서 '복지주의적 견해'라고 부르는 것이 타당하다. 달리 말해 "진정한 실제 선호를 알게 되었다. 잘못된 정보에서 얻어낸 선호보다 완전정보하에서 얻어낸 선호가 그들의 진정한 선호일 것이다"라고 말할 수 있는 한, 복지에 대한 선호에 토대를 둔 견해라고 부를 수 있다.

그러나 이들 견해는 이것저것 수정사항이 많을 수밖에 없으므로 순수한 복지주의와 일치하기가 쉽지 않다. 나는 『여성과 인간개발』

● 복지주의는 결과주의의 한 갈래다. 모든 결과주의가 그렇듯 복지주의도 행동, 정책, 규칙은 그 결과에 따라 평가되어야 한다는 전제를 바탕으로 한다. 복지주의는 도덕적으로 유의미한 결과가 인간이나 동물의 복지에 영향을 미친다고 본다. 복지주의라는 말은 경제학의 복지 개념과 관련이 깊다. 경제학자는 효용함수의 관점에서 개인의 복지를 생각한다. 사회의 복지는 개인의 효용이나 효용함수의 총합이다. 복지주의는 법학과 경제학에 많은 영향을 미쳤다. 센은 복지주의를 이렇게 정의했다. "어느 하나를 선택해야 하는 상황에서 상대적 선에 대한 판단은 개인이 각각 느끼는 효용의 집합에 근거해야 하고 효용의 집합과 증가함수 관계에 있어야 한다"—옮긴이.

에서 복지주의에 바탕을 둔 정교한 견해 중 경제학자 존 하사니John Harsany와 리처드 브랜트Richard Brandt, 진 햄턴Jean Hampton의 견해를 꼼꼼히 살펴본 뒤, 선호와는 무관한 도덕적 개념을 도입하지 않는 한 올바른 결론을 끌어내지 못하는 견해라고 주장한 바 있다. 한마디로 세 사람은 순수한 복지주의에 바탕을 둔 견해가 아니라 잡다한 요소가 섞인 견해를 내놓았다고 딱 잘라 말한 것이다.

먼저 하사니는 '가학적이고 악의적인' 선호, 즉 다른 사람을 괴롭히거나 예속시키는 데서 쾌락을 느끼는 선호가 있음을 인정한다. 또 그런 선호는 사람의 내면 깊숙이 자리잡은 진정한 선호, 더 많은 정보나 더 좋은 정보가 주어져도 사라지지 않는 선호라고 생각한다. 그러나 하사니는 가학적이고 악의적인 선호가 있다는 말만 할 뿐 더 깊이 고민하지 않는다. 자신은 선호를 중시하는 공리주의와 칸트의 평등한 인간 공동체 개념, 스미스의 공정한 관찰자 개념을 결합할 의도에서 가학적이고 악의적인 선호를 구분했다고 말하는 데 그친다. 하사니의 견해는 부분적으로만 복지주의적인 견해다.

브랜트는, 솔직히 말해 복지주의에서 크게 벗어나 있지 않다. 그는 가치중립적 방법으로 '진정한' 선호를 걸러낸다고 주장하나, 어떤 선호가 진정한 선호인지 결정하는 실제 논의에서는 권위로부터의 독립, 자율성 등 가치 지향적 기준을 동원한다. 또 이들 기준이 모든 사람의 특성이라고 설득력 있게 주장하지 못할 뿐 아니라 사람이 이상적 조건에서 얻어낸 선호라는 입증을 해내지도 못한다. 브랜트는 결국 서로 무관한 도덕적 개념을 자신의 이론 안에 꾸역꾸역 집어넣을 뿐이다.

햄턴은 학대받거나 억압받는 여성의 왜곡된 선호를 생각할 때 선호중심 접근법이 어떤 문제에 직면하는지 검토한 뒤, 동등한 존중을 누리고 위협받지 않을 때의 선호를 중심으로 생각하자고 제안한다. 그런 상태에서 살아갈 때 표출하는 선호가 진정한 선호라고 보는 것이다. 이 같은 수정은 사회정의의 관점만 놓고 따지면 하사니와 브랜트의 견해보다 더 적절하다는 점에서 문제의 핵심에 다가가는 것처럼 보일 수 있지만, 햄턴도 인정하듯 선호중심 접근법 자체를 수정하는 것은 아니다. 게다가 사람을 동등하게 존중할 줄 아는 인격을 갖추기는 어렵지만, 다른 사람을 위협하려는 욕구는 별다른 노력 없이도 금방 강해질 수 있다. 이런 제약 요소까지 고려한다면 완전정보라는 조건이 주어져도 사람이 무엇을 선호하는지 알기는 어렵다.

하사니, 브랜트, 햄턴은 도덕적으로 받아들여질 만한 결론을 이끌어내기 위해 공리주의에서 벗어나 역량 접근법의 핵심을 이루는 도덕적 요소 몇 가지를 덧붙였다. 인간의 동등한 존엄성 개념, 실천이성이 대단히 중요한 역량이라는 생각, 누구도 타인의 근본권리를 제거할 권리가 없다는 생각 등이 그것이다.

이렇듯 도덕적 요소를 덧붙이는 방법으로 수정하면 공리주의의 한 갈래인 욕구 복지주의도 역량 접근법만큼 만족스러운 이론이 되는가? 나는 그렇지 않다고 생각한다. 모든 공리주의 견해는 도덕적 요소를 집어넣어 제약을 가한다 해도 이질적 삶의 요소를 하나로 종합하려는 시도의 테두리를 벗어나지 못하고, 그 결과 최상의 사회적 총합 또는 평균을 추구하겠다는 약속으로 귀결된다. 아무리 정교한 논리를 펼쳐도 발전경제학 속 다양한 버전의 공리주의에서 확인된 문제점을 피해가지 못한다.

또 하나 지적하고 싶은 것은 이 세 가지 견해 중 그 어느 것도 적응적 선호를 적절하게 설명해주지 못한다는 점이다. 정보를 덧붙이는 방법이나 가학적·악의적 요소가 담긴 선호를 누락시키는 방법으로 선호를 걸러낼 수는 있다. 하지만 엘스터니 센이 주장했듯이 잘못된 적응적 선호를 바로잡는 것은 불가능하다. 적응적 선호는 사람이 사회 속에서 자라고 교육받는 방식과 관련되기 때문이다. 단지 정보가 부족해서 적응적 선호가 일어나는 것은 아니다. 학교를 다녀봤자 아무 소용없다는 말을 들으며 자란 여성은 교육의 장점과 즐거움을 알려주는 정보를 새로 접해도 생각이 쉽게 바뀌지 않는다. 물론 생각이 바뀌는 여성이 아예 없지는 않지만, 얌전한 여성은 학교에 다니지 않는다는 생각을 내면화한 여성은 자기 생각을 바꾸려들지 않을 것이다.

마지막으로 별도의 사회정의 이론이 없다면 불공정하거나 부당한 계급질서에 적응했을 때 나타나는 선호를 알아내기란 불가능에 가깝다는 이야기도 하고 싶다. 공리주의 접근법은 사회정의 이론을 제시하기를 거부한다.

공리주의에는 결함이 많지만, 인간과 인간의 욕구를 진지하게 고려하고 인간이 원하는 것을 존중한다는 장점도 있다. 몇몇 윤리적 견해, 특히 칸트주의 전통을 따르는 윤리적 견해는 욕구를 개성의 야만적이고 비지성적인 인격의 부분으로 취급하도록 섣부르게 깎아내리기만 한다. 나는 이 견해에 반대한다. 욕구는 선에 관한 정보에 민감하게 반응하는 인격의 이지적이고 해석적인 측면이라고 본다. 결국 (나름의 도덕적 제약을 도입한 하사나 햄턴의 견해 등이 주목하는) 완전정보하의 욕구도 정치적 정당화에서 중요한 역할을 할 수 있다. 무엇보다도 욕구는 우리가 지지하는 견해가 안정적일 수 있는지 알아내는 데 도움을 준다. 어떤 견해가 안정적일 수 있다고 밝히는 것은 그 견해를 수용 가능한 정치적 견해로 정당화하는 과정의 일부다.

사회계약론적 견해: 롤스

최근 내 역량 접근법은 17세기 존 로크John Locke에 뿌리를 둔 사회계
약론* 전통 속에서 오랫동안 발전해온 강력한 정의이론과 견주어왔
다. 롤스는 로크의 고전적 사회계약론에서 몇 가지 가정을 빌려와 사
회 분배에 관한 설득력 있는 이론적 설명을 내놓았다. 그러나 롤스
스스로 인정했듯이 사회계약론의 가정은 네 가지 골치 아픈 문제를
낳았다. 미래 세대의 정의 문제, 국가 간 정의 문제, 장애인을 공정하
게 대우하는 문제, 인간 아닌 동물의 대우와 연관된 도덕적 문제(롤
스는 나와 달리 동물을 어떻게 대우해야 하느냐는 정의의 문제를 일으키
지 않는다고 보았다)가 바로 그것이다. 롤스는 첫 번째 문제를 '공정
한 저축의 원리'로 해결했다(역량 접근법은 공정한 저축의 원리에 비견
될 만한 명시적 원리가 아직 없다). 그는 마지막 저서 『만민법』*Law of Peo-*
*ples*에서 두 번째 문제를 본격적으로 다뤘지만, 뾰족한 성과를 거두지
못했다. 나머지 두 가지 문제는 롤스 스스로도 제대로 설명하는 데
"실패할지 모른다"라며 자신 없어했다. 장애인을 공정하게 대우하는
문제와 인간 아닌 동물의 대우와 관련된 도덕적 문제를 설명하지 못
한다는 점은 롤스의 정의이론에 담긴 심각한 약점을 고스란히 보여
준다. 롤스가 자신의 정의이론 자체를 수정하지 않는 한 해결되지 않
을 약점이었다. 나는 『정의의 최전선』에서 롤스가 말끔하게 해결하
지 못한 세 가지 문제를 정의이론의 '최전선'이라고 불렀다. 우리가
이 세 가지 최전선에 담긴 여러 쟁점을 끝까지 추적해 해결하고자 한

* 사회 및 국가 성립의 역사적·논리적 근거를 평등하고 이성적인 개인 간의 계약에서 구하려는
  이론이다. 모든 사람에게는 국가 성립 이전의 자연상태에서 생명·자유·재산에 대한 자연법상
  의 권리가 있었고 이 자연권을 보장하기 위해 계약에 따라 국가를 만들었다고 본다―옮긴이.

다면 롤스의 정의이론에 담긴 통찰을 인정함과 동시에 그 대인도 따져봐야 한다.

롤스 이론의 지적 계보는 복잡하다. 무엇보다도 고전적 사회계약론의 전통을 따른다. (역량 접근법의 관점에서 바라볼 때) 롤스의 정의이론에 담긴 문제점 대부분은 여기서 비롯된다. 또 사람을 수단이 아닌 목적으로 대해야 한다는 생각을 대표하는 칸트주의 요소도 롤스의 이론을 풍부히 하는 데 한몫한다. 그러나 롤스는 삶의 마지막 순간까지도 사회계약론의 이론구조를 버리고 칸트주의 이론을 지지할 마음이 없었다. 또 롤스의 이론 안에 일부 포함된 칸트주의의 윤리적 요소도 문제점이 아주 없다고 하기는 힘들다. 특히 장애인의 정의를 생각할 때 칸트주의의 윤리적 요소에 내포된 문제점이 극명하게 드러난다. 칸트는 높은 수준의 도덕적 합리성을 발휘하는 인간만 존중받을 가치가 있을 뿐 중증의 인지장애인은 존중받는 대상이 되지 못한다고 말했다. 이제 사회계약론 전통과 관련해 롤스 이론의 문제점을 살펴보자.

고전적 사회계약론은 기존의 모든 사회구조가 부, 신분, 계급, 특권에 따른 인위적 위계질서의 지배를 받는다는 관찰에서 출발한다. 이어 이런 인위적 위계질서를 모두 제거하면 인간은 어떤 사회를 선택하게 될지 묻는다. 이 사고실험은 굉장히 의미있는 작업이다. 합리적 개인은 자신의 신분, 재산, 인종, 성별, 종교, 신념체계 등을 전혀 모르는 상태에서 사회를 위해 정의로운 원칙을 선택해야 한다는, 롤스의 유명한 원초적 입장original position도 그러한 사고실험의 산물이다 (우리는 인위적 이해관계에 따라 편이 갈리더라도 인간이라는 점에서는 동등하다는 인식만큼은 공유하는데, 사고실험은 제도가 이 같은 인식을 어떻게 존중하는지 밝히기 위한 것이다). 롤스의 정의이론을 비롯한 모

든 사회계약론은 계약 당사자의 신체적·정신적 능력이 대체로 동등
하다고 가정한다. 이제 (이를테면 힘이 약한 사람도 몰래 힘이 가장 센
사람을 죽일 수 있는 것처럼) 인간은 대체로 동등하다는 인식은 계약
당사자 중 어느 한쪽이 다른 한쪽을 확고하게 지배할 수 없으므로 양
쪽 모두 나름의 우위를 포기한 뒤 정치적·법적 제약을 수용하는 것
이 상호이익이라는 인식으로 이어진다. 결국 사회계약론은 사회계
약이 계약 참가자 모두에게 이익이라고 주장한다. 사람이 사회를 이
루며 살아가는 원동력을 이타주의, 즉 타인에 대한 사랑이 아니라 이
익으로 보는 것이다(당연한 말일 테지만, 사회계약론은 현실의 사람이
이타적 선행을 베풀지 않는다는 말을 하지 않는다. 가상의 대표를 내세워
이론을 전개할 뿐 역사나 인류학은 활용하지 않는다. 중요한 것은 사회계
약론은 계약이 어떻게 진행되는지 보여주기 위해 굳이 이타적 선행 같은
것을 가정하지 않는다는 점이다).

사회계약론은 또 사회적 협력과 사회정의를 통찰할 수 있게 해준
다. 사람을 공정하게 대하는 것, 다시 말해 부나 신분, 계급, 인종이나
성별 등을 이유로 어떤 사람이나 집단을 다른 사람이나 집단보다 편
애하지 않는 것이 정의라고 할 때, 사회계약론은 공평성impartiality이라
는 이상에 기초한 사회가 어떤 모습일지 이해하는 데 도움이 된다.

사회계약론에서 나온 롤스의 정의이론은 현대 서양의 정치철학
이 낳은 뛰어난 성과 중 하나다. 롤스는 몇 가지 정의 문제를 정말 깔
끔하게 해결한다. 사실 역량 접근법을 비롯해 서로 경쟁관계에 있는
그 어떤 정의이론도 롤스의 정의이론만큼 정의 문제의 여러 영역을
제대로 처리하지 못했다.

그러나 계약 당사자가 대체로 동등하고 계약을 통해 서로 이익을
본다는 사회계약론의 가정으로는, 아무리 소득과 부를 재분배한다

해도 바로잡을 수 없을 만큼 권력과 부의 불평등이 심각한 상황에 대처하기 힘들다. 중증 신체장애인이나 인지장애인은 원초적 입장에서 공공연하게 무시당하고, 이른바 질서정연한 사회Well Ordered Society의 시민 역량을 정의할 때도 배제되고 만다. 롤스는 언젠가는 이들의 요구를 들어줘야 한다고 생각하지만, 사회의 기본적 원리와 구조를 선택할 때 고려할 대상으로는 보지 않는다. 그저 일방적 지배의 대상으로 볼 뿐이다. 더구나 롤스의 칸트주의적 인격관이 (신중하고 도덕적인) 합리성에 토대를 둔다는 점 때문에 이 문제는 더욱 악화된다. 칸트주의적 인간관에서 중증 인지장애인은 인간으로 대우받지 못한다. 롤스 본인도 계약을 체결할 수 없는 사람은 정치적 정의를 누릴 수 없다고 대놓고 주장한다. 아무튼 롤스가 보기에 중증 신체장애인이나 인지장애인은 정의 문제의 적용 대상이 아니다.

롤스는 또한 인지장애인에게 합리적 사고 능력이 없기 때문에 같은 이유에서 인간 아닌 동물과 인간 사이의 관계도 정의 문제의 적용 대상이 될 수 없다고 생각한다. 더 나아가 인간이 동물에 대해 윤리적 의무는 질지언정 정치적 의무까지 지지는 않는다는 입장을 보인다. 이와 관련해 나는 지각능력에서 유래하는 행위주체성이 있고, 생존 욕구를 보이는 존재는 정의이론을 이해하거나 평가할 능력이 있건 없건 정의 문제가 제기될 수밖에 없으며 정치적 정의이론의 주체가 될 수 있다고 주장한다. 여기서도 드러나듯이 나와 롤스는 정의를 어디에, 누구에게 적용하는 것이 적절한가 하는 문제를 설명하는 데서 차이가 난다. 나는 (해면동물처럼 지각능력이 대단히 약하고 별로 움직이지 않는 동물을 제외한) 거의 모든 동물은 정의의 주체이고 법률과 제도를 통해 지원과 존중을 받을 만한 존엄성(동물의 행동 특성에 어울리는 존엄성)이 있다고 주장한다. 역량 접근법은 기존 정의이론의 핵심 요소를 유지하는 가운데 동물에 대한 인간의 의무까지 다루는 방향으로 수정될 필요가 있다.

역량 접근법이 정의이론의 모든 영역에서 사회계약론의 한 갈래인 롤스의 정의이론보다 더 뛰어나다고 말할 수는 없다. 앞에서 말한 세 가지 영역에서 약간 뛰어날 뿐이다. 롤스의 정의이론보다 더 낫다는 것을 보여주기 위해서는 보완되어야 할 점이 많다. 또 롤스의 본질적 통찰 대부분을 그대로 두면서 내 비판이 받아들여질 수 있도록 그의 정의이론의 핵심을 재정립하는 방법도 있을 것이다. 헨리 리처드슨Henry Richardson이 실제로 그렇게 했는데, 즉 롤스의 정의이론 재정립에 도전한 것이다. 그러나 그 자신이 인정했듯이 롤스가 결코 용납하지 않을 수준으로 정의이론을 바꿔놓는 결과를 빚어내고 말았다.

『정의의 최전선』에서 주장했듯 내가 롤스의 정의이론에서 문제가 있다고 본, 그러한 가정에서 출발하지 않는 칸트주의적 사회계약론도 있다. 토마스 스캔런Thomas Scanlon의 윤리적 사회계약론이 단적인 예다. 그는 사회계약 원리를 평가할 때 계약 당사자의 합당한 거부가 허용되는지 살펴야 한다고 제안한다. 또 계약 당사자의 신체적·정신적 역량은 일반적으로 동등하지 않으며, 계약 당사자가 계약을 통해 상호이익을 추구하는 것도 아니라고 가정한다. 이 같은 스캔런의 생각은 정치적이기보다 윤리적 성격이 강하다. 그러나 그 자신이 인정하듯 정치적 선goods까지 설명할 수 있다면 정치적 견해로 바뀔 잠재력이 있다. 정치적 선을 적절하게 설명한 (예를 들어 핵심역량의 관점에서 설명한) 스캔런의 사회계약론은 내 역량 접근법과 구조적으로만 다를 뿐 사실상 똑같은 개념을 사용한 견해가 될 것이다. 나도 스캔런의 합당한 거부와 비슷한 개념을 활용해 정치적 정당화를 설명한다. 한마디로 스캔런은 고전적 사회계약론 전통은 거부했지만 그

핵심인 공정한 합의는 버리지 않았다. 완전정보하의 욕구 접근법과
역량 접근법 사이의 수렴을 모색하는 것이 바람직한 일이듯 사회계
약론 접근법과 역량 접근법의 수렴을 모색하는 것 역시 바람직하다.
사회계약론 접근법과 얼마나 비슷한 결론을 내리느냐에 따라 역량
접근법이 올바른 궤도에서 움직이고 있다는 믿음도 강해질 것이다.

정치적 자유주의와 중첩적 합의

역량 접근법은 몇몇 영역에서 롤스의 정의이론과 대립하지만, 그의
정치적 자유주의 개념만큼은 인정과 지지를 아끼지 않는다. 어떤 사회
든 삶의 의미와 목적을 다원적으로 바라보는 종교적 견해와 세속적
견해가 있다. 이럴 때 그중 하나만 선택하고 나머지는 배척하는 편향
된 정치적 교설을 선택하는 것은 우둔한 짓일 터이다. 또 편향된 정
치적 교설이 판치는 정치 체제는 자유를 보장하는 환경이라는 측면
에서 불안정할 가능성이 높다. 이것 말고도 편향된 정치적 교설에 반
대할 이유는 더 있다. 먼저 어떤 편향된 정치적 교설이건 견해가 다
른 시민을 충분히 존중하지 않는다는 점에서 도덕적으로 문제가 있
다. 최악의 경우 편향된 정치적 교설이 반대 세력을 억압하는 데 이
용되거나 특정인의 공직 담당 능력을 결정하는 수단이 되기도 한다.
그러나 편향된 정치적 교설만 문제가 있는 것은 아니다. 온건한 종교
기관(혹은 반종교 기관)조차 우리 집단in-group과 그들 집단out-group을
만들어 평등을 위협하면서 모든 시민이 동등한 조건으로 공적인 장
에 들어오지 않는다고 떠드는 것도 문제다. 정부가 모든 사람을 동등
하게 존중하려면, (세속적인 삶이나 종교적인 삶의 가치와 의미에 종합

적으로 접근하는 방법을 뜻하는) 포괄적인 정치적 교설을 근간으로 삼아야 하므로 시민의 분열을 낳는 종교적·형이상학적 문제에 대해 일정한 입장을 밝히는 것은 삼가야 한다.

당연한 말이지만 모든 정치적 견해는 도덕적 문제를 바라보는 태도가 분명해야 하고 공정함, 인간존엄성의 동등한 존중 같은 명확한 가치를 정치적 원리의 기초로 삼아야 한다. 이들 가치는 시민이 합당한 이유에서 지지하는 많은 포괄적 교설의 일부일 가능성이 있다. 만약 이들 가치가 논쟁을 유발하는 형이상학적 개념(예컨대 불멸의 영혼 개념), 인식론적 개념(예컨대 자명한 진리 개념), 윤리적 성격이 짙은 개념(예컨대 칸트주의, 아리스토텔레스주의)에 뿌리를 둔 것이 아니라면, 또 뿌리를 두었더라도 그 색채를 일부러 짙게 드러내지 않는 것이라면, 다양한 종교적·세속적 교설을 지지하는 광범위한 시민의 인정을 받을 수 있을 것이다. 시민에게 요구되는 것은 정치적 원리인 역량 접근법의 기본 개념을 **정치적 목적으로만** 승인하고 정치의 영역에서 기능하는 것으로 여기되 포괄적 삶의 지침으로 이해하며 승인하는 것은 삼가는 자세다. 여기서 말하는 승인이란 누구나 역량 접근법의 기본 개념에 따라 살아야 한다고 인정하는 것이 아닌, 역량 접근법의 기본 개념은 사람이 어떻게 살아야 하는가에 관한 포괄적 견해의 **일부**라고 생각하는 것을 의미한다(이와 관련해 롤스는 자신의 정의이론을 포괄적 교설에 끼워넣을 수 있는 '모듈'의 이미지로 설명한다).

롤스는 물론 나도 기본적인 정치적 원리(롤스의 경우 정의의 원리, 내 경우 역량 접근법)에 대한 '중첩적 합의'가 사회 속에 존재해야 한다고 생각하지 않는다. 시간이 흐르면 사회가 중첩적 합의에 도달한다는 가정이 아주 틀린 것은 아닌 만큼 중첩적 합의로 향하는 합당한 경로가 있어야 한다고 주장할 따름이다. 중첩적 합의는 자신과 생각이 다른 사람을 억압하라고 요구하지 않는다. 이느 사회에나 지배적인 성치적 교설의 특정 측면을 받아들이지 않는 사람, 이를테면 여성에게도 동등한 투표권을 주자는 주장에 반대하는 사람이나 인종분리정책을 지지하는 사람이 꼭 있기 마련이다. 이런 사람도 다른 사람의 권리를 침해하거나 폭력적 소요사태를 불러일으키지 않는 한 사회 속에서 계속 살면서 자기 생각을 자유롭게 표현할 수 있어야 한다. 물론 그릇된 생각을 품은 사람이 다수가 되면 정치제도와 헌법의 안전성이 위협받을 수 있을 것이다. 그렇더라도 상당한 시간이 흐른 뒤에는 현대 사회의 주요 포괄적 교설 대부분은 롤스와 내가 인정하는 정치적 원리를 지지한다는 사실이 밝혀질 것이다.

정치적 견해 안에 동물의 권리를 강하게 옹호하는 주장까지 집어넣고자 한다면, 장기 계획을 세워 합의에 도달하려 노력해야 한다. 나는 동물의 품위 있는 삶의 최저수준을 어떻게 정해야 하는가에 관한 합의가 이루어질 수 있다고 믿는다.

종교와 국가의 관계에서는 중첩적 합의와 동등한 존중 개념이 특히 중요하다. 핵심역량 목록은 종교의 자유에 중요한 지위를 부여하지만, 인간존엄성의 동등한 존중에 어울리는 종교 보호의 유형은 설명하지 않는다. 그래야만 종교의 자유에 관해 더 많은 이야기를 할 수 있기 때문이다. 나는 『양심의 자유』*Liberty of Conscience*에서 종교의 자유를 충분히 살펴보려고 했다. 인간존엄성을 동등하게 존중하기 위해서는, 이를테면 미국 법률이 말하는 '융통성'accommodation을 위한 공간을 비롯해 자유의 향유를 보호할 광범위한 장치가 필요하다. 무엇보다 소수자는 양심의 자유에 부담을 주는 법률의 적용 대상에서 제외되어야 한다. 예를 들어 노동일, 약물 사용, 의무적 군 복무에 관한 법률을 소수자에게 적용해서는 안 된다. 나는 또 인간존엄성의 동등한 존중과 국교 창설은 서로 모순된다고 본다. 아무리 온건하며 강압적이지 않은 방식으로 창설된다 해도 국교는(또는 정반대로 정부가 강요하는 세속주의는) 그 안에 담긴 교설을 믿지 않는 사람을 그들 집단으로 못 박으며 헐뜯는 속성이 있기 때문이다.

종교 역량의 동등한 존중을 실현하는 것은 상당히 어렵다. 국교를 창설하겠다는(또는 세속주의를 강요하겠다는) 정부의 선택에 영향을 미치는 상황적·역사적 요인이 무엇인지 세심하게 파악해야 한다. 다양한 국가가 어떻게 종교의 동등한 존중을 목표로서 추구하는지 연구한다면, 법률로(그리하여 입법적·사법적 행동을 결합해) 역량을 실현한다는 것이 무슨 의미인지 이해할 수 있을 것이다. 이런 유형의 연구는 원칙적으로 모든 국가의 모든 역량이 그 대상이어야 한다. 더불어 역량을 고립적으로 이해하기보다는 다른 역량과의 관계망 속에서 이해하려고 해야 한다(역량은 고립된 단위로 존재하지 않기 때문이다. 역량은 서로 영향을 미치고 언젠가 실현되어야 하는 무수한 기회의 집합이다). 이런 점에서『양심의 자유』는 방대한 연구 프로그램의 첫 단계였다. 앞으로 더 열심히 연구하면 역량 접근법이 다원주의 사회에서 중첩적 합의의 대상이 될 수 있다고 더 자신 있게 말할 수 있을 것이다.

『여성과 인간개발』과『정의의 최전선』에서 밝힌 대로 역량 접근법은 정치적 자유주의의 한 형태이기 때문에 그 어떤 포괄적 교설에도 해당하지 않는다. 그러므로 역량 접근법을 **세계주의**cosmopolitanism의 한 형태로 여기는 것은 착각이자 중대한 오해다. 역량 접근법은 국내적 정의는 물론 국제적 정의도 설명할 수 있지만, 그렇다고 사람이 최우선으로 충성해야 하는 대상이 국가, 지역, 종교, 가족이 아니라 인류 전체여야 한다는 포괄적 윤리 이론인 '세계주의'를 역량 접근법과 같은 서상에 올려놓는 것은 잘못이다. 세세주의자는 아마 내 핵심역량 목록 대부분을 받아들일 수 있을 것이다. 그렇지만 모든 시민 (일차적으로는 한 국가의 시민, 이차적으로는 세계 모든 국가의 시민)은 10대 핵심역량의 최저수준 이상을 누려야 한다는 생각을 받아들이는 사람 모두가 꼭 세계주의자여야 하는 것은 아니다. 종교적 성격을 띠건 세속적 성격을 띠건 간에 주요 포괄적 교설은 대부분 세계주의를 인정하며 그중 극소수는 포괄적 세계주의까지 인정한다. 예를 들어 이 사회를 바라보는 로마 가톨릭교회의 포괄적 교설은 역량 접근법이 국제적·국가적 수준에서 주장하는 것과 상당히 일치한다. 그러나 정통 로마 가톨릭교회 신자는 결코 세계주의자가 될 수 없다. 세계주의는 신이나 종교가 아닌 전 인류를 섬기는 것이 어떤 사람의 **최우선** 의무라고 주장하기 때문이다(물론 그 사람의 포괄적인 윤리적 교설이 세계주의적인지 아닌지는 별개의 문제다. 아마 세계주의적이지는 않아도 세계주의와 상당히 가까울 것이다). 정리하자면 역량 접근법은 중첩적 합의의 대상이 되기를 바라는 정치적 교설이다. 그 어떤 포괄적인 윤리적 교설도 권장해서는 안 된다. 또 그것을 이론적 토대로 삼아서도 안 된다. 거듭 말하지만 역량 접근법을 세계주의의 한 형태로 봐서도 안 된다. 그러한 관점은 역량 접근법이 현대 세계의 모든 국가에 존재하는 다양한 종교적·세속적 교설을 존중하지 않는다고 보는 것과 다를 바 없다. 내 역량 접근법은 종교적·세속적 교설의 다원성 존중을 핵심 목표로 삼고 있다.

결과주의와 의무주의

윤리와 정치에서 철학적 접근법은 보통 두 그룹으로 나뉜다(자칫 과도한 단순화일 수도 있다). 결과주의 접근법은 얼마나 좋은 결과를 낳는가를 잣대로 선택의 좋고 나쁨을 평가한다(그런 다음에야 무엇이 좋은 결과인지 설명한다). 달리 말해 결과주의 접근법은 먼저 무엇이 선인지를 정한 뒤 그 선의 관점에서 올바른 선택을 정의한다고 할 수 있다. 반면에 의무주의 접근법은 무엇이 의무인지, 무엇이 올바른 행동인지를 먼저 정한 다음 올바른 행동인 한에서만 선을 추구할 수 있다고 주장한다. 그래서 칸트는 존중과 공정함에 바탕을 둔 도덕성을 충족시킬 때에만 도덕적 행위주체는 행복을 추구할 수 있다고 보았다.

이 같은 구분은 약간 거친 것일지 모른다. 의무주의 접근법도 선을 추구하는 행동에 긍정적 가치를 부여한다. 칸트가 분명히 그렇다. 또 센이 분명히 주장하듯 결과주의 접근법도 의무주의적 요소(예를 들어 '올바른 행동을 보호해야 한다')를 갖고 좋은 결과를 설명한다. 결과주의 접근법이 올바른 행동을 의무로 여기는 대신 선을 이루는 다른 요소와 동일 선상에 놓고 견줘야 하는지는 확실하지 않다. 선에 관한 설명의 층위는 다양하기 때문이다(센은 우선순위를 정해놓고 선을 설명하는 것을 지지하지 않는다).

역량 접근법은 의무주의와 밀접한 관련이 있다. 의무주의에서 가장 비중 있는 역사적 선조 중 한 명이 칸트다. 먼저 의무주의는 사람의 근본권리를 침해하면서까지 사회복리를 추구해서는 안 된다고 주장한다. 공리주의가 각각의 사람이 중요하다는 생각, 즉 인간 존중 개념을 중시하지 않는다고 평가한다는 점에서 의무주의자는 칸트주의자와 생각이 일치한다. 내가 『여성과 인간개발』에서 강조한 **각각의**

사람이 목적이라는 원칙은 사람을 목적으로 생각하며 존중해야시 단순한 수난으로 여기면 안 된다는 칸트의 의무 개념을 내 나름대로 해석한 것이다.

역량 접근법은 정치적 자유주의를 수용한다는 점에서도 의무주의와 아주 가깝다. 한편 좋은 결과를 극대화하는 선택이 좋은 선택이라고 보는 결과주의는 보통 포괄적 교설에서 찾아볼 수 있다. 결과주의자는 일반적으로 삶의 정치적 영역과 나머지 영역을 구분하지 않는다. 정치적 영역에 무언가를 권고하는 데도 제한을 두지 않는다. 결과주의자는 자신의 선택 방법이 어디서나 옳다고 말한다. 그래서 시민에게 정치적 자유주의의 관점에서는 합당하지 않은 요구를 하기도 한다. 종교를 믿는 시민은 10대 핵심역량을 토대로 세워진 사회를 기꺼이 지지할 테지만 좋은 결과를 극대화하는 선택이 언제나 올바른 선택이라는 주장은 받아들이지 않을 것이다. 이런 점에서 결과주의가 옳음과 선에 관한 포괄적 견해로 제시된다면 역량 접근법이나 여타의 접근법으로 설명되는 그 어떤 정치적 자유주의에서도 그것은 정치적 원리의 토대가 될 수 없다.

그러나 다른 각도에서 보면 역량 접근법은 결과주의의 사촌쯤으로, 심지어는 정치적·비복지주의적 결과주의의 한 형태쯤으로 여겨질 수 있다. 정의의 관점에서 정치적 상황이 적절한지 판단하는 올바른 방법은 시민의 근본권리가 확실하게 보장되는 **결과**가 나왔는지 살피는 것이라고 주장하기 때문이다. 이런 점에서 역량 접근법은 의무주의자가 곧잘 선호하는 **절차주의적 관점**과 선명하게 대비되는 **결과 지향적 관점**이라고 할 수도 있다. 롤스는 다음과 같은 명쾌한 예를 든다. 케이크를 공정하게 나눠 먹으려 한다고 가정해보자. 케이크 분배의 공정함을 따지는 한 가지 방법은 그 결과를 살피는 것이다. 각자가 균등한 몫을 먹으면 공정한 분배가 이루어졌다고 할 수 있다. 분배의 공정함을 따지는 또 한 가지 방법은 분배 절차를 살펴보는 것이다. 케이크 자르는 순서를 정한 다음 먼저 자른 사람에게 나중에 먹으라고 해도 공정한 분배가 이루어질 수 있다. 롤스의 정의이론은 절차를 중시하는 두 번째 방식의 분배를 더 선호한다. 반대로 역량 접근법은 첫 번째 방식의 분배를 선호한다. 역량 접근법에 따르면 우리가 어떤 사회를 놓고 '최소한 공정한 사회라고 할 수 있는가?'라고 물을 때 집중적으로 살펴봐야 하는 것은 역량이 확실하게 보장되었는지 여부다. 물론 공정한 절차 개념과 관련 있는 역량도 더러 있다 (예컨대 형법에는 공정한 재판을 받을 권리 등 공정한 절차에 관한 일정 유형의 권리가 존재한다). 물론 이들 역량도 사회 운영의 잘잘못을 평가하는 기준인 좋은 결과의 일부다.

그러나 이렇듯 결과를 기준으로 정의를 평가한다고 해서 역량 접근법이 결과주의의 한 갈래가 되는 것은 아니다. 역량 접근법은 무엇이 사회적 선인지 알려주는 포괄적 견해가 아니라 구체적인 정치적 권리에 관한 **부분적** 설명이다. 역량 접근법은 사람이 얼마나 잘 사는지를 알아내는 데 깊은 관심이 있다. 이런 의미에서 역량 접근법은 사회복리 증진에 초점을 맞추는 접근법으로, 다시 말해 선호와 충족의 관점이 아니라 역량의 관점에서 이해하려는 접근법으로 분류해야 마땅하다.

정치적 감정과 안정성 문제

모든 정치적 견해, 특히 사람에게 폭넓은 요구를 하는 견해는 시간이 흘러도 안정적임을 입증할 필요가 있다. 이때의 안정은 마지못한 묵인에서 나온 안정에서 정치적 견해의 핵심 요소를 완벽하게 이해하고 받아들일 때의 안정을 뜻할 뿐 아니라 정치적 견해를 지지할 안정적 동기까지 아우른다. 역량 접근법은 사회계약이 계약 당사자 서로에게 이익이라는 생각(고전적 사회계약론이 사회계약 원리가 안정적인 이유를 설명할 때 효과적으로 써먹은 생각)에 기대지 않는다. 서로 이익을 얻는다는 관점에서 계약을 맺을 때의 장점은 광범위한 이타주의에 의지할 필요가 없다는 점이다. 그러나 내 역량 접근법은 이타주의에 의지한다. 이타주의적 행동 동기가 왜, 어떻게 생기는지 그리고 이타주의적 행동 동기와 경합하는 다른 행동 동기는 무엇인지, 사회에 유익한 방향으로 이타적 감정을 증진하기 위해서는 어떻게 해야 하는지를 두고 많은 이야기를 해야 한다. 인도 건국의 아버지 간디와 네루는 이타주의를 증진하고 가난 구제를 추구하는 공공 문화를 형성하는 방안을 오랫동안 깊이 고민했다. 두 사람의 바람은 한때 실현되는 듯했지만 이제는 잊힌 지 오래다. 지금이라도 품위 있는 사회의 시민이라면 어떤 정치적 감정을 길러야 하는지 밝혀져야 한다.

이 과제를 달성하기 위해서는 무엇보다도 가족, 사회규범, 학교에 관해 그리고 정치제도가 시민을 정치에 끌어들이는 방식에 관해 깊이 생각할 필요가 있다. 시민의 정치적 감정이 어떻게 표출하는지, 정치적 감정의 구조는 무엇인지, 정치적 감정이 어떻게 상호작용하는지 등도 개념적으로 따져봐야 한다.

역량의 이행

역량 접근법의 목표는 원대하다. 그렇다면 이들 목표를 달성하는 방법에 관해서는 어떤 이야기를 하는가? 먼저 핵심역량 목록에 등장하는 모든 역량은 똑같이 중요하므로 그중 어느 하나를 다른 것보다 우위에 놓으면 완벽한 정의를 달성할 수 없다고 주장한다. 더불어 마지막 장에서 살펴보겠지만, 헌법의 설계 방법 및 제도적 구조에 관해서도 몇 가지 권고를 한다(제도적 구조는 앞으로 더 깊은 연구가 필요한 영역이다). 기본권을 포함한 헌법 심사 제도는 핵심역량을 이행하는 주요 방법 중 하나다. 마지막으로 역량 접근법은 핵심역량의 여러 영역에서 특정 기능을 강요하는 대신 선택할 기회를 주는 목표를 세워야 한다고 정책결정자에게 권고한다. 이렇게 선택을 강조하면 정책결정자가 이행 전략을 구체화하는 데 도움이 된다.

역량 이행에 관한 심층적 권고는 상당 정도 맥락의존적contextspecific 이다. 시민더러 무언가를 선택하라고 하면서 선택의 이면에 놓인 문화적·정치적·역사적 맥락을 자세히 밝히지 않는다면, 그들의 핵심 역량을 최저수준 이상으로 끌어올리기 위한 처방은 아무 소용이 없을 것이다(나는 『여성과 인간개발』을 쓰면서 전 세계 여성이 아니라 인도의 특정 지역 여성이 무엇을 원하는지 설명했다. 그래도 일반적인 문제에 관한 결론을 이끌어내는 데 아무 지장이 없었다). 바산티 이야기로 되돌아가서 살펴보면 알 수 있듯이 역량 접근법의 처방은 구체적이고 심층적이다. 역량은 고립된 원자 같은 것이 아니다. 하나가 다른 하나의 실마리 구실을 하며 상호작용하는 많은 기회의 집합이다. 역량 접근법은 울프와 드샬리트가 강조한 생산적 기능(또는 역량), 다시 말해 다른 기회를 만들어내는 기회가 무엇인지 명확하게 파악할 수 있다.

생산적 역량 자체는 맥락의존저이다. 그러나 모든 국가에서 교육은
생산적 역량 중 하나로 선택된다. 그래서 교육을 받으면 취업 기회에
한 걸음 더 다가서거나 정치적 목소리를 낼 수 있다. 가정 내에서도
남편에 대한 교섭력, 즉 혼자 힘으로 살아낼 힘을 기를 수 있다. 나는
바산티가 막 교육받기 시작했을 때, 그녀를 처음 만났는데도 부모가
방치해둔 탓에 오랫동안 역량을 실현할 수 없었다는 것을 한눈에 알
수 있었다. SEWA의 교육 프로그램은 기능을 가르치는 데 그치지 않
았다. 상상력을 북돋아주었고 갖가지 정보를 알려주었다. 그 덕분에
바산티는 역사적·정치적 상황을 비판적으로 사고하고 이해할 줄 아
는 역량을 기를 수 있었고 그전에는 꿈조차 꾸지 못했을 다양한 선택
의 기회를 누릴 수 있었다. 이렇게 핵심역량을 길러주는 처방은 개발
도상국 시민에게만 필요한 것이 아니다. 가난하고 불우해 제대로 교
육받지 못하는 부유한 국가 시민에게도 필요하다. 부유한 국가에서
도 교육에 초점을 맞춘 정부의 개입은 얼마든지 생산적일 수 있다(평
단의 극찬을 받았던 2009년 개봉 영화 〈프레셔스〉Precious(리 다니엘스 감
독, 2009)의 원작 소설인 사파이어Sapphier의 『프레셔스』*Precious*를 생각
해보자. 주인공 여성은 글을 읽을 줄 알게 된 뒤로 자신도 정당한 대
우를 받을 가치가 있는 존엄하고 소중한 존재라는 의식이 싹튼다. 여
기서 알 수 있듯이 대단치 않아 보이는 교육이라도 잔인한 폭력과 박
탈로 점철된 삶을 슬기롭게 헤쳐나가는 능력에 영향을 미친다).

　　바산티의 사례에서 또 하나의 생산적 역량은 재산권이었다. 그
녀는 신용대출 덕분에 독립할 힘을 얻었다. 바산티 본인 명의의 땅도
신용대출과 더불어 취업 기회에서 가정폭력으로부터 신체를 보호
하는 역량, 자신감과 자기존중감(바산티가 SEWA에서 신용대출을 받
은 뒤에 느끼기 시작한 감정이다)에 이르는 여러 역량의 중요한 원천이

될 수 있다.

마지막으로 바산티의 이야기에서 그랬듯이 볼프와 드샬리트가 연구한 집단(부유한 선진국의 집단이라는 점에 주목해야 한다)에서도 관계 역량이 생산적 역량의 구실을 했다. 관계 역량이란 다른 사람(바산티의 사례에서는 SEWA의 여성 회원)과 서로 존중하고 보살피고 동등하게 대하며 목표를 공유하는 관계를 맺을 줄 아는 역량을 말한다.

정치인은 희소 자원을 생산적 역량에 투입하면서 다른 역량의 증진에 도움이 된다는 논리를 펼친다. 그렇다면 똑같은 논리에서 볼프와 드샬리트가 말한 **유해한 약점**, 즉 다른 역량마저 망가뜨리는 역량 실패를 제거하는 데 힘을 쏟아야 한다. 개념적으로 볼 때 생산적 기능(혹은 역량)과 유해한 약점은 동전의 양면 같은 관계지만, 생산적 기능(혹은 역량)이 무엇인지 아는 것과 유해한 약점이 무엇인지 아는 것은 별개다. 예를 들어 인종차별과 낙인찍기는 몇몇 측면에서 관계 역량의 실패이자 유해한 약점의 원천이다. 그러나 관계 역량만 들여다봐서는 정말 유해한 약점인지 알 수가 없다. 볼프와 드샬리트는 교육을 생산적 기능(혹은 역량)으로만 이해하면 특정 지역 사투리를 모르는 것이 예상치 못한 유해한 약점이 된다는 것을 간과할 우려가 있다고 말했다. 따라서 어떤 사회든 유해한 약점의 유형을 찾아낸 뒤 거기에 희소 자원을 최우선으로 투자해야 한다. 유해한 약점은 종종 역량 실패로 이어져 주변화, 낙인찍기, 집단무력감 등을 유발한다. 이런 점만 봐도 개인의 역량 강화를 목표로 정한 사회라고 해도 역량 실패에 대해서만큼은 집단 중심적 처방을 내놓아야 한다는 것을 알 수 있다.

5장

문화의 다양성

CAPABILITIES

역량 접근법과 인권의 관계

핵심역량 목록은 다양한 방법으로 구체화할 수 있는 보편적 목록이
지만 어쨌거나 단일 목록이다. 덕분에 역량 접근법은 핵심역량 목록
을 잣대로 삼아 국민에게 중요한 인간역량을 제공할 수 있는지 따져
국가의 순위를 매길 수 있다. 그러나 세상은 복잡하다. 전 세계 사람
에게 단일 기준을 적용하는 것은 오만하고 우둔한 짓이 아닐까? 혹
시 제국주의 논리가 그 배후에 깔린 것 아닐까? 이 중요한 물음은 우
리가 역량 접근법을 연구하며 잡은 핵심 화두다. 서구 출신과 비서구
문화 출신이 섞인 국제 연구자 팀인 우리는 보편주의로 포장한 가치
제국주의value-imperialism를 둘러싼 격렬한 논쟁을 잘 알고 있고, 지금까
지 그 해법을 찾으려고 고심했다.[•]

역량 접근법은 국제인권운동과 밀접한 관계가 있기 때문에(내가
보기에 역량 접근법은 인권운동의 한 갈래다) 우리는 역량 접근법이 국
제인권운동에 얼마나 공헌했는지 살펴보기 전에 국제인권운동의 반
대 논거를 반박하면서 시작하는 것이 좋다고 보았다. 인권운동은 모
든 사람에게 근본권리가 있다는, 가장 보편적이고 영향력 있는 견해
지만 그 뿌리는 서구 사회다. 그래서인지 국제인권규범을 준수해야
한다고 말하면 비서구 사회는 서구 이데올로기의 지배를 심화하려
는 의도가 깔려 있다며 반발하기 일쑤다. 식민지 지배에서 겨우 벗어
난 비서구 사회를 새롭게 식민화하려는 의도가 있다고 지레짐작하

[•] 가령 센은 인도 벵골 지방 출신이다. 그는 현재 미국에 거주하지만, 영국 시민권과 인도 시
민권을 갖고 있으며 인도의 정치와 문화에 깊은 관심을 기울인다. 한편 나는 미국 시민권
자이지만, 인도를 비롯한 여러 국가에서 꾸준히 연구 활동을 해왔다. 인간개발및역량연구
협회 소속 연구자의 국적은 파키스탄, 일본, 브라질, 독일, 이탈리아, 방글라데시, 영국, 미
국 등 다양하다. 협회 의장단에는 인도인 두 명, 영국인 한 명, 미국인 한 명 등이 포함되어
있다.

는 것이다. 이 주장을 어떻게 평가해야 하는가?

먼저, 이 주장은 아직 논증으로 성립하지 않는다. 역사를 되돌아보면 인권 개념이 서구 사회에서 유래한 것은 맞다. 그러나 이 점을 이유로 인권 개념이 비서구 사회에 적용되지 않는다고 해서는 안 된다. 어느 시대에나 사람은 자기 사회에 부족한 것을 다른 사회에서 빌려 왔다. 인간 역사에서 가장 의미 있는 사실 중 하나가 외부 자원을 풍부하게 활용해 문화를 살찌운 사회가 많았다는 점이다. 많은 사회가 외부 견해의 일부만을 수용하는 데 그치지 않고 그 전체 체계를 수용했다. 기독교, 불교, 이슬람교, 마르크스주의 등 세계의 주요 문화운동, 사상운동은 특정 시대와 장소에서 싹텄지만 전 세계로 퍼졌다. 그것에 매력을 느끼고 몰입한 사람이 많았기 때문이다. 이 현상을 트집 잡을 근거는 어디에도 없다. 마르크스주의가 서구 사회에서 유래했기 때문에 비서구 사회가 마르크스주의를 수용해서는 안 된다는 주장이 나온 적 있는가? 마르크스주의 자체가 오류일 수는 있지만, 독일계 유대인 마르크스가 대영도서관 자료를 연구해 마르크스주의를 정립했기 때문에 오류인 것은 아니다. 한층 심층적인 논증이 제시되어야 한다. 인권에 관한 유사한 주장의 타당성도 마찬가지다. 비서구 사회가 인권 개념을 받아들여서는 안 되는, 더욱 설득력 있는 이유가 없는 한, 알맹이 없는 공허한 주장일 뿐이다.

이렇게 과거 역사를 이유로, 인권 개념에는 '제국주의적 성격이 짙다'라는 비난은 엄중한 반론에 직면할 수밖에 없다. 센이 말했듯이 중국과 인도의 전통 사상에도 오늘날의 인권 사상을 구성하는 요소가 있다. 그러므로 유럽의 계몽 시대 때 서구 사회에서 인권 사상이 형성되었다는 사실을 근거로(계몽 시대 이전 서구의 철학 전통에는 인권 개념의 여러 요소 중 일부만 존재했다) 그 심층구조가 굉장히 서구적이라고 말할 수는 없다. 우리가 계몽 시대와 연관짓는 몇몇 개념은 서구에 존재하기 오래전부터 인도에 존재했다. 예를 들어 종교적 관용 개념은 기원전 3세기 인도에서 불교를 널리 포교한 아소카 대왕의 사상에도 등장한다.

국제인권운동은 1948년 「세계인권선언」이 나오면서 닻을 올렸다. 이집트, 중국, 프랑스 등 여러 나라 사람이 국제인권운동을 처음 구상했다. 그들은 어떤 문화적·종교적 전통을 경험한 사람도 쉽게 받아들일 수 있도록 인권 목록 작성에 신중을 기했다. 오늘날에도 비서구 국가 출신 사람이 주요 국제인권협약 체결에서 주도적 역할을 한다. 미국은 인권운동을 반대하는 국가를 윽박지르는 짓은 잘하지만 국제인권운동을 주도하지는 못했다. 그런 일은 없었다. 미국은 전 세계 선진국과 개발도상국 대부분이 비준을 완료한 유엔여성차별철폐협약Convention on the Elimination of All Forms of Discrimination against Women: CE-DAW과 유엔아동권리협약Convention on the Rights of the Child: CRC 같은 국제협약조차 아직 비준하지 않았다.● 미국이 인권 취약국을 향해 인권규범을 준수하라고 외치는 것은 이율배반이 아닐 수 없다.

한편 식민주의 역사를 돌아보면 식민지 지배자가 피지배 민족에게 '서구적 가치'를 수용해야 한다고 요구했기 때문에 식민지 국가에서 인권규범이 나타난 것이 아니었다. 오히려 정반대다. 인권규범은 식민지 독재권력에 대한 저항 속에서 탄생했다. 인권을 대단히 포괄적으로 보호하는 헌법을 제정한 인도를 생각해보자. 영국인 인도 총독은 식민지 인도에서는 언론의 자유, 결사의 자유, 정치 활동의 자

● CEDAW를 비준하지 않은 국가로는 미국, 이란, 통가, 팔라우, 소말리아, 수단, 니우에 그리고 '서구적 가치'의 중심인 바티칸공국 등이 있다. CRC는 미국과 소말리아를 제외한 모든 UN 회원국이 비준을 마쳤다.

유 등 기본적 인권규범을 보장하지 않았다. 영국은 영국인의 인권은 옹호했지만 인도인의 인권은 철저히 모독했다. 법률로 차별을 못 박았고 결사의 자유를 부정했다. 언론과 저항의 자유를 주장하는 인도인을 무자비하게 탄압했고 때로 생명을 빼앗기도 했다. 영장이나 재판 없는 체포와 구금을 일삼았다. 인도인은 이렇듯 인권이 일상적으로 말살당하는 처지에서 힘들게 견뎌야 했으며, 그래서 제국과 인권 개념을 연관지을 수 없었다. 1913년 노벨문학상을 수상한 시인 타고르는 인권침해를 일삼는 영국의 학정에 항의하기 위해 1919년 영국정부가 수여한 기사 작위를 반납했다. 그는 서구의 여러 사상가를 존경했고, 서구 문화에는 인간을 존중하고 인권을 강조하는 사상이 있다는 것을 잘 알았다. 그랬으니 다른 세계의 인권은 마냥 무시하는 유럽 식민주의 국가의 행태를 폭로하고 싶은 심정이 누구보다 절실했을 것이다.

간디와 네루는 독립 투쟁을 벌이는 과정에서 영국의 끊임없는 인권침해로 무수한 고통을 겪었다. 두 사람은 비폭력 저항을 했다는 '죄'로 수시로 체포당했고 특히 네루는 오랫동안 감옥에 갇혀야 했다. 독립 후 두 사람은 인권에 바탕을 둔 새로운 인도인의 국가Indian nation 를 세우고 싶어했다. 간디는 서구 문화를 싫어했다. 타고르가 그랬듯이 서구 문화를 물질주의적이고 힘을 숭상하는 문화로만 보았던 것이다. 그러나 거기서 유래하는 인권은 본질적으로 중요하다고 인정했고, 인도의 전통을 어떻게 해석하는가에 따라 인권보호의 철학적 기초를 찾아낼 수 있다고 주장했다.

남아프리카공화국 헌법이 제정될 당시의 이야기도 이와 유사하다. 남아프리카공화국 헌법은 아파르트헤이트 체제 아래서 무참하게 짓밟힌 인간존엄성을 성문화해 철저하게 보호하려는 노력을 대표한다. 동성애 금지법을 합헌으로 판단한 미국을 비롯해 동성애를 진지하게 수용하고 법적으로 인정할 엄두조차 내지 못한 국가가 많았던 1996년에 인종이나 성별에 따른 차별은 물론 성적 지향에 따른 차별까지 금지했다. 이 점 하나만 보더라도 강자의 전횡으로부터 약자를 보호하겠다는 남아프리카공화국 헌법 제정자의 의지가 얼마나 강했는지 충분히 짐작할 수 있다.

'제국주의' 색채가 짙게 묻어난다는 이유로 인권에 반대한다는 주장에는 아무런 근거가 없다. 인권 어젠다는 모든 사람의 가치와 존엄성을 옹호한다. 사람에게 동등한 가치가 있다는 개념은 서구 사회 고유의 것이 아니다. 제국주의 색채를 띠는 것은 더더욱 아니다. 인권 프로그램은 강자에 맞선 약자의 동맹이다.

아쉽게도 전 세계 발전경제학계에서는 '제국주의'를 거론하며 인권에 거부감을 갖는 흐름이 아직도 강력한 영향력을 발휘한다. 이 같은 잘못된 주장이 되풀이해서 나오지 못하게 하려면, 역량 접근법은 인권 접근법과 긴밀한 관련이 있지만, 인도의 현실에서 처음 싹튼 뒤 국제 연구 그룹이 체계적으로 정리한 이론이라는 사실을 널리 알려야 한다. 역량 접근법은 현실에 근거한다. 또한 '인권'운동과는 달리 아주 심오한 이론적 개념을 동원하지도 않는다. 그 대신 현실 속 사람이 일상적 삶의 다양한 맥락에서 자신과 타인에게 던지는 물음, 곧 "나는 무엇을 할 수 있고 무엇이 될 수 있는가?", "나는 현실적으로 무엇을 선택해야 하는가?"에 대답한다. N이라는 국가의 국민은 인권 개념이 부족하다는 주장이 나올 수 있다(물론 십중팔구 잘못된 주장일 것이다). 반면 N이라는 국가의 국민은 자신이 무엇을 할 수 있고 무엇이 될 수 있는지 묻지 않는다고는 할 수 없다. 역량 접근법은 현실에 발을 딛고 있기 때문에 인권과 제국주의를 둘러싼 혼란스러운 추상적 논쟁을 얼마든지 피해 갈 수 있다.

역량 접근법과 문화적 다원주의

더 일반화하자면, 다원주의와 문화적 가치의 문제를 살필 때 어떤 문화도 단일체가 아니라는 점을 명심해야 한다. 모든 문화는 다양한 목소리를 담고 있고, 어떤 지역의 바로 '그' 전통으로 통하는 것은 자신을 정치적인 언어로 표현하는 데 능한 지배 집단의 견해에 불과할 때가 많다. 따라서 한 문화의 바로 '그' 견해에 관한 적절한 경험적 설명을 듣고 싶다면, 전통적 설명이 도외시하기 쉬운 소수자, 여성, 농민 등의 견해를 찾아봐야 한다. 우리가 이 점을 이해한다면 누구도 전통적 가치에 규범적 권위를 부여하지 않을 것이다. 전통은 대화거리나 논쟁거리를 제공해주므로 우리는 자연히 그 안에 담긴 다양한 입장을 평가할 수밖에 없다. 역량 접근법은 인간존엄성 개념을 지침으로 활용하면 전통 속에 담긴 다양한 입장을 평가할 수 있다고 주장한다.

　사람의 선택은 다양하다는 생각, 그리고 선택의 자유를 존중하는 것은 곧 그 사람을 존중하는 것이라는 생각을 무시해서는 안 된다. 지극히 개인적이고 이색적인 선택도 없지 않지만, 대부분은 문화적·종교적·민족적·정치적 정체성에 따른 선택이다. 따라서 어떤 규범적 개념을 구성할 때는 사람의 선택을 존중하는 데 신경 써야 하고, 사람이 자신의 선택에 따라 자신을 표현할 공간을 신중하게 보호해야 한다. 역량 접근법이 정치적 가치의 규범적 내용을 확실하게 주장할 때도 그 지지자인 우리가 한층 분명한 자세로 다양한 사람의 선택을 존중하고 그 선택을 표현한 것을 보호하려고 해야 한다. 더 나아가 많은 사람이 의미 있는 삶의 영역에서 마음껏 발휘해야 할 선택 능력을 정치적 가치에 담긴 규범적 내용으로 부당하게 억눌러서는 안 된다. 예를 들어 응급 수혈을 법으로 정하는 것은 수혈을 거부하는 '여호와의 증인' 신자의 양심에 따른 선택을 경시하는 결과를 낳는다. 이들 문제는 기능이 아니라 역량을 적합한 정치적 목표로 삼으면 피해갈 수 있다.

앞에서 살펴봤듯이 센은 양성평등은 물론 교육, 건강에 관심을 기울이는 가운데 정치가 어떤 규범적 내용을 갖춰야 하는지에 관해서도 자신의 생각을 밝힌다. 내 역량 접근법도 10대 핵심역량 목록을 토대로 더욱 광범위하면서도 분명하게 정치의 규범적 내용을 정해 놓는다. 그래서 때로 중뿔나게 나선다는 비판이나 종교적·문화적 가치에 치우친다는 비판을 받기도 한다. 나는 문화적·종교적 표현의 자유는 대단히 중요하다고 생각하기 때문에 여러 면에서 역량 접근법에 문화적 다원주의를 반영하려고 노력한다.

첫째, 핵심역량 목록은 인간존엄성 개념에 관한 비판적·규범적 논증의 결과물이다. 철학적으로 존중받을 만한 다른 모든 논증과 마찬가지로 핵심역량 목록도 열띤 비판과 반박의 대상이다. 누구건 핵심역량 목록을 깊이 살핀 뒤 설득력이 있다고 생각하면 받아들일 수 있다. 핵심역량 목록은 제약을 두지 않는다. 지속적 수정과 점검의 대상이다.

둘째, 내 역량 접근법은 10대 핵심역량 목록의 각 항목을 추상적으로 또 일반적으로 설명한다. 시민, 의회, 법원이 추상적 원칙을 헌법을 비롯한 다양한 정치적 문서에 담기 전에 심의하고 구체화할 여지를 남기기 위해서다. 각 국가는 자신의 역사와 특수한 상황을 고려하며 일정한 테두리 내에서 핵심역량 목록을 다양하게 수용할 수 있

다. 예를 들어 독일에 적절한 언론의 자유(만유내주의를 표방하는 글
이나 정치조직은 엄격하게 금지한다)는 미국으로 건너오면 제약이 심
한 것(수정헌법 제1조의 언론의 자유 개념은 반유대주의 활동도 보호한
다)이 된다. 현실을 돌아보면 합리적으로 언론의 자유를 규정하고 보
호하는 정책도 있지만, 용납할 수 없을 정도로 언론의 자유를 억압하
는 정책도 눈에 띈다. 역량 접근법은 폭넓은 사례를 비교한 뒤 언론
의 자유를 최저수준조차 보장할 수 없는 상황이 무엇인지를 '실정에
따라 융통성 있게' 결정한다. 이와 관련해 분명하게 말할 수 있는 것
은 시민의 언론의 자유를 차별하는 그 어떤 정책도 언론의 자유를 최
저수준 이하로 묶어둔다는 점이다.

　셋째, 핵심역량 목록은 롤스의 말을 빌리면 외따로 있는 '불완전
한 도덕 개념'의 일부다. 다시 말해 핵심역량 목록은 정치적 목적으로
등장한 것일 뿐 문화와 종교를 기준으로 사람을 편가르는 형이상학
적 개념에 뿌리를 둔 것은 아니다. 롤스는 자신의 기본 원리를 '모듈'
이라고 했다. 역량 접근법과 핵심역량 목록도 다양한 종교적·세속적
관점으로 삶의 궁극적 의미와 목적을 바라보는 사람이 지지할 만한
모듈이다. 그들은 자신의 종교적이거나 세속적인 포괄적 교설과 핵
심역량 목록을 다양하게 연관지을 것이다. 「세계인권선언」처럼 역량
접근법도 실제 정치적 목적에 대한 합의를 추구할 뿐 사람이 어떤 교
설을 받아들이느냐에 따라 견해가 분분한 신, 영혼, 인간 지식의 한
계 같은 문제는 다루지 않는다. 다양성에 대한 존중을 표현하기 위한
전략의 일환이다. 국교제도를 금지하는 교설이 종교를 믿건 말건 모
든 시민을 동등하게 존중하는 것과 같은 맥락에 있다. 나는 종교와
역량을 다룬 좀더 상세한 연구에서 종교 활동의 자유를 보장하는 교
설과 국교제도를 금지하는 교설은 종교의 영역에서 인간역량과 평등

을 수호하는 보루라고 강력하게 주장한 적 있다.

넷째, 내 역량 접근법은 모든 시민의 10대 핵심역량을 최저수준 이상으로 끌어올리는 것은 정부의 임무라고 본다. 정부가 시민을 압박해 10대 핵심역량과 관련된 기능을 갖추게 해야 한다고 보지 않는 것이다. 역량이 있는 사람은 선택권, 즉 일정한 범위의 자유가 있다. 그들은 역량과 연관된 기능을 선택할 수도(예컨대 영양이 풍부한 식사의 선택), 피할 수도(단식이나 불건전한 생활방식의 선택) 있다. 정치적 목표로서의 역량은 다원주의를 지지한다. 사실 특정 역량을 근본권리로서 옹호해도 그 역량 관련 기능이 의무로 규정된다면 양심의 자유에 위배된다며 불쾌해할 사람도 없잖아 있다. 그래서 선거권(선거에 참여할 권리지만, 거꾸로 선거에 참여하지 않을 권리가 될 수도 있다)은 특정한 교설을 믿는 시민도 지지할 수 있는 것이지만, 선거권 행사를 의무로 규정하면 아미시파 신도the amish•는 자신의 종교관에 어긋난다는 이유로 분개할 것이다. 특정 종교적 기능(의무적인 종교 서약, 공직자의 종교 검증 등)을 강요하는 국교제도 반대자는 종교 활동의 자유를 지지할 것이다. 힌두교를 믿는 바산티는 인도 헌법이 보장하는 종교의 자유를 마음껏 누릴 수 있다. 만약 친구 코킬라가 무종교라면 그녀는 종교의 자유를 누리는 문제와는 무관한 삶을 살아간다. 그러나 이렇듯 종교적 처지가 다른 두 사람도 모두 종교의 자유를 보장하는 헌법 조항을 지지할 수는 있다. 인도에는 다양한 종교가

• 개신교 재세례파의 한 갈래로 17세기 이후 탄압을 피해 유럽에서 신대륙으로 이주한 스위스-독일계 이민자들이다. 창시자는 스위스의 종교개혁가 야곱 아망Jakob Ammann이다. 주로 미국 펜실베이니아 주와 캐나다 온타리오 주에 살면서 종교적 이유로 외부 세계로부터 격리된 채 공동체 생활을 한다. 자동차, 전화, 전기 등의 현대 문명을 거부하고 양심적 병역 거부를 실천하며 공적 연금을 받지 않는 등 그 어떤 정부의 도움도 거부한다. 대다수 교인은 전통적 방식의 농축산업에 종사한다. 자녀들에게도 마을 내 학교에서 읽고 쓰는 법만 가르친다.

있기 때문에 모든 시민이 종교의 자유를 누리며 동료 시민을 존중할
수 있는 일종의 자유 지대를 두는 것은 좋은 발상이다.

다섯째, 다원주의에 필요한 자유가 핵심역량 목록의 항목으로 자
리잡고 있다. 언론의 자유, 결사의 자유, 양심의 자유, 정치에 참여할
기회 등은 문화적·종교적 다원주의를 보호하는 데 꼭 필요한 핵심
요소다. 역량 접근법은 이들 요소를 핵심역량 목록에 넣어 대단히 중
요한 것, 양도할 수 없는 것으로 만들어놓는다. 지역 전통만 존중하고
따르는 정치적 접근법과 역량 접근법을 비교해보자. 지역 전통에 치
우친 정치적 접근법은 다원주의를 보호하지 않는다. 종교 활동의 자
유를 비롯해 다원주의의 의미 있는 요소를 지지하지 않는 지역 전통
이 너무나 많기 때문이다. 다원주의를 존중하는 사회는 시민의 자유
로운 선택을 보호하겠다는 가치관을 분명히 밝혀두어야 한다는 점에
서 다원주의 존중은 문화적 상대주의나 전통 존중과 전혀 다르다.

마지막으로, '식민주의' 비판자는 핵심역량 목록 작성자의 의도에
의구심을 품는다. 서구 국가 정부(특히 서구 강대국 정부)는 역량 접근
법에 담긴 가치를 지지하지 않는 국가에 역량 접근법을 강제해야 한
다고 다그치리라 지레짐작하는 것이다. 당연한 말이지만 역량 접근
법은 그 같은 내정 개입 행위를 결코 용납하지 않는다. 나는 정당화
와 이행은 별개의 문제로 보아야 한다고 주장한다. 핵심역량 목록은
세계 어디서나 정치적 원리의 기초로서 정당화될 근거가 충분하다.
역량 접근법에 관심 있는 정당은 그런 정당화를 밑거름으로 삼아 국
민에게 역량 접근법을 널리 알리고 국제 문서에서 역량 접근법을 구
현하기 위해 활동할 수 있을 것이다. 한편 역량 접근법의 목표를 인
정하지 않거나 실행하지 않는 국가에 대한 내정 개입을 지지하는 것
은 차원이 전혀 다른 문제다. 내 역량 접근법이 국가주권은 인간의

자유와 근본권리의 중요한 표현이라고 주장하듯 지역 전통을 추종하는 정치적 접근법도 국가주권을 강력하게 옹호할 수 있다. 지역 전통 중심의 정치적 접근법도 특정 강대국이 정당성의 최저수준을 충족하는 다른 국가의 내정에 '인도주의'를 명분으로 강압적으로 개입하는 행위를 지지할 튼튼한 방어벽 구실을 한다(참고로 정당성의 최저수준은 정의의 최저수준보다 훨씬 낮다. 정의의 최저수준을 완벽하게 충족하는 국가는 없다).

　나는 (인도주의적 개입에 관한 표준 설명에 따라) 대량학살 같은 반인도주의 범죄가 저질러지는 엄중한 상황에서만 경제적·군사적 제재가 정당화될 수 있다고 본다. 아무리 잔혹한 범죄행위가 저질러지는 상황이라 해도 내정 개입은 전략적 오류로 귀결될 소지가 다분하다. 내정 개입 대상 국가가 잔혹행위를 하지 말라는 권유를 수용할 가능성이 있는 민주국가일 때 특히 그렇다. 나는 2002년 인도 구자라트 주에서 저질러진 이슬람교도 살해는 대량학살의 정의에 들어맞지만, 그것을 빌미로 외국이 어엿한 민주주의국가인 인도의 내정에 개입하는 것은 옳지 못하다고 주장했다. 내 생각에 섣부른 내정 개입보다 더 의미 있는 것은 독재자에 대한 국제적 비난이다. 대량학살을 저지른 독재자가 귀빈 대우를 받으며 외국을 방문할 때 해당국 시민이 방문반대운동을 벌이는 전술도 유효하다(미국 정부는 구자라트 주 정부의 주지사이자 무슬림 대량학살의 주요 가해자로 지목된 나렌드라 모디Narendra Modi의 미국 입국을 거부한 적이 있다). 아무튼 반인도주의적이고 야만적인 사태가 벌어지더라도 민주주의 자체의 힘으로 해결할 기회가 있는 한 강제 개입은 오류다(인도 구자라트 주 집단학살 사태는 그로부터 7년이 지나 이 책을 쓰는 현 시점에서는 후유증이 상당히 수습되었다).

인권이론이 그랬듯 역량 접근법도 식민주의의 도구로 악용될 것
이라는 우려는 아무런 근거가 없다. 국민의 동의를 토대로 형성된 국
가주권은 역량 접근법에서 대단히 중요한 위상을 점한다. 이 점을 분
명히 밝히면 역량 접근법을 식민주의의 도구로 깎아내리며 거부하
는 목소리가 잦아들 것이다.

6장

국가와 국제 정의

CAPABILITIES

국가와 역량 접근법

초기의 역량 접근법은 각 국민국가nation state가 국민의 역량을 얼마나 잘 증진하는지 따졌다. 역량 접근법을 비교 수단으로 활용하는 유엔 개발계획의 『인간개발보고서』도 개별 국가를 중심에 놓고 살피며 다양한 방식으로 순위를 매겼지만, 그 순위 방식에서 빈민국의 국민 역량을 증진시켜야 할 선진국의 의무에 대해서는 아무런 말도 하지 않았다(참고로 『아랍인간개발보고서』는 개별 국가를 초월해 지역에 초점을 맞춘다). 나 역시 역량 접근법을 이용해 사회정의 이론을 구축하려고 할 때 개별 국가에 초점을 맞췄고, 개별 국가의 정부는 국민의 핵심역량을 지원해야 할 임무가 있다고 주장했다.

국가라는 단위는 역량 접근법을 살피기에 편리한 출발점일뿐더러 도덕적으로도 중요하다. 국가, 특히 민주국가는 국민이 권력의 궁극적 원천이라고 밝히는 원칙과 법률의 체계이고, 국민의 자주성, 즉 스스로 선택한 법률 아래서 살아갈 권리의 표현이기 때문이다. 실천이성과 정치적 권리의 존중을 핵심으로 삼는 역량 접근법은 자연스럽게 국가에 중심적 지위를 부여하고, 국가의 주권이 보호받는 세계를 만들려고 한다. 이 같은 세계에서 국가는 국민에게 책임을 지지 않거나 최소한의 책임만 지는 다국적기업이나 글로벌 금융 네트워크를 제어할 힘을 가지게 될 것이다. 자주성을 표현하는 매개인 국가가 올바르게 책임을 지는 유일한 실체인지 여부는 경험에 비춰 판단할 문제지만, 지금까지 경험한 바로는 국가를 능가할 정도로 책임지는 실체가 있는 것 같지 않다. EU조차 책임이라는 면에서는 부족한 구석이 많다.

한편 350개의 언어가 있고 12억 인구가 사는 인도처럼 영토가 넓

고 내부의 민족 구성이 복잡한 국가도 있다. 미국과 인도가 그렇듯
대체로 연방제를 택하는 이들 국가의 기본 정치구조에서는 성문헌
법이 핵심 역할을 한다. '우리 국민'의 합의에 따라 제정된 성문헌법
은 국민의 근본권리를 규정한다('우리 국민'이라는 말은 민주적 헌법의
서두를 장식하는 표준 용어로 자리잡았다. 미국, 인도, 남아프리카공화국
등의 헌법은 하나같이 '우리 국민'이라는 말로 시작한다). EU의 헌법은
몇 가지 면에서 연방제 헌법의 특징이 있지만, 아직은 많은 회원국이
충분히 동의할 만한 책임성과 대응성을 갖추고 있지는 않다. 그래도
현재의 추세대로라면 EU도 미국이나 인도 같은 연방제 국가와 닮아
갈 것이다. 세계국가world state●는 아직 존재한 적이 없다. 언젠가 등장
하더라도 자주성이라는 면에서는 상당히 미흡할 것으로 보인다. 다
양한 경험과 전통 속에서 살아가는 수많은 국가국민의 갖가지 견해
에 민감하게 대응하지 못할 것이 분명하기 때문이다.

　　역량 접근법은 어느 국가에서나 국민이 자유를 누리고 자신의 역
량을 깨닫는 것이 중요하다고 본다. 이런 점에서 국가는 역량 접근법
에 단단히 기초한 도덕적 역할이 있다. 특히 정부를 효율적이고 빈
틈없이 운영하는 민주국가는 국민에게 10대 핵심역량을 보장해줘
야 한다. 그러나 정의의 관점으로 오늘날의 세계를 들여다보면 기본
적 삶의 기회부터 불평등하다. 인종, 성별, 계급 같은 요소 때문에 어
떤 사람이 기본적 기회를 제대로 누리지 못하는 것이 부당한 일이듯
이 운 좋게 잘사는 국가에서 태어났다는 이유로 다른 사람보다 더 나

●　개별 국가가 주권평등의 원칙에 따라 모인 국제사회 대신 개인이 직접 주권자로 참여한 세
　　계정부를 중심으로 인류 전체를 아우르는 국가를 말한다. 세계국가는 국제사회의 미래 모
　　습이고 영구평화를 위한 불가결의 조건으로 평가된다. 세계국가는 '세계연방World Free-
　　dom'이라고도 한다. 중세 때부터 등장했고 근세에는 칸트가 영구평화론에서 세계국가를
　　주창했다 — 옮긴이.

은 기본적 기회를 누리는 것도 부당한 일이다. 현실은 바람직한 방향으로 흘러가기는커녕 부당한 방향으로만 흘러간다. 기대수명, 교육 기회, 취업 기회, 건강 등 핵심역량 목록에 실린 전 항목은 국가마다 그 수준이 천차만별이고 그 때문에 불평등이 심해지고 있다. 불평등은 삶의 출발점부터, 아니 그보다 더 일찍 영향을 미친다. 예를 들어 모성 영양 수준과 모성 보건 수준은 차이가 극심해 아기를 낳고 기를 기회를 불평등하게 만드는 주요 요인으로 작용한다. 오늘날의 세계 질서 아래서는 어떤 사람의 권리가 천부적 특징 때문에 축소되어서는 안 된다는 기본정의가 늘 침해당한다. (많은 사람을 역량의 최저수준 이하로 내모는) 불평등이 존재한다는 간단한 사실 자체가 불평등을 해소하기 위해 노력해야 할 충분한 이유가 된다.

이 밖에도 부유한 국가가 빈곤에서 벗어나려고 애쓰는 가난한 국가를 지원해야 할 이유는 더 있다. 그중 논란의 소지는 다분하지만 중요하게 꼽아야 할 이유가 식민주의적 착취의 잔재다. 과거에 부유한 국가가 천연자원을 수탈하고 산업화를 지연시킨 데서 오늘날 가난한 국가가 직면한 많은 문제가 비롯되었다. 부유한 국가와 가난한 국가가 부를 재분배하는 것은 과거의 잘못을 치유하는 적절한 방법이다.

이 같은 과거 지향적 근거 말고도 국가 사이에 부를 재분배해야 하는 현존 세계질서 고유의 특징도 있다. 세계경제는 부유한 국가와 거대기업의 지배를 받고 있다. 따라서 이들이 자신의 이해관계에 따라 세계경제 시스템을 좌지우지한다는 것은 결코 놀라운 일이 아니다(스미스는 기업이 '상비군'인 양 정치과정을 국내에서는 허술하게, 그러나 해외에서는 거래하는 가난한 국가에 부당하게 강요한다고 말한 적이 있다). 세계은행과 IMF의 정책이 보여주듯 글로벌 경쟁의 규칙 역시 여러 면에서 부유한 국가에 유리하기만 하다. 이것이 현재 세계의 특징이며, 이는 가난한 국가는 부유한 국가와 도저히 대등하게 경쟁할 수 없다는 결론에 도달하게 한다. 이 불균형을 바로잡기 위해서는 가난한 국가가 현재 어떤 상황에 처했는지, 국가 사이에 부를 어떻게 재분배해야 하는지 등의 문제를 심사숙고해야 한다.

우리는 왜 국가 사이에 부를 재분배하는 정책을 지지해야 하는가? 무엇보다도 부유한 국가의 국민이 행하는 무수한 일상적인 일과 선택이 불공정한 글로벌 경제의 일부를 구성하며 멀리 떨어진 가난한 국가의 국민 삶에 영향을 미치기 때문임을 깨달아야 한다. 예를 들어 음료수를 마시거나 청바지 한 벌을 사 입는 아주 간단한 소비행위조차 지구 반대편에서 살아가는 사람의 삶에 영향을 미친다. 이를테면 화성에서의 불평등은 전혀 문제가 되지 않는 것이, 지구인에게는 아무 영향도 미치지 않기 때문이다. 화성인이 어떤 처지에 있는가는 지구인과 아무 상관이 없다. 하지만 오늘날의 세계에서는 아주 멀리 떨어진 국가의 국민에 대해 그런 식으로 말할 수 없다. 글로벌 경제가 가난한 국가에 불공정하건 공정하건 가난한 국가와 더불어 글로벌 경제를 꾸려가는 책임 있는 주체인 부유한 국가는 바람직한 글로벌 경제관계가 무엇인지 늘 고민해야 한다.

일반적인 국가 차원에서 불평등 문제 해법은 정치구조, 제도 구성, 의무의 분배와 관련이 깊다. 세계국가 차원의 불평등 문제 해법은 다르다. 무엇보다도 세계국가가 그릇된 개념이라면 세계라는 공간에서는 정치구조에 의지할 수 없다. 세계국가에서는 역량을 보장해달라는 세계시민의 권리에 상응하는 의무를 누가 부담해야 하는지가 분명하지 않다. 권리가 존재한다는 것과 권리에 상응하는 의무를 이행할 국가가 존재한다는 것은 전혀 다른 문제다. 그래도 권리는 분명히 의무와 상관관계에 있으므로 세계시민이 품위 있는 삶을 누릴 권리가 있다면 그에 상응하는 의무도 있어야 한다. 이때 누가 의무를 짊어질 것인가? 무엇보다 각 세계시민이 속한 국가의 책임이 크다. 그 다음 부유한 국가의 정부는 적어도 GDP의 2퍼센트를 가난한 국가를 원소하는 데 지출해야 한다. 더불어 다국적기업, 국제기관, 국제협약, 비정부기구 등도 일정한 역할을 하며 세계시민의 역량을 보장하는 데 힘써야 한다. 그렇지만 세계는 유동적이고 큰 변화가 일어나면 그 즉시 의무의 분배에 영향을 미치기 때문에 그 책임은 언제나 잠정적으로만 할당된다. 세계질서를 살펴보면 세계 모든 국가가 적정한 수준으로 역량을 보장할 수 없다. 따라서 우리가 세계 곳곳에서 인간역량을 증진하고 싶다면 앞으로 할 일이 무척 많다.

글로벌 정의와 역량 접근법

과거의 글로벌 정의 접근법은 개별 국가에 잘못 초점이 맞춰졌다. 당시에 나온 여러 주장 중 옳은 주장은 국가주권이 인간으로서 지켜야할 중요한 선이라는 것이고, 옳지 않은 주장은 한 국가는 다른 국가에 대해 전쟁과 평화의 영역에서 지켜야 하는 최소한의 의무를 제외하고는 아무 의무가 없다는 것이다. 글로벌 정의의 원리를 모색하기 위한 칸트와 롤스의 이른바 **2단계 협상**two-stage bargain 이 단적인 예다. 각 국가는 첫 번째 단계에서 국내에 적용할 글로벌 정의의 원리를 정한 뒤, 두 번째 단계에서는 대표를 보내 협상을 벌인다. 경제적 재분배에 관한 협정을 비롯한 그 어떤 협정도 문제 삼지 않는 상태에서 진행되는 2단계 협상은 국민이 아니라 국가 간 협상인 데다 각 국가 내부의 의무와 기회의 분배를 바꿀 수도 없기 때문에 한계가 분명하고 내용도 빈약하다. 협정 준수, 전쟁과 평화 같은 문제만 다룰 뿐 경제적 재분배 문제 같은 것은 전혀 다루지 않는다. 모든 사람이 핵심적 삶의 기회를 누리는 것이 기본정의라고 한다면, 칸트와 롤스가 글로벌 정의에 접근하는 방법으로 내세운 2단계 협상은 한심할 정도로 옳지 않다. 내가 『정의의 최전선』에서 보여주었듯이 발상 자체가 부적절하다. 왜 그런지 본격적으로 논증하려면 두 사람이 쓴 글을 끈기 있게 검토해야 하지만, 여기서 그럴 필요는 없을 것이다. 토머스 포기Thomas Poggy와 찰스 베이츠Charles Beitz가 롤스의 생각을 이용해 전개한 **글로벌 사회계약**global contract 개념이 꽤 괜찮은 논의의 출발점이 될 수 있다는 이야기만 하고 넘어가겠다.

　몇몇 결과주의자도 글로벌 정의를 달성하는 방법을 논한다(결과주의자 대부분은 공리주의자다). 무엇보다도 개인의 자선행위로 글로벌 정의를 해결할 수 있다고 주장한다(피터 웅거Peter Unger의 공리주의적 관점이 그 전형적 예다). 이 견해에 따르면, 사람은 자신의 소득과 부 일부를 기부해 불우한 환경에 처한 다른 사람을 도와줄 의무가 있으며, 유니세프UNICEF, 옥스팜Oxfam, 케어CARE 등 적당한 초국적 자선단체에 기부하는 것이 바람직하다고 보는 것이다. 이 같은 접근법은 앞에서 살펴본 공리주의 접근법과 결과주의 접근법의 문제점이 고스란히 담겨 있다. 제도의 역할을 마냥 무시하는 것도 문제점으로 꼽힌다. 국가 차원에서 개인의 기부 활동에 호소해 분배 문제를 해결하려 한다고 하자. 뾰족한 성과가 나오지 않기 마련이다. 먼저, 무수한 집합행위collective-action 문제를 일으킨다. 정의로운 국가는 각자의 공정한 편익과 부담의 몫을 할당하는 방식을 찾지만, 각자의 의지에 따라 행동하는 개인은 비능률적으로 조정없이 행동할 것이다. 둘째, 공정성 문제를 일으킨다. 기부 약속을 이행하지 않는 사람이 많아지면 뾰족한 해결책이 없다. 누군가가 자신의 몫 이상을 기부해야 기부 수요가 충족될 수 있다. 이 두 가지 문제점은 기부에 의존해 글로벌 정의를 실현하려고 할 때도 그대로 나타난다.

　다른 문제점도 지적할 수 있다. 웅거가 주장하는 대로 전 세계 사람이 효용(만족) 극대화에 전력투구하는 세계를 가정해보자. 거기서는 사람이 살 가치가 있는 자신만의 삶을 산다고 할 수 없다. 삶의 전 공간이 공리주의적 도덕에 함몰되고 만다. 이와 관련해 철학자 버나드 윌리엄스Bernard Williams는 공리주의가 내 삶과 내 행동은 내 것이라고 보는 인격보전personal integrity 개념을 이해하지 못한다고 비판한다. 결국 공리주의적 도덕 말고 정치구조가 무엇이 의무인지를 정하게 하는 편이 낫다. 정치구조는 중요한 의무를 분명히 제시하고 그 이외의 의무는 재량에 맡긴다. 또 내가 멀리 떨어진 타인을 위해 이행해야 할 의무와 나 자신(내 가족, 친구, 애완동물 등)을 위해 이행해야 할 의무를 정확히 구분하는 데 도움을 준다.

　마지막으로 웅거가 권하는 세계는 한마디로 옥스팜 같은 비정부기구가 운영하는 세계다. 웅거의 권고를 그대로 따른다면 비정구기구가 국가보다 더 부유해지고 권력도 더 강해지기 때문이다. 그러나 비정부기구가 정직하고 효율적이고 현명하다 해도 민주국가를 웃도는 책임을 지지는 못한다. 비정부기구가 기부 전략을 수립하기 위해 자문해줄 사람을 찾는다면 그 일차적 대상은 거액 기부자이기 십상이다. 부유한 기부자나 기부재단의 이사 등이 권력을 행사하며 의제를 설정할 기회를 마음껏 누리는 세상은 썩 바람직하지 않다. 웅거의 견해는 평등주의적 발상에서 나온 것이지만 그가 말하는 시나리오대로 세상이 흘러간다면 글로벌 엘리트가 민주적으로 선출된 정부보다 더 막강한 권력을 휘두르는 역설이 빚어진다.

정리하자면 민간 부문의 기부 활동은 그 나름대로 생산적 기능을 한다. 민간 부문의 기부금으로 운영되는 비정부기구 역시 다양한 사례에서 여실히 드러나듯 사회를 이롭게 한다. 그러나 특정 형태의 민간 부문 기부 활동이 동등한 존중이나 역량 강화 같은 지극히 중요한 가치를 증진하는 데 도움이 되는지는 따져볼 점이 많다.

우리에게 필요한 것은 글로벌 문제의 제도적 해법이다. 모든 세계시민은 10대 핵심역량을 최저수준 이상으로 보장받을 권리가 있다고 할 때 이 권리를 보장할 책임을 개인에게 떠넘겨서는 안 되며, 제도가 핵심적 책임을 떠맡아야 한다. 제도에 의지하지 않는 글로벌 문제의 해법은 쉽게 극복하기 힘든 실천적·개념적 난관에 직면하게 된다. 그렇다고 세계국가가 대안이 될 수 있는 것도 아니다. 개별 국가 정부는 당연히 짊어지는 책임을 세계국가는 짊어지지 않을 가능성이 높다. 이 대목에서 EU는 그다지 좋지 않은 선례를 남기고 있다. 유엔 역시 인류 전체를 대표할 책임이라는 측면에서는 재앙에 가깝다. 만에 하나 책임성 문제가 해결된다 해도 세계국가는 EU나 유엔과 별반 다르지 않을 것이다. 각 국가가 구체적 역량의 최저수준을 해석하는 방식은 역사와 문화의 차이에 영향을 받으므로 서로 다를 수밖에 없다. 개별 국가만 있을 때는 차이에서 비롯되는 다양성이 유지될 수 있지만, 세계국가가 등장하면 그러기 쉽지 않다. 오늘날 어떤 국가의 국민이 흉폭한 독재자의 치하에서 신음하거나 국가 실패 state failure•를 겪어 세계를 향해 도와달라고 호소하면, 다른 국가(또는 준국가기관이나 초국가기관)가 도와주려고 나설 수 있다. 하지만 만약

• '국가 실패'는 정부가 경제에 개입해 효율성과 형평성을 해치는 '정부 실패'보다 범위가 더 넓은 개념으로 국가가 국민의 자유, 생명과 재산을 보호하지 못하거나 부당하게 침해하는

세계국가가 그런 처지에 있다면 그 개념상 외부에 도움을 요청할 수 없다. 아무튼 이 모든 이유에서 세계국가를 건설하겠다고 꿈꿔서는 안 된다.

그런데 바로 이 지점에서 역량 접근법 연구자는 역량 접근법에 담긴 도덕적 의무를 구현하는 방법을 놓고 이견을 보일 수 있다. 노동, 환경, 인권 등의 영역에서 강제력 있는 국제협정이 확실한 역할을 해야 한다는 주장이 나올지 모른다. 한술 더 떠 최소한 노동·환경·인권 등의 영역에서 근본권리를 공정하게 보장하지 못하는 국가에 군사적·경제적으로 개입하는 일이 정당하다는 주장도 나올 수 있다. 이처럼 예상되는 여러 주장에 대해 나는 다음과 같이 생각한다. 물론 이 주장이 역량 접근법의 유일한 견해는 아니다. 국가 주권은 대단히 중요한 것이라서 어떤 국가가 최소한의 민주적 적법성을 갖추었다면 군사 개입이 정당화될 수 없다. 나아가 최소한의 민주적 적법성이라는 최저조건이 충족되지 못했을 때도 군사 개입은 분별 있는 정책이 아니다. 그리고 군사 개입보다 수준이 낮은 경제 개입은 이를테면 인구 대다수가 국가 경영에 참여할 길이 사실상 막혀 있던 아파르트헤이트 치하의 남아프리카공화국처럼 인권 침해가 굉장히 심각할 때만 제재 수단으로 사용되어야 한다(최소한의 민주적 적법성을 갖췄다고 보기 힘든 국가가 있다면 불개입 정책의 도덕적 근거는 설득력이 없을 것 같지만, 이럴 때도 한 걸음 물러서서 깊게 살피면 불개입 정책이 더 옳다는 생각이 들 것이다). 어떤 상황에서든 가장 적절한 정책은 설득이다. 핵심역량을 보장하기 위한 국제협정을 비준하라고 각 국가를 설득하는 것이 바람직하다. 국제협정을 비준하면 어떤 국가건 거기

것까지 포함한다. 정부 실패는 행정부의 문제만을 가리키지만, 국가 실패는 입법부와 사법부를 모두 포괄하는 의미에서 국가의 부적절한 행태를 뜻한다.

에 얽매이게 된다. 국제협정을 무시하면 국제사회의 압력이 쏟아지고 국내에서도 반발하는 목소리가 높아져 어지간한 국가는 배겨내기 힘들 것이다.

지금까지 이야기한 글로벌 거버넌스global governance•에 관한 내 입장은 적극적인 국제인권레짐international human rights regime°을 구축하려는 사람이나 복지의 영역에서는 국제협정이 우위에 있다고 생각하는 사람에게는 미온적이고 알맹이 없는 것으로 비칠지 모른다. 그러나 도덕적 근거가 워낙 탄탄하기 때문에 내 입장은 충분히 정당화될 수 있으리라 본다. 앞으로 이와 관련한 논의가 이어져야 하고 또 이어질 것이다.

글로벌 문제의 제도적 해법은 최소 수준에서 분산적 성격을 띠어야 한다. 더불어 어느 정도, 어떤 유형의 분산화가 최적일지 끊임없이 따져봐야 한다. 글로벌 문제의 제도적 해법을 내놓을 수 있는 기관으로는 먼저 국가를 꼽을 수 있다. 부유한 국가는 자국 국민의 문제를 해결할 의무뿐 아니라 가난한 국가를 지원할 의무도 있다. 국제조약과 국제협정의 네트워크도 국제사회에 일정한 규범을 강제한다는 점에서 글로벌 문제의 해결에 앞장설 수 있다. 기업과 비정부기구도 활동 지역을 중심으로 핵심역량을 증진하는 역할을 맡을 수 있다. 이런 할당 작업은 일시적이고 불완전하며, 변화하는 세계 공동체에 발 맞춰야 한다(50년 전만 해도 다국적기업의 힘을 정확히 파악하기가 힘들었으나 지금은 상황이 달라졌다. 글로벌 문제를 해결할 수 있는 다

•　빈곤, 기아, 환경, 난민, 인권침해, 핵확산 등 세계적 규모의 여러 문제에 개별 국가가 충분히 대응하지 않을 때 국제사회가 나서면 정의를 실현할 수 있다는 인식에 바탕을 둔 세계적 규모의 협동관리 또는 공동통치를 뜻한다 — 옮긴이.

°　글로벌 차원의 문제인 인권을 규율하는 국가, NGO, 국제기구의 공통 규범과 이 공통 규범을 실천하기 위한 구체적 실행절차를 일컫는 말이다. 유엔 같은 공식적 기관과 NGO, 국제적으로 인정되는 인권보호 원칙도 포함된다 — 옮긴이.

국적기업의 역량을 고려하지 않은 해법은 폐기되어야 한다). 솔직히 말해 역량 접근법은 글로벌 문제의 해법을 아직 제대로 이론화하지 못했다. 해법을 찾아내는 것이 우리의 향후 과제다.

7장

역량 접근법의 철학적 뿌리

CAPABILITIES

역량 접근법의 뿌리

역량 접근법은 현대에 등장한 이론이지만 그 뿌리는 깊다. 센과 나는 역량 접근법 밑바탕에 깔린 직관적 개념은 다양한 문화, 아니 거의 모든 문화와 맥이 닿는다고 강력히 주장한다. 사실 어떤 사람의 기회와 선택의 문제, 즉 사람은 무엇을 할 수 있고 무엇이 될 수 있는가 하는 문제는 언제 어디에나 존재한다. 어쩌면 모든 사회에서, 모든 사람의 삶에서 제기되는 문제일 것이다. 더불어 사람이 현실의 삶에 불만을 느끼며 저항하는 문제도 어디에나 존재한다. 한번쯤 "나는 X를 하고 싶지만 내 처지에서는 그럴 기회조차 없어" 하고 불만을 터뜨려보지 않은 사람은 없을 것이다. 이런 보편적 불만에 대해 역량 접근법은 이렇게 말한다. "그렇다. 여러분은 최소한 한두 가지 영역에서는 가슴속에 품은 생각을 실현할 수 있어야 한다. 그럴 수 없다면 기본정의가 실패한 것이다." 나는 역량 접근법이 깊게 파고드는 근본권리와 정의 문제는 사람이 어떤 기회를 누리는가 하는 문제와 깊이 관련된다고 주장한다. 센은 인권 개념의 뿌리는 유럽의 사상뿐 아니라 인도와 중국의 사상에서도 찾아볼 수 있다고 강조한다.

　철학 이론의 수준에서도 역량 접근법의 뿌리는 다양하다. 센이 보기에 인도의 수많은 합리주의 철학자는 물론 타고르와 마하트마 간디Mahatma Gandi도 서양의 철학자 못지않게 역량 접근법에 심대한 영향을 미쳤다. 센이 여러 저서에서 자신의 역량 접근법은 인도의 사상에 뿌리를 둔다고 밝혔다는 점을 고려해 나는 이 장을 일부러 불완전하게 썼다. 역량 접근법의 뿌리를 파헤친다고 시도하다 자칫 센의 저서를 단순 요약하는 우를 범하지 않을까 걱정했기 때문이다. 나도 인도 사상의 영향에서 자유롭지 못하다. 여성의 자유와 역량에 관한 내 설명은 타고르의 문학과 인도주의 사상의 영향을 받았다. 역량 접근법의 유럽 쪽 뿌리 일부는 센이 정리한 인도 쪽 뿌리와 통한다(타고르와 밀이 오귀스트 콩트Auguste Comte의 영향을 받았다는 점에서 지적으로 사촌 간임을 안다면 내 말이 무슨 뜻인지 이해할 수 있을 것이다). 요즘 들어 역량 접근법에 관한 연구가 다양한 국가 출신의 연구자, 특히 유럽과 미국의 전통에 물들지 않은 연구자 사이에서 열정적으로 진행되고 있다.

유럽과 미국에 뿌리를 둔 다양한 철학사상 중 고대 그리스와 로마의 철학사상이 내 역량 접근법의 가장 중요한 뿌리다. 스미스, 칸트, 밀, 마르크스도 내 역량 접근법에 큰 영향을 미쳤다. 롤스의 연구도 역량 접근법이 정치적 자유주의의 한 갈래여야 한다는 관점을 갖게 했다는 점에서 대단히 중요하다. 내가 역량 접근법을 고민하기 시작했을 때만 해도 T. H. 그린T. H. Green 과 어니스트 바커Ernest Barker를 몰랐지만, 나중에 두 사람이 역량 접근법과 비슷한 주장을 했다는 것을 알았다.

이들 서구적 전통은 센의 지적 뿌리이기도 하다. 센은 인도주의적 마르크스주의, 자유와 자기발전에 관한 밀의 견해, 스미스의 『국부론』The Wealth of Nations 과 『도덕감정론』의 영향을 받았다. 센은 특히 아리스토텔레스의 사상과 스토아학파의 사상을 근대적 관점에서 재정립해 새로운 생명을 불어넣은 스미스의 초기 저작에 깊은 관심을 기울였다. 케임브리지대학에서 많은 후학을 길러낸 걸출한 사상가 바커의 신新아리스토텔레스주의도 젊은 날의 센에게 영향을 미쳤다.

여기서 철학적 뿌리를 소개하는 것은 역량 접근법을 정당화하기 위해서가 아니다. 역량 접근법은 깊은 호소력이 있기 때문에 포괄적 가치관을 수용하는 사회에서는 충분히 중첩적 합의의 대상이 된다는 것을 보여주기 위해서다.

아리스토텔레스와 스토아학파

고대 서구 사상에서 역량 접근법의 철학적 뿌리를 하나하나 캐나
가다 보면 비판적 사고의 중요성을 강조한 소크라테스로까지 거슬
러 올라간다. 그러나 아쉽게도 소크라테스는 정치이론을 남기지 않
아 역량 접근법과 직접적으로 맞닿는다고 하기 힘들다. 결국 가장 중
요한 역량 접근법의 철학적 뿌리는 아리스토텔레스의 정치사상과
윤리사상이다. 아리스토텔레스는 정치가라면 풍요로운 삶을 살려
는 사람이 무엇을 요구하는지 알아야 한다고 생각했고, 자신의 저서
『니코마코스 윤리학』*Ethica Nicomachea*은 미래의 정치인이 무엇을 목표로
노력해야 하는지 알려주는 지침서라고 주장했다.

　아리스토텔레스는 선택이 아주 중요하다고 보았다. 사람이 스스
로 사고하고 선택하지 않으면 덕 있는 행동을 할 수 없다고 생각했
고, 정치인은 사람이 바람직한 행동을 하도록 이끄는 것이 아니라 사
람에게 선택할 역량과 선택할 기회를 만들어주는 것을 최우선 임무
로 삼아야 한다고 가르쳤다. 아리스토텔레스는 자유주의자가 아니
었으나, 선택하는 과정을 거치지 않고 저절로 채워지는 만족은 인간
존엄성에 어울리지 않는다고 보았다. 그뿐 아니라 교육을 제대로 받
지 못할 때나 열악한 노동조건 때문에 지식을 쌓고 사고력을 기르는
것이 불가능할 때는 선택의 자유가 주어져도 의미 있는 선택을 하기
힘들다는 말도 했다. 더 나아가 교육을 소홀히 하면 정치 생활이 해
를 입기 때문에 정치 기획의 '최우선적' 초점은 청년 교육에 맞춰져

야 한다고 주장했다. 한마디로 아리스토텔레스는 여러 저서에서 역량 접근법의 선천적 역량, 계발된 내적역량, 결합역량 등과 대체로 일치하는 다양한 차원의 인간역량(혹은 가능태dunamis)을 이야기했다.

아리스토텔레스는 특히 품위 있는 사회라면 부의 추구를 목표로 삼아서는 안 된다고 단호하게 말했다. 수단에 불과한 부가 목적으로 여겨진다면 정치 기획의 나침반인 인간의 가치가 왜곡되고 저하된다고 생각했다. 더 나아가 정치 기획이 어떤 종합적 목적에서 양적으로는 다양하나 질적으로는 단일한 목표를 상정한다고 밝힌 그 어떤 설명도 지지하지 않았다. 현대 도덕철학에 무시 못할 영향을 미치는 아리스토텔레스의 사상에서도 역량 접근법과 마찬가지로 다양한 목표를 단 하나의 잣대로 비교하는 것은 불가능하다는 이른바 통약불가능성noncommensurability 문제가 대단히 중요하다.

아리스토텔레스는 공리주의를 알지 못했지만, 총쾌락에서 총고통을 빼고 남은 순쾌락을 크게 하는 것이 곧 선이라고 주장하는 쾌락주의는 잘 알았다. 쾌락주의를 비판한 그의 논거는 오늘날에도 벤담의 공리주의를 비판하는 논거로서 부족하지 않다. 무엇보다도 아리스토텔레스는 사람은 어떤 교육을 받는가에 따라 악한 행동에서도 쾌락을 이끌어내는 법을 알 수 있기 때문에 쾌락과 욕구 충족은 사회가 증진해야 할 목표를 알려주는 신뢰할 만한 지침이 될 수 없다고 보았다(참고로 밀이 그랬듯 아리스토텔레스도 질적 쾌락과 양적 쾌락을 구분했다. 더불어 고려할 필요 없는 수준 낮은 쾌락이 있는가 하면 국가를 위해 목숨을 바치는 행동처럼 선택할 가치가 충분하지만 쾌락적이지 않은 행동, 보고 기억하고 인식하는 행동처럼 쾌락과는 무관하지만 사람이 일상적으로 선택하는 행동이 있다고 주장했다).

아리스토텔레스가 생각하기에 품격 있는 정치라면 통약불가능한 다양한 선을 증진하는 가운데 시민의 능력을 키우는 데 관심을 기울여야 했다. 특히 시민 전체를 위해서가 아니라 시민 개개인을 위해 선을 증진하는 데 힘써야 했다(아리스토텔레스는 선의 증진이라는 목표와 플라톤의 조합주의 개념을 대비하는 과정에서 '시민 개개인'을 언급했다). 아리스토텔레스는 플라톤의 국가가 시민 중 일부를 항구적으로 예속하고 사회의 번영을 추구하려 한다는 점을 지적하며 플라톤의 공동 번영corporate flourishing 개념을 거부했다. "도시는 본질적으로 다원적이다. (……) 개개인의 선이 각각을 보존하는 것이다."

훗날 자유주의 전통에 속하는 많은 정치사상가도 아리스토텔레스와 비슷한 통찰을 보였다. 아리스토텔레스가 정치사상사에서 중요한 위치를 점하는 이유는 선택을 이해하고, 사람의 허약성을 이해하는 것이 중요함을 연관시켰기 때문이다. 아버지가 의사였고 본인은 뛰어난 생물학자였던 아리스토텔레스는 사람을 육체와 정신이 분리된 존재로 바라보지 않았다. 지저분한 동물의 몸을 보고 역겨워했다는 이유로 제자를 호되게 꾸짖은 적도 있었다. 사람 역시 동물이고 모든 동물은 태어난 뒤 유아기와 아동기를 거쳐 성년기에 이르렀다가 허약한 노년기를 맞이한다는 것을 잘 알았다(그는 노년기, 수면, 기억과 망각 등에 관한 글을 여러 편 썼다).

아리스토텔레스는 사람은 허약한 존재임을 깨달았기 때문에 정부는 시민에게 교육은 물론 맑은 물과 깨끗한 공기도 제공할 의무가 있다고 생각했다. 또 사람의 허약함을 완전히 없애기란 불가능하지만, 어떤 도시는 다른 도시보다 사람의 허약함을 보완하는 일을 잘할 수 있다고 강조했다. 아리스토텔레스는 정부를 향해 공동식사 자리를 자주 마련해 시민의 영양과 건강을 챙기고 유대감과 우의를 증진하라고 제안했다. 형편이 넉넉한 사람은 자신의 식사비용을 알아서 부담하고 형편이 넉넉지 못한 사람의 식사비용은 정부가 대신 부담하는 공동식사였다. 그는 자신의 제안을 뒷받침하기 위해 도시의 토지 절반은 공유지로 지정한 뒤 거기서 나온 농산물로 공동식사와 시민축제(예컨대 그리스 비극을 공연하는 축제) 행사를 치르는 계획을 세웠다. 사유지도 그냥 놔두지 않았다. 생계유지에 애먹는 가난한 시민이 이용할 여지를 남겼다. 정리하자면 아리스토텔레스는 시민이 자신의 선택에 어울리는 삶을 살 수 있도록 역량을 길러주는 것이 정부가 해야 할 일이라고 보았다.

　아리스토텔레스의 철학사상은 몇 가지 중대한 한계가 있다. 첫째, 시민이 번갈아가며 지배자와 피지배자 자리에 놓여야 했다는 점에서 그가 이상으로 생각한 도시는 민주적이었지만, 정치에 참여하는 집단의 범위는 대단히 협소했다. 이주민이 아닌 극소수 성인 남성만이 자유시민이고 노예제가 존재하던 아테네를 닮은 사회 체제에 만족했다. 그는 사실 아테네인보다 더 심한 배타성을 보였다. 그가 이상으로 꿈꾼 정치에는 육체노동자, 농민, 선원이 참여할 수 없었다. 둘째, 아리스토텔레스는 사람은 평등하며 모든 사람은 성별·계급·민족의 차이에 상관없이 존중받아야 한다고 생각하지 않았다. 도시가 아닌 곳에서 사는 사람을 도와야 할 의무는 상상조차 못했다. 셋째, 다른 고대 그리스 사상가가 그랬듯 아리스토텔레스도 어떻게 살아야 하는가에 관한 포괄적 견해는 사람마다 다르므로 정부가 선택의 기회를 제공해 다양성을 존중해야 한다는 생각을 떠올릴 수 없었다. 단지 무엇이 풍요로운 삶인지 설명하는 것, 그리고 그 설명에 따라 시민이 풍요로운 삶을 누릴 수 있게 해주는 것이 정부의 임무라고 생각했을 뿐이다.

　스토아학파는 아리스토텔레스의 철학사상에 담긴 이 세 가지 중

대한 결함 중 첫 번째와 두 번째 결함을 바로잡았으나 세 번째 결함
을 바로잡지는 못했다. 스토아학파의 정치사상, 윤리사상, 철학사상
은 특히 로마 사회에서 널리 유행해 교육받은 사람은 물론 그렇지 않
은 사람에게도 삶의 지침 구실을 했다. 로마 시민은 나중에 기독교를
받아들여 일상생활의 지침으로 삼았으나 그때도 스토아학파의 영향
에서 완전히 벗어나지는 못했다. 사실 기독교 전통의 그늘이 짙게 드
리워진 서구 사상사 전반에 스토아학파의 영향은 강력했다(근대 인
권 운동의 주요 원천 중 하나인 '자연법' 사상도 그 뿌리를 캐면 스토아학
파에 닿는다. 중세 아리스토텔레스를 추종한 사상가들이 이 자연법 사상
을 발전시켰고, 근대 초기의 그로티우스Grotius와 칸트 같은 사상가는 스토
아학파 철학자의 저서를 원본으로 직접 읽은 뒤 거기서 국제적 의무와 권
리 개념을 이끌어냈다).

　스토아학파는 모든 사람은 사람이기 때문에 존엄하고 존중받을
가치가 있다고 가르쳤다. 무엇이 도덕인지 구분할 줄 알고 도덕적 판
단을 내릴 수 있는 사람의 능력은 '내재하는 신'God within 의 능력이고,
그렇기 때문에 사람은 무한한 존중을 받을 자격이 있다고 보았다. 스
토아학파의 주장을 정리하면 다음과 같다. 남성과 여성, 노예와 자
유민, 신분이 고귀한 사람과 비천한 사람, 부유한 사람과 가난한 사
람 할 것 없이 모든 사람에게는 도덕능력이 있다. 핵심역량 중 하나
인 도덕능력은 어디서나 동등하게 존중받아야 한다. 사회가 인위적
으로 만들어낸 차별은 하찮은 것으로 여기고 의미를 두지 말아야 한
다. 이렇듯 스토아학파가 강조한, 모든 사람이 동등하게 존중받아야
한다는 생각은 '자연법', 즉 실정법 영역 밖에 있는 사람에게도 지침
으로 적용되어야 하는 도덕법moral law 의 핵심이다(그 자체로 스토아학
파의 영향을 강하게 받은 기독교의 인간평등 개념은 스토아학파의 사상과

결합해 모든 사람은 평등한 권리가 있다는 생각을 한층 강화했다).

스토아학파 사상가는 실천에도 힘썼다. 예컨대 여성도 남성과 동등한 교육을 받게 하자는 운동을 펼쳤다. 과거의 노예 출신(에픽테토스Epictetus), 로마 제국의 변방인 에스파냐 출신(세네카Seneca), 여러 글에서 자신이 귀족 계급 출신이 아니었다고 이야기한 '기사 계급' 출신 키케로Cicero는 물론 (안타깝게도 지금은 전해진 저서가 없는) 다양한 여성 사상가 등이 스토아학파에 속한다. 스토아학파의 사상은 도시국가의 성벽 안에 갇히지 않았기 때문에 정교한 논리로 인류에 대한 의무를 주장할 수 있었다(전쟁 기간 중 적절한 행위가 무엇이냐는 논의도 했다). 스토아학파 사상은 훗날 그로티우스, 푸펜도르프Pufendorf, 칸트 같은 근대 국제법 창시자들에게 많은 영향을 미쳤다.

스토아학파가 강조한 인간존엄성 개념이나 모든 사람은 동등하게 존중받아야 한다는 개념은 역량 접근법에도 큰 영향을 주었다. 그러면 스토아학파는 어떤 정치적 원리와 정치적 행동을 제안했는가? 키케로로 대표되는 스토아학파 사상가는 다른 사람을 멋대로 지배하며 인간존엄성을 훼손해서는 안 된다고 생각했다. 사람을 물건처럼 대하고 함부로 차별하는 것은 잘못이라고 보았다. 모든 사람은 동등한 존엄성을 누려야 한다는 사실을 무시한 채 서열과 계급을 정해 한 집단이 다른 집단을 폭압적으로 지배하는 것은 가증스러운 짓이라고 주장했다.

로마인은 스토아학파의 사상에서 다양한 정치적 교훈을 끌어냈다. 로마 공화정 말기에 키케로는 황제가 자의적으로 지배하는 제정 아래서는 인간존엄성이 보장될 수 없다고 믿으며 공화정을 수호하려고 노력했다. 그는 율리우스 카이사르의 암살을 옹호하다 암살당하고 말았다(여러 면에서 역량 접근법에는 키케로의 통찰력이 녹아들어

158

있다). 원로원 의원 중에는 키케로 동조자가 적지 않았고, 제정 초기에는 스토아학파 사상에 뿌리를 둔 반제정운동이 두 차례 벌어지기도 했다. 그러나 일부 로마인은 제정만이 내전을 끝낼 수 있다고 믿었다. 이후 제정 시대에 접어들면서 몇몇 스토아학파 사상가는 황제가 책임을 다하는 제정은 받아들일 수 있다고 주장하기 시작했다. 그 대표적인 인물이 오현제 시대의 마지막을 장식한 황제 마르쿠스 아우렐리우스Marcus Aurelius였다. 제정이 확고하게 자리잡으면서 키케로의 생각이 옳은 것으로 밝혀졌다. 황제의 전제적 통치를 막을 수가 없었던 것이다. 시간이 흐를수록 스토아학파의 생각은 공화정 아래서만 인간존엄성에 어울리는 삶을 살 수 있다는 쪽으로 뻗어나갔다.

인간의 허약성을 아리스토텔레스와 다르게 생각한 데서 암시되듯이 스토아학파의 사상에는 정적주의적 대응quietistic response•의 싹이 숨어 있었다. 스토아학파는 존엄성은 중요하나 물질적 조건은 중요하지 않다고 가르쳤다는 점에서 외적 제도가 어떤 제약을 가하건 내면의 정신은 언제나 자유로울 수 있다고 주장할 소지가 다분했던 것이다. 이 점을 분명하게 보여주는 사례가 노예제에 관한 세네카의 유명한 편지다. 세네카는 노예주에게 노예를 완전한 인간이자 동등한 인간으로 존중하라고 당부했지만, 뒷전에서는 노예제를 자유롭고 존엄한 내면적 삶에 어울리는 제도라고 옹호했다. 다소 충격적으로 들리는 세네카의 결론은 동등한 인간존엄성을 강조하는 스토아학파의 사상을 훼손하는 것이 아니었다. 사람의 허약성을 중시하는 아리스토텔레스의 사상을 부인하려는 의도에서 나온 것이었다. 스토아

• 명상을 통해 신과 하나가 되면 영혼의 완전한 평안을 얻을 수 있다고 주장하면서 여타 도덕적·종교적 행위의 유용성을 마냥 무시하는 신비주의를 말한다. 넓은 의미로는 수동적으로 묵상하는 생활을 최고의 행복으로 여기고 그럼으로써 영혼의 완성을 도모하는 이론이다—옮긴이.

학파에 따르면 외적 조건은 행복한 삶을 좌우하는 요소가 아니었고, 그렇기 때문에 정부의 힘을 동원하고 법의 도움을 얻어 행복한 삶에 필요한 외적 조건을 조성해주는 것은 불필요한 짓이었다.

17세기와 18세기: 자연법 사상

17세기와 18세기에 정치가와 관료를 지향하는 사람의 필수교양이던 자연법 사상에는 아리스토텔레스 사상의 요소와 스토아학파 사상의 요소가 뒤섞여 있었다. 다양한 사상이 다양하게 결합할 수 있지만, 모든 사람은 동등하게 존중받아야 한다는 스토아학파 사상과 사람은 허약한 존재라는 아리스토텔레스 사상의 매력적인 결합은 오래 지속되었고 주류 기독교 사상과도 잘 어울렸다. 정신의 힘은 강하다는 스토아학파 사상은 꾸준히 지지받았고, 사별과 노화, 전쟁의 참화에 시달린다는 점에서 사람은 허약한 존재라는 상식과 경험에 기초한 아리스토텔레스 사상 역시 두루 인정받았다. 휴고 그로티우스, 스미스, 칸트, 미국 건국의 아버지들은 모든 사람의 '인간존엄성'은 동등하다고 주장한 스토아학파의 사상을 받아들였고, 사람이 행복한 삶을 살기 위해서는 어떤 외적 조건이 갖춰져야 하는지 이해하고자 아리스토텔레스의 사상에도 눈을 돌렸다.

　스토아학파 사상과 아리스토텔레스 사상의 결합을 보여주는 흥미로운 인물이 로저 윌리엄스Roser Williams였다. 스토아학파의 자연법 전통 속에서 지적으로 훈련받은 영국의 고전학자 윌리엄스는 아메리카로 건너가 로드아일랜드 주 식민지를 건설한 뒤 거기서 진정한 의미의 종교적 자유를 보장하는 정책을 펼쳤다. 그는 양심의 자유를 웅변적으로 역설한 철학 저서에서 (스토아학파를 본받아) 양심은 모든 사람이 동등한 존엄성을 누릴 수 있는 원천이라고 설명했고, (아리스토텔레스를 본받아) 양심의 자유가 왜곡과 박해에 시달리지 않고 전면적으로 보장되기 위해서는 외적 조건도 중요하다고 주장했다. 송교의 자유를 추구하는 역량은 핵심역량 중 하나다. 윌리엄스의 저서와 정치적 실천은 종교의 자유를 추구하는 역량을 뒷받침해주는 정부의 모습이 어때야 하는지 이해하는 데 도움이 된다.

18세기에 접어들면서 인간존엄성의 동등함을 주장한 스토아학파 사상이 큰 인기를 끌었다. 대서양을 사이에 둔 두 대륙의 공화주의 사상가는 스토아학파의 영향을 받아 귀족 계급의 지배를 막는 것이 공화주의의 사명이라는 생각을 널리 퍼뜨렸다. 공화주의 사상은 사람은 허약하다는 아리스토텔레스의 깨달음에도 많은 것을 빚졌다. 핵심적 인간역량을 효과적으로 계발하고 보호하는 것이 정부의 임무라고 보았던 것이다. 이제 역량 접근법의 철학적 뿌리와 관련해 대단히 중요한 책 두 권을 살펴보겠다. 먼저 유럽의 철학사상(예컨대 칸트의 사상)과 미국 건국의 아버지들의 사상에 깊은 영향을 미친 스미스의 『국부론』을 보자.

『국부론』 곳곳에는 스토아학파의 사상이 녹아 있다. 스토아학파의 사상에 심취한 독자를 염두에 두고 집필했다고 해도 지나친 말이 아니다. 그러나 스미스는 사람은 허약하지 않다는 스토아학파의 교설은 받아들이지 않았다. 대신 가족과 친구의 가치가 지닌 중요성, 삶의 물질적 조건의 중요성을 올바르게 인식하기 위해 아리스토텔레스에게 눈을 돌렸다.

스미스가 당시 영국에서 목격한 직업 규제, 노동력의 자유로운 이동 제한 같은 성가신 규제는 인간역량의 계발을 저해하는 장애물이었다. 그는 여러 사례를 들며 규제를 완화하라고 외쳤고, 덕분에 오늘날 자유지상주의자libertarian들이 즐겨 인용하는 인물이 되었다. 하지만 스미스의 사상을 자유지상주의 관점에서만 해석하는 것은 적절치 않다. 그는 항상 다음과 같은 물음을 화두로 삼았다. 정부가 인간역량을 계발하고 인간존엄성을 동등하게 존중하려면 무엇을 해야 할까? 그는 인간역량 계발을 방해하는 정부는 지지하지 않겠다고 선언했다. 도제제도 철폐를 옹호했고 독점 반대법을 제정해야 한다고 주장했다. 더불어 시민의 정치과정에 지나친 영향을 미치고 정부를 부유한 엘리트의 인질로 잡아두는 이익집단의 로비도 규제해야 한다고 외쳤다. 또한 노예 거래를 철폐하자는 운동을 벌이기도 했다. 스미스는 심지어 노동자에게 유리한 임금정책에도 상당한 공감을 표했다. 특히 노동자에게 '보편적 인간성common humanity에 어울리는 최소한의 임금', 즉 남성 가장과 그 아내, 두 자녀로 이루어진 가정에서 자녀가 성인이 될 때까지 생계를 유지하는 데 필요한 임금을 보장해주는 문제에 관심을 기울였다. 지금까지 훑어본 스미스의 주장은 효율을 중시하는 진영에서 정의를 중시하는 진영까지 두루 지지할 만한 것이다. 동등한 인간존엄성에 대한 스미스의 관심은 국경을 넘어서까지 확장되었다. 정치적 주권과 경제적 지배권을 빼앗아 피지배 민족을 착취하는 식민화에 강력하게 반대했다.

스미스는 『국부론』 후반부에서 급기야 정부가 무상의무교육을 제공해야 한다는 급진적 요구까지 내놓았다. 그가 『국부론』을 쓴 18세기 후반, 스코틀랜드는 무상의무교육을 도입했지만, 잉글랜드는 무상의무교육을 철저하게 무시했다. 그가 무상의무교육 도입을 제안한 이면에는 노동자 계급이 인간능력을 허비한다는 아리스토텔레스의 통찰이 자리했다. 『국부론』 초반부에서 스미스는 습관과 교육이 인간능력 형성에 심대한 영향을 준다고 강조했다. 그가 보기에 철학자가 '지적 허영심'을 품는다는 사실을 빼고 나면 철학자와 거리의 짐꾼은 본질적 차이가 없고 다만 교육수준에서만 차이가 날 뿐이었다. 『국부론』의 상당 부분은 핵심적 인간능력 계발을 가로막는 요인을 밝히는 데 할애되었는데 그중 하나가 물질적 요인이었다. 스미스가 생각하기에 가난은 생명과 건강을 해치는 것이었다. 몇몇 국가에서는 국민이 너무나 가난해 갓 태어난 자식을 죽이거나 노인과 병자를 들판에 버려 야생동물의 먹이가 되게 하는 참상이 벌어졌다. 심지어 영국에서도 높은 유아사망률은 잘사는 계급이 아닌 노동자 계급의 고유한 특징이었다. 이와 관련해 스미스는 "가난이 성관계와 출산까지 가로막는 것은 아니지만 자녀 양육에 불리하게 작용하는 것만은 분명하다. 흙이 차갑고 날씨가 나쁘면 나무는 금방 말라 죽는다"라는 말을 남겼다. 『국부론』의 다른 부분에서도 임금만으로 먹고살기 힘든 계급은 모두 '가난과 기근, 높은 사망률'로 고통을 겪는다고 설명했다.

지금까지의 이야기는 스미스가 스토아학파와 사상적으로 단절한 뒤 사람의 기본욕구에 관한 아리스토텔레스의 설명을 받아들여 발전시켰음을 보여준다. 그는 『국부론』 독자에게 인간존엄성은 바위처럼 단단한 것이 아니라, 차가운 흙과 나쁜 날씨를 만나면 금방 말라죽는 '연약한 나무' 같은 것이라고 비유를 들어 이야기했다. 이 말에는 물질적 재화의 분배와 인간존엄성은 관련이 깊다는 의미가 숨어 있다. 인간존엄성을 누리기 위해서는 우선 살아남아야 하는데 어린이의 생명은 물질적 조건에 달려 있기 때문이다.

스미스는 교육 이야기를 길게 늘어놓으며 인간존엄성은 허약하기 그지없다고 주장했다. 무엇보다도 국가가 국민의 교육을 책임져야 하는가, 그렇다면 어떤 방식으로 책임져야 하는가 하는 문제와 씨름했다. 그는 미흡한 보통교육과 새로 등장한 분업 방식이 하나로 어우러져 인간능력에 치명적 영향을 끼친다는 것을 깨달았다.

노동 결과물이 항상 같거나 거의 같은, 단순노동만 반복하는 사람은 노동과정의 문제점을 해결하기 위해 머리를 쓸 기회가 아예 없다……. 머리를 쓰는 습관을 잃어버려 저것이 사람의 모습인가 하는 말이 절로 나올 만큼 우둔하고 무식한 사람이 되고 만다……. 이런 사람은 국가의 중대하고 포괄적인 이익이 무엇인지 판단하지 못한다. 특별한 대책을 세우지 않으면 전쟁이 일어나도 국가를 지킬 수 없을 것이다……. 문명이 발달한 사회라 해도 정부가 각별한 관심을 기울이지 않으면 국민의 대다수를 점하는 노동빈민은 필연적으로 그런 상태에 놓일 것이다.

스미스는 이렇게 말한 뒤, 극심한 가난에 시달리지 않는 계층의 자녀는 단순 육체노동에 종사한다 해도 초등교육은 받았기 때문에 무지하고 우둔한 사람이 될 위험성이 그리 높지 않다고 덧붙였다. 잘사는 계층은 가난한 계층과 달리 장시간 노동에 시달리지 않으므로, 직업으로 하는 일 말고 무언가 지적인 일을 '하기 위해' 매일 몇 시간씩 할애할 여유가 있다는 말도 했다. 스미스가 보기에 공공 부문이 잘사는 계층의 인간능력 상실을 걱정할 필요는 없었다.

서민common people 의 처지는 달랐다. 서민은 무언가를 배우는 데 쏟을 시간이 거의 없었다. 서민 부모는 자녀가 젖먹이일 때부터 성인이 될 때까지 제대로 부양할 여력이 없다. 서민은 일할 나이가 되면 먹고살기 위해 일자리에 뛰어들어야 했다. 일이라고 해야 단순 육체노동이 대부분이라 머리를 쓸 필요가 거의 없었다. 늘 똑같고 늘 힘들어 다른 것을 생각하거나 시도할 수 없었다. 여가를 누리는 것은 꿈도 꾸지 못했다.

스미스는 제대로 교육받지 못한 사람은 "사람으로서 반드시 갖춰야 하는 기능을 잃었거나 활용할 줄 모르는 신체적·정신적 불구자"와 마찬가지라고 생각했다. 서민이 교육받더라도 국가가 하루아침에 잘살게 되는 것은 아니지만, "서민이 제대로 교육받는지 관심을 기울이는 것"이 국가가 할 일이라고 주장했다.

스미스가 생각하기에 가난한 사람의 열악한 처지는 불가피한 것이 아니었다. 국가가 모든 시민에게 폭넓은 교육 기회를 보장해줄 수는 없더라도, 스코틀랜드에서 그러듯 가난한 사람의 자녀는 육체노동에 뛰어들기 전에 읽기, 쓰기, 계산하기 등을 학교에서 배워야 한다고 법으로 못 박으며, "교육의 가장 기초적인 부분"을 제공해야 한다고 생각했다. 그는 교구 학교parochial school가 라틴어 같은 그리 중요하지 않은 과목은 빼고 기하학, 기계학 같은 실용과목을 중심으로 교과과정을 편성한 뒤, 최소한의 비용으로 의무교육을 실시하는 원대한 구상을 자세하게 밝히기도 했다.

정리하자면 스미스는 역량 접근법의 핵심을 두루 깨우친 인물이었다. 인간능력은 초기 형태로 또는 미계발된 형태로 세상에 모습을 드러내기 때문에 인간존엄성에 어울리는 수준으로 성숙하려면 주변 환경이 신체적 건강과 정신적 발달 등을 도와야 한다고 정확히 이해했다.

스미스가 『국부론』을 집필하며 염두에 두었던 독자와 마찬가지로 18세기 중반 아메리카 식민지 주민 역시 고대 그리스·로마 철학의 원전에 푹 빠져 있었다(스미스의 저서도 열심히 읽었다). 그들은 스토아학파의 주장 가운데 인간은 허약하지 않다는 주장보다는 사람

은 누구나 동등한 존엄성과 권리가 있다는 주장에 주목했다. 영국 국
왕의 독재를 겪어봤으므로 정부가 인간역량 계발을 얼마든지 저해
할 수 있다는 사실도 뼈저리게 느꼈다. 인간역량은 무無에서 저절로
생기는 것이 아니기 때문에 정부가 할 일이 있다는 점도 진작 알고
있었다. 미국의 「독립선언서」는 정부의 임무를 다음과 같이 못 박았
다. "우리는 다음 사실을 자명한 진리라고 생각한다. 즉 모든 인간은
평등하게 태어났고 창조주는 생명권, 자유권, 행복추구권 등 양도 불
가능한 권리를 인간에게 부여했다. 이제 인간은 이 양도 불가능한 권
리를 확보하기 위해 정부를 조직했다. 정부의 합법적인 권력은 인민
의 동의로부터 유래한다." 더 나아가 임무를 제대로 수행하지 못하는
정부는 언제든지 바꾸고 뒤엎을 수 있다고 딱잘라 말했다. 당시의 영
국 국왕 조지 3세의 **'무행동'**inaction을 꾸짖는 말도 잊지 않았다. "국왕
은 공익을 실현하기 위해서는 없어서는 안 되는 법률을 허락하지 않
았다."

　이 같은 「독립선언서」의 내용에 비춰 볼 때 미국 건국의 아버지
들이 자유지상주의자라거나 '소극적 자유'의 지지자였다는 관점은
잘못된 것이다. 그들은 스미스가 그랬듯이 혐오해야 하는 것이 무엇
인지 분명히 알았다. 그래서 사회복지에는 눈감은 채 이기적 엘리트
층의 지지를 얻으려고 국민을 속이는 전제 정부를 끔찍이 혐오했다.
여기서 중요한 것은 건국의 아버지들이 나쁜 정부를 혐오했지만, 정
부 자체를 혐오하지는 않았다는 점이다. 그러면 평등을 강조한 스토
아학파의 사상과 선택의 기회를 강조한 아리스토텔레스의 사상이
어떻게 건국의 아버지들이 생각한 정부 개념 속에 녹아들었는지 알
아보기 위해, 당시 엄청난 영향력을 발휘한 사상가 토머스 페인Thomas
Paine의 『인권』Rights of Man 중 한 장章을 살펴보자.

미국이 건국될 무렵의 다른 지식인이 그랬듯 페인도 자신이 직접 목격한 유럽 각국 정부의 행태를 무척 못마땅해했다. 국왕과 귀족이 이끄는 정부가 소수의 이익을 위해 다수를 착취한다고 본 것이다. 페인에 따르면, 정부 창설은 인간의 타고난 권리고 정부의 목표는 "개인과 집단 모두의 선"을 추구하는 것이어야 했다. 그러나 당시 정부는 이 목표를 추구하기는커녕 "비참함을 만들어내고 증폭시키는" 구실만 했다. '유럽의 상황을 개선할 방법과 수단'이라는 제목의 장에서 페인은 정부의 행동과 조세제도를 철저히 점검하라고 주장했다. 특히 역진과세를 중단하고 누진과세를 강화하는 방향으로 조세제도를 바꿔야 한다고 촉구했다. 불합리한 세율을 전면 개편하고 조세부담을 회피하기 위한 엘리트층의 권력 남용을 제한해야 한다는 말도 했다(페인은 "국왕의 자리라는 것은 매년 수백만 파운드를 받아 챙기는 것 말고는 할 일이 없는 명목상의 자리에 불과하다"라고 신랄하게 꼬집었다). 무엇보다도 페인은 소득 1파운드당 3펜스의 세금을 매기는 데서 시작해 소득이 늘어날수록 세율을 끌어올린 뒤 일정 수준을 넘으면 1파운드당 20실링의 세금을 매겨야 한다는 획기적인 누진세제도를 주장한 것으로 유명하다(페인은 세율이 높기로 유명한 스웨덴을 무색하게 할 누진세제도를 오래전에 주장했던 셈이다).

페인에 따르면 누진세제도로 확보한 조세수입은 청년, 노인, 실업자 세 영역에서 인간역량을 지원하는 데 지출해야 했다. 스미스가 그랬듯 페인 역시 국가가 모든 비용을 부담하는 의무 초등교육을 지지했다. "제대로 운영되는 정부라면 국민을 초등교육조차 받지 못한 상태로 내버려두어서는 안 된다. 국민을 무지한 상태로 놓아두는 것이 지지 확보에 유리한 정치제도는 왕정과 귀족정뿐이다." 고용 기회를 넓혀주는 교육을 받지 못한 청년은 범죄에 쉽게 빠져든다는 점에 주목한 페인은 정부의 무행동은 비난받아 마땅하다고 결론 내렸다. "문명국이라고 불리는 국가에서 노인은 일터로 향하고 청년은 교수대로 향하는 광경을 볼 때마다 정부의 운영에 심각한 문제가 있다는 생각이 든다." 이어 다음과 같은 말로 정부를 꾸짖었다. "문명국가의 정부라면 사람을 함부로 처형하는 짓을 중단해야 한다. 방탕하게 사는 청년을 구하기 위해 교육을 실시하고 노인을 절망의 늪에서 구제할 부양제도를 만드는 일에 힘써야 한다. 그러나 현실은 어떤가? 국가의 자원이 국왕을 모시고 궁궐을 치장하며 삯일꾼, 협잡꾼, 창녀를 뒤치다꺼리하는 데로 흘러가고 있다." 그는 영국의 가난한 사람 상당수가 어린이나 50세 이상 노인이라고 계산한 뒤, 쓰고 남은 조세수입을 재원으로 삼아 가난한 가정에 매년 4파운드씩 현금 보조금을 지급하되 자녀를 학교에 보낸다는 조건을 달자는 제안을 내놓았다.

"가난한 가정의 어린이가 교육을 받아 능력이 향상되면 가난의 대물림이 완화되고 자라나는 세대의 무지가 사라진다. 궁극적으로는 가난한 사람의 수가 줄어들 것이다. 닫힌 고용의 문이 열리는 것은 두말할 나위가 없다." 페인은 덜 가난한 가족에게도 어린 자녀의 교육비와 교구 구입비를 보조해주자고 제안했고, 60세가 넘는 사람에게는 현금 보조금을 넉넉히 지급하라고 권고했다. 그러면서 "이들 지원은 그 성격상 자선이 아니라 권리"라고 덧붙였다. 한마디로 시민의 생애주기에 따라 맞춤식 지원을 하는 것을 정부의 당연한 임무로 보았던 것이다. 페인은 또 공공근로사업으로 실업을 완화하자는 흥미로운 제안도 내놓았다. 정부가 국민의 기본복지를 뒷받침하는 일은 많이 하고 엘리트의 자기계발을 돕는 일은 적게 하는 것이 그의 바람이었다.

지금까지 이야기했듯이 정부가 국민의 기본복지를 지원하는 것이 중요하다는 관점이나 역량 접근법의 기본 개념은 최근에 나타난 것이 아닐뿐더러 유럽식 사회민주주의와 밀접한 관련이 있는 것도 아니다. 사실 역량 접근법은 유럽과 북아메리카 양쪽에서 발전한 주류 자유주의 계몽사상의 일부다. 물론 이 사실은 역량 접근법을 정당화하는 근거가 되기에는 너무 지엽적이다. 나는 철학적 권위를 빌려 정당성을 주장할 생각이 없다. 역량 접근법의 역사적 뿌리를 파헤치다 보면, 역량 접근법은 개발도상국만을 위한 이론일 뿐 미국의 사상적 전통과 거리가 멀다는 (빈번한) 비판에 어떻게 대응해야 할지 쉽게 알 수 있다. 또 세계 여러 곳에서 따로따로 활동한 많은 사람이 비슷한 발상에서 출발해 인간의 해묵은 문제를 해결하려고 했다는 사실이 자명해진다(여기서 '따로따로'라는 말은 상대적이다. 미국 건국의 아버지들, 특히 제임스 매디슨James Madison은 스미스의 저서를 읽었다). 우리는 이제 역량 접근법이 옳다고 자신하며 지난 역사에서 통찰을 이끌어낼 수 있을 것이다.

19세기와 20세기: 공리주의와 자유지상주의에 맞선 역량 접근법

역량 접근법은 전근대사회에만 적용되지 않는다. 산업이 발달하면서 어린이(공장에 보내졌다)와 성인(안전하지 않고 고된 조건에서 노동했지만 더 나은 사회계약을 체결할 힘이 없었다)의 역량이 위기에 직면한 근대사회에도 적용될 수 있다. 최근에는 인종, 성별, 장애에 토대를 둔 전통적 차별이 인간개발을 저해한다는 인식도 새로 싹텄다.

오늘날 미국에서는 인간역량을 둘러싼 논의가 활발하지만, 그 뚜렷한 조짐은 19세기 영국에서 이미 나타났다. 먼저 존 스튜어트 밀은 여러 저서에서 정치적 자유와 인간개발 사이의 관계를 명확히 밝혀냈고, 여성이 기회의 차별 때문에 피해를 본다고 목소리를 높였다 (밀은 결혼을 규율하는 차별적인 법과 제도가 여성을 노예 상태로 몰아넣는다고 통렬하게 비판했다. 하원의원으로 있을 때 여성에게 참정권을 부여하는 법안을 영국 최초로 발의했다). 밀은 자유를 바라보는 미국인의 관점에도 큰 영향을 미쳤다. 그의 젠더 개념은 영국에서는 홀대를 당했지만 다른 곳에서는 여성운동 탄생에 큰 영향을 미쳤다.

밀의 사후에는 영국 자유당을 돕던 철학 교수 T. H. 그린이 인간 역량 개념을 폭넓게 정의하며 다양한 활동을 펼쳤다. 무엇보다도 아리스토텔레스의 사상을 근거로 모든 사람이 사회적으로 충분한 보호를 받는 가운데 다양한 선택을 할 수 있는 조건을 만들어내는 것이 자유를 보장하는 올바른 방법이라고 주장하며 (당시 정치적으로 상당한 영향력을 발휘하던) 공리주의와 자유지상주의를 거부하는 데 앞장섰다. 무상의무교육법, 공장안전규제법, 노동시간제한법, 아동노동금지법 등을 지지했다. 더 나아가 지주와 소작농 간 계약의 유형을 제한하는 법의 제정에도 관여했다. "모든 사회구성원이 최대한 누려야 하고 시민사회가 보호하려고 힘써야 하는" 보편적 자유의 관점에 서면 계약의 자유를 얼마든지 제한할 수 있다고 생각했던 것이다. 그린은 여성도 남성과 동등하게 교육받을 권리가 있다고는 했으나 여성의 참정권은 지지하지 않았다는 점에서 밀을 뛰어넘지 못했다. 그린은 40대 중반의 이른 나이에 죽었지만, 그의 제자 바커는 비교적 장수하여 스승의 과업을 물려받았다. 바커는 케임브리지대학교에서 가르칠 때 다양한 국가 출신 대학원생을 받아들였고, 그 덕분에 그린의 사상을 널리 퍼뜨릴 수 있었다. 아리스토텔레스가 자신의 사상의 뿌리라고 분명히 밝힌 바커는 고대 그리스 사상과 현대 정치사상에

밝았던 보기 드문 학자였다.

역량 접근법의 뿌리를 이루는 사상은 미국으로 건너와 뉴딜 시대와 '위대한 사회' Great Society[•] 시대에 노동권을 보호하는 다양한 입법, 의무교육제도 확립, 가난한 가정 어린이의 교육에 대한 지원, 차별에 취약한 소수자 보호정책 수립에도 막대한 영향을 미쳤다.

• '위대한 사회'란 미국의 존슨Lyndon B. Johson 대통령이 1960년대에 추진한 빈곤추방정책과 경제번영정책을 말한다. 미국 내부의 사회적·경제적 문제는 연방정부의 정책으로 해결될 수 있다는 믿음을 토대로 했다 ― 옮긴이.

8장

역량과 현대의 여러 쟁점

CAPABILITIES

사회적 약자

역량 접근법은 사회이론과 정치이론이 직면한 무수한 문제에 대해 독자적 해법을 내놓고 있다. 지금 이 순간에도 역량 접근법 이론가는 다양한 영역에서 최첨단 연구 작업을 진행하는 중이다. 자화자찬으로 들리겠지만, 역량 접근법이야말로 지금까지 각각 고립적으로 연구되던 여러 문제를 바라보는 통일된 새로운 관점을 약속한다. 이 장에서 다루는 문제는 내가 임의로 고른 것으로 이 외에 다른 문제도 얼마든지 다룰 수 있다. 글을 쓰고 있는 지금 이 순간에도 역량 접근법이 이주민 문제, 인터넷 문제, 지구온난화 문제를 다뤄야 한다는 생각이 든다.

발전경제학계는 빈곤 문제와 사회적 약자 문제를 어떻게 바라봐야 하는가를 놓고 오랫동안 내부 논쟁을 벌였다. 센은 가난을 재화, 소득, 재산의 부족이 아니라 역량 실패로 이해해야 한다고 오래전부터 주장했다. 가난은 다양한 요인 때문에 기회를 실현하지 못한 것과 관련 되지 소득과 깊이 관련되는 것은 아니다. 사회적 배제에 시달리는 사람은 소득이 있더라도 실질적 기능으로 전환하는 데 어려움을 겪는다. 따라서 소득은 역량의 적절한 대리인이 될 수 없다. 대체로 소득은 목적의 수단이고 역량이 목적이다.

소득으로 빈곤을 측정할 때 나타나는 특별한 어려움은 가구당 이용 가능한 소득을 측정하는 일이다. 소득에 초점을 맞추면 영양, 건강보험, 다른 빈곤의 측면에서 나타나는 성적 차이를 소홀하게 된다. 반대로 빈곤을 역량의 실패 사례로 바라보면 개개인이 어떻게 지내는지와 가정의 분배적 불평등에 초점을 맞추게 해준다. 또 역량 접근법은 소득 계산 시 소득으로 간주되지 않은 가사노동의 가치를 인정해야 한다고 주장해왔다. 이 문제는 상대적인 불이득을 평가하는 데 주요 이슈다.

역량 실패에 관한 센의 작업은 노벨상 수상작인 기아에 관한 저서에서 시작되었다. 그 책에서 센은 식량 부족이 기아의 원인이 아니라, (예를 들어 실업 때문에) 필요한 재화를 얻기 위한 기회 부족의 문제라고 강조한다. 그러므로 식량 원조나 분배로 기아 문제가 타개될 수 없다. 진짜 해법은 취약 인구의 역량 실패 문제를 거론하고 고용과 생필품을 얻을 수 있는 자원을 제공하는 데 있다. 이런 일반적인 시사점은 논쟁에서 여지없이 주류 분석의 일부가 된다.

좀 더 일반적인 역량 실패를 단서로 사회적 약자에 대해 생각하지도 않았다. 한걸음 더 나아가는 조치가 늘 취해졌던 것 아니다. 그 이유는 부분적으로 사람들이 가지거나 가질 수 없는 다른 삶의 기회의 대리인으로 소득과 부를 활용하는 데 매력을 느꼈던 것처럼 삶의 요소를 전체적으로 모으는 모델에 강한 매력을 느꼈기 때문이다. 『사회적 약자』에서 볼프와 드샬리트는 삶의 모든 요소들을 하나의 양적 스케일로 측정할 수 없다고 하면서 이 방법을 강하게 거부한다. 그들이 보여준 것은 다양한 삶의 요소들을 합계한 접근방식은 가장 중요한 것을 놓칠 수밖에 없다는 점이다. 특히 사회적 약자가 처한 상황을 서술하고 상황 개선을 위한 전략을 세울 때 그렇다. 사회적 약자가 처한 상황은 다양하며, 다양한 측면이 개입함에 따라 서로에게 독립적으로, 소득과 부와 무관한 채로 의미심장하게 달라진다. 센의 견해에는 더 정교하고 세련된 논증이 포함되어 있다. 그러므로 이 논증은 센이 설득시키지 못한 사람에게 확신을 줄 수 있을 것이다. 또한 볼프와 드샬리트는 한층 심화된 방식으로 부와 소득이 왜 상대적인 사회적 약자의 적절한 대리인이 아닌지 보여주고 있다.

이런 사회적 약자에 대한 분석과 연동해서 볼프와 드샬리트는 접근방식을 두 방향으로 확대한다. 첫째, 그들은 주요 역량의 출현과 부재만이 아니라 역량의 안전security에 초점을 맞춘다. 사람들은 오늘의 역량만을 가져서는 안 된다. 내일도 역량이 있을 것이라는 안전한 기대가 필요하다. 사회적 약자에서 나타나는 현저한 특징은 한 집단이 역량(예를 들면 고용 기회)에 접근할 수 있어도 그 접근 자체가 아주 불안정하다는 것이다. 둘째, 볼프와 드샬리트는 각 역량의 개별적인 중요성에 집중하고 있지만 또 다른 불이득을 산출하는 역량(좀먹는 불이득corrosive disadvantage)을 고려하면서 불이득이 어떻게 한데 묶이는지, 따라서 어떻게 특별한 역량이 다른 사람에게 개방될 때 결실을 맺는지 연구하기를 추천한다.

특정 역량의 결실, 그리고 특정 역량의 부식은 경험적 문제로 시간과 장소에 따라 다르며 사회적 약자 집단의 특정 문제에 따라 다르다. 그러나 대체로 변화의 차이는 단지 몇몇 여성이 예를 들어 이미 결실 역량에 관한 역량 안전을 가졌다는 것을 뜻할 뿐 역량이 결실을 맺었음을 뜻하지 않는다. 바산티나 많은 가난한 여성에게는 신용을 얻는다는 게 특히 어떤 결실을 맺는 것이고, 고용, 신체, 보전, 정치에 참여하는 것이다. 교육을 충실히 받고 공식 취업 경력이 있는 여성은 신용도 때문에 크게 고민하지 않는다. 그러나 직장 경험이 없는 상태에서 이혼을 앞둔 많은 여성에게 신용도는 사활이 걸린 문제다. 세계 어디서나 가정폭력은 여성의 영혼을 갉아먹는다. 그러나 가정폭력에서 완전히 자유로운 여성은 극소수다. 각각 영국과 이스라엘의 이주민 집단을 연구한 볼프와 드샬리트는 관계역량(서로 지지하고 존중하는 관계를 형성하는 역량)이 생산적 결과를 낳는다는 점을 밝혀냈다. 다른 국가에서도 관계역량이 생산적 결과를 낳으리라고 자신 있

게 말할 수 있다. 고립된 처지에서는 그 어떤 역량도 실현하기 힘들
기 때문이다.

젠더

센과 나의 역량 접근법은 여성 불평등을 강조한다(스토아학파, 스미
스, 밀, T. H. 그린 같은 역량 접근법의 역사적 선구자가 여성불평등을 강
조하는 씨앗을 뿌렸다). 역량 접근법이 여성불평등 문제를 중요하게
보는 이유는 크게 두 가지다. 첫째, 여성불평등은 대단히 중요한 본
질적 문제이기 때문이다. 세계 어디서나 여성은 여러 면에서 불평등
하기에 그로 인한 정의 문제가 무수히 발생한다. 여성이 누려야 할
기회를 부정하는 국가일수록 노동생산성이 뒤처진다는 점에서 여성
불평등은 경제발전과 관련된 문제기도 하다.

　둘째, 여성불평등 문제는 왜 표준적 발달 접근법(GNP 접근법, 공
리주의 접근법)이 부적합하며, 왜 역량 접근법이 더 뛰어난지를 생생
하게 보여주는 리트머스 시험지이기 때문이다. 여성불평등 문제를
살피면 가정을 사회정의가 미치지 않는 '사적 영역'으로 바라보는 고
전적 자유주의의 결함을 알 수 있다(밀이 지적했듯 가정을 '사적 영역'
으로 바라보는 관점은 고전적 자유주의의 논리적 결과가 아니다. 모든 사
람에게 평등한 자유와 기회를 보장하겠다는 약속이 자유주의의 핵심이라
는 점에서 고전적 자유주의에 내재한 모순의 표현이다. 출신과 지위에 바
탕을 둔 모든 위계제도의 파괴를 지향하는 것이 자유주의의 관점이라고
할 때 가족제도를 비판하지 않고 그대로 인정하는 것은 봉건적 위계제도
를 비판하지 않고 받아들이는 것과 같다).

나는『여성과 인간개발』에서 발전이론 안의 여러 대안 접근법, 특히 공리주의 접근법 및 좀더 정교한 완전정보하의 욕구 접근법이 어째서 여성불평등 문제를 제대로 다루지 못하는지 자세히 밝혔다. 전통을 무비판적으로 고수하는 태도가 여성평등을 가로막는 장애물이라는 점도 설명했다. 종교가 언제나 시대에 역행하는 것은 아니다. 해묵은 문화 전통과 긴밀히 유착되어 있을 때 종교는 시대에 역행하는 모습을 보인다. 그러나 특정 종교의 요구가 양성평등 요구와 충돌하면 해결하기 힘든 딜레마의 원천이 되기도 한다. 종교도 국가가 보호하고 배려해야 할 귀중한 삶의 영역이기 때문이다. 나는『여성과 인간개발』에서 이 딜레마를 해결하기 위해 (양심의 자유를 보장하듯) 종교의 자유를 보장하고 종교에 ‘융통성’을 발휘할 넓은 공간을 허용해야 하지만, 핵심역량의 보호는 종교의 자유를 제한하는 조치를 정당화할 수 있을 정도로 엄중한 국가적 이해관계가 걸린 일이라고 주장했다. 인도의 헌법은 ‘천민과의 접촉 금지’라는 힌두교의 전통 관습을 철저히 부정한다. 이것은 힌두교의 자유를 제한하지만, 간디가 주장했듯이 차별근절이라는 점에서 엄중한 국가적 이해관계에 부합한다. 이와 비슷한 맥락에서 미국 대법원은 인종이 다른 사람들끼리 데이트를 할 수 없게 금지하는 학칙을 둔 밥존스대학교의 면세법인 지위를 박탈하는 판결을 내리면서 인종차별금지는 엄중한 국가적 이해관계가 걸린 원칙이라는 점을 그 근거로 내세웠다.

비슷한 딜레마가 가족의 프라이버시 영역에서도 나타난다. 백번 양보해 법적 규제를 받지 않는다는 의미에서 ‘사적인’ 삶의 영역이 존재한다는 사실을 부정할 수 있다고 하자. 그러나 친밀한 가족관계를 형성하는 것, 부모가 어린 자녀의 일에 개입해 의사결정을 내리는 것이 어린 자녀가 자유롭게 살게 하는 데 필요하다는 사실은 부정할 수 없다. 물론 몇 가지 문제는 따지고 말고 할 여지가 없다. 국가가 가정폭력과 아동학대를 적극적으로 단속해야 한다는 데는 아무도 이견을 보이지 않는다. 아동결혼은 불법이어야 하고 성인 간의 결혼 합의는 신중하게 보호받아야 한다. 초중등 의무교육은 국가가 부모의 자율적 선택(이를테면 어린 자녀를 일터에 내보내 돈을 벌어 오게 하는 것)을 제한하지만, 반드시 필요하다. 이뿐 아니라 나이 어린 여성에게 다양한 기술을 가르쳐 전통적 역할에서 벗어나는 데 유용한 수단을 제공해야 한다. 여성이 정치 활동에 실질적으로 참여하고 남성과 동등한 시민으로 대우받을 수 있게 해야 한다. 한편 쉽게 합의하기 힘든 자유의 영역도 존재한다. 예를 들어 부모가 홈스쿨링으로 자녀를 가르칠 경우 교육의 범위와 내용이 축소될 수 있다. 정규 학교에서 배우는 평등 메시지를 제대로 배우지 못할 수도 있다. 결국 부모의 홈스쿨링 자유를 어디까지 허용해야 하는가 하는 문제가 제기된다. 인도에서는 여성의 전통적 역할에 도전하고 자주성과 평등 메시지를 알리는 여성 단체를 정부가 앞장서 지지하는데, 실천이성 역량과 (우의와 정치 참여를 매개로 한) 관계역량이 정치적으로 중요하다는 관점에서 볼 때 얼마든지 정당화될 수 있는 정책이다.

　나는 인간역량의 관점에서 성적 지향을 꾸준히 연구해왔다. 성적 지향에 다른 차별은 낙인효과를 낳고 평등하지 않은 사람이 있다는 관념을 조장하기 때문이다. 핵심역량 목록이라는 렌즈를 끼고 성적 지향을 살피다보면 비슷한 사람은 비슷하게 대해야 한다는 외견상 공정한 정책은 물론 낙인과 위계를 뿌리 뽑는 정책, 정부를 향해 불평등의 뿌리를 방치하지 말라고 촉구하는 정책을 추구하게 된다. 서로 다른 인종 간의 결혼 및 출산을 금지하는 법률은 언뜻 공정해 보였다. 백인은 흑인과 결혼할 수 없고 흑인은 백인과 결혼할 수 없게

해서 두 인종을 비슷하게 대했기 때문이다. 그러나 미국 대법원은 이 법률이 특정 인종을 낙인찍고 열등하다는 메시지를 퍼트린다고 보았다. 동성결혼을 금지하는 법률도 마찬가지다. 미국의 많은 주가 결혼제도를 규율할 정당한 권한이 있다는 이유에서 법률로 동성결혼을 금지했다. 그러나 동성결혼을 금지하는 법률 역시 동성애자를 낙인찍고 열등하다는 메시지를 전파한다는 점에서 불공정하며, 동성결혼을 막지도 못한다. 만약 미국의 여러 주가 '인종 간 결혼'을 별도의 법적 범주로 묶어둔 채 인종 간 결혼으로 맺어진 부부를 계속해서 인정하지 않았다면, '제도'가 낙인과 분류를 끝내기는커녕 더욱 강화했을 것이다.

장애인과 노인 그리고 보살핌의 중요성

현대 사회가 직면하게 된 긴급한 정의 문제 중 하나가 다양한 신체적·정신적 장애인의 역량을 증진하는 문제다. 역량 접근법이 장애인도 동등하게 존중하며 정의의 주체로 세우고자 한다면 이론과 실천 측면 모두에서 커다란 변화가 필요하다. 여성은 가정 내의 정의 문제를 활발하게 제기하며 어느덧 정치적 정의의 한 주체로 자리잡았다. 장애인 역시 자신들의 정당한 요구를 관철하려면 사회적 협력의 목적과 **존재 이유**를 상호이익(경제적 관점에서만 평가한 협소한 상호이익)에서 찾아야 한다는 고전적 자유주의 이념에 의문을 제기해야 한다. 사회계약 이념 자체는 이런 허구를 포함하는데, 사회계약론 전통에 속하는 많은 이론이 사회의 기본제도를 설계한 뒤 이론구조의 뒷부분에서 장애인 문제를 다룬다. 그러나 장애인은 정상인과 동등한 존재이기 때문에 사회의 기본제도를 설계할 때 함께 고려해야 한다. 나는 사회계약론 전통에 속하는 이론은 전반적으로 뜯어고쳐야만 장애인을 정상인과 동등하게 대할 수 있다고 보는데, 이를 밝히는 것은 시간이 오래 걸리는 복잡한 과제다. 내가『정의의 최전선』에서 집중적으로 다룬 이 과제를 요약해 정리하기란 그리 쉽지 않다. 장애인을 인정하고 장애인의 역량을 지원해주려면 사회적 협력의 본질, 사람이 사회적 협력을 지향하는 동기를 상호이익이 아니라 관용과 이타주의에서 찾아야 한다는 점만 짚고 넘어가겠다.

　당연한 말이지만, 고전적 사회계약론 전통의 이론가 대부분이 인간을 이기적 존재로 보았던 것은 아니다(토머스 홉스Thomas Hobbes와 현대의 홉스 추종자인 데이비드 고티에David Gauthier는 예외다. 이 두 사람은 사람을 이기적 존재로 바라보았다). 상호이익이 계약 당사자의 목표라고 가정해보자. 그 근거는 최절약원리a reason of parsimony에서 찾을 수 있다. 최절약원리란 만약 근거가 약한 가정에서 공정한 사회 개념을 도출할 수 있다면(달리 말해 이타주의나 덕이 아닌 것에서도 공정한 사회를 도출할 수 있다고 가정한다면), 내용이 풍부하고 논쟁의 소지가 다분한 전제조건 대신 간단한 전제조건을 고른 뒤 거기서 정의 이론을 이끌어내야 한다는 것이다. 그래도 정의 이론은 제 기능을 발휘할 수 있다. 롤스도 최소한의 전제조건에서 출발해 정의 이론을 정립하는 것이 자신의 전략이라고 밝혔다. 로크는 관용 개념을 토대로 정의 이론을 전개하므로, 롤스의 정의 이론보다는 근거가 빈약하다. 존재할 수도 존재하지 않을 수도 있는 특수한 상황에만 적용되기 때문이다. 그래도 별 문제는 없다. 장애인을 인정하고 지지하는 결론에 도달하려면 관용 개념이 필요하므로 내 정의 이론, 즉 역량 접근법은 로크의 관용 개념을 출발점으로 삼는다. 물론 또 한편으로는 내 이론이 사회성 개념과 이타주의 개념을 상당히 필요로 한다는 점, 그리고 내용이 더 풍부하고 논쟁의 소지도 더 다분한 전제조건에서 출발해야 한다는 압박감을 느끼기는 한다. 그래야만 역량 접근법이 실제에 적용될 수 있음을 보여주는 한편, 당면한 현실의 요구에 대응하며 살아가는 사람들을 일깨울 메커니즘도 찾아낼 수 있기 때문이다. 내가 요즘 정치적 동기와 감정의 문제에 초점을 맞추는 것은 그런 압박감의 자연스러운 귀결일 터이다.

장애인 문제는 범위가 무척 넓다. '장애인'이 평생 경험하는 인지적·신체적 장애와 '정상인'이 나이를 먹어가면서 경험하는 장애의 정도나 유형이 비슷하기 때문이다. 장수하는 사람이 늘어남에 따라 장애인 문제도 급증할 것이다. 어쩌면 '정상인' 성인이 살다가 장애에 시달리는 기간은 선천적 장애인이 삶을 산 기간 전체보다 더 길 수도 있다. 이 점 하나만 봐도 장애인 문제는 아주 방대해 사실상 모든 사회 모든 가정에 영향을 미친다.

장애 문제에는 여러 측면이 있다. 그중 하나가 동등한 존중 개념을 토대로 장애인의 역량을 지원하는 일이다. 다시 말해 장애인을 정상인과 동등하게 대우하고자 할 때 장애인이 필요로 하는 사회적·경제적 지원은 무엇인지, 장애인이 어떤 유형의 직업적 능력을 갖춰야 하는지, 장애인의 사회적·시민적 권리는 무엇이어야 하는지 등을 해결하고 넘어가야 한다. 이들 문제에 초점을 맞춘 학문 영역도 필요하다.

장애인 문제의 다른 측면은 돌봄노동과 관련이 있다. 어린이 돌봄노동이 그렇듯 장애인 돌봄노동도 많은 인력을 필요로 한다. 오늘날에는 여성이 돌봄노동의 많은 부분을 담당하고 있는데, 이것이 마치 자비심에서 우러난 당연한 행동이라도 되는 것처럼 그 대가를 받지 못하는 사례가 드물지 않다. 더구나 여성이 가정에서 돌봄노동에

힘쓰는 바람에 삶의 다른 영역에서는 불리한 위치에 놓이는 등 돌봄
노동이 젠더불평등의 원천이 되기도 한다.

　돌봄노동 문제를 해결하기 위해서는 짚고 넘어가야 할 점이 몇
가지 있다. 무엇보다 공공 부문이 나서서 가족휴가와 의료휴가, 재가
간호 등을 지원해야 한다. 국가는 정치적 어려움이 따르더라도 삶의
마지막 순간을 돌보는 문제를 합리적으로 해결할 방법을 찾아내 보
건의료 계획에 담아야 한다. 직장 역시 직원이 가정에서 직면하는 문
제에 유연하게 대처할 필요가 있다. 예컨대 집에 장애인이 있는 직원
에게는 탄력근무, 재택근무, 직무조정 등을 허용해 차분히 장애인을
돌볼 수 있게 해야 한다. 마지막으로 여성과 남성 사이의 역할이 서로
에게 이익이 되는 방향으로 분담되어야 하고, 남성성을 바라보는 사
회적 관념도 새로워져야 한다. 연로해 거동이 불편한 부모의 몸을 씻
기는 일을 남자가 해서는 안 되는 일로 보는 관념부터 일소해야 한다.

교육

역량 접근법은 처음 등장했을 때부터 교육의 중요성을 강조했다. 학
교교육, 가정교육, 비정부기구가 운영하는 성인 및 아동 발달 프로그
램 등을 모두 아우르는 교육은 사람이 기존에 지니던 역량을 한층 성
숙한 **내적역량**으로 바꿀 수 있다. 이 같은 변화는 그 자체로 귀중하며
평생에 걸친 만족감의 원천이다. 교육은 그 밖의 수많은 인간역량을
계발할 때도 중추적 구실을 한다. 사회적 약자 문제와 불평등 문제의
해결을 돕는 '생산적 기능'이기 때문이다. 기본적 수준의 교육만 받은
사람도 직업을 선택하고 정치에 참여할 기회가 늘어난다. 지역적·국

가적·세계적 차원에서 다른 사람과 생산적으로 상호작용하는 힘을 기를 수 있다. 예를 들어 글을 읽고 쓸 줄 아는 여성은 자신과 비슷한 문제로 고민하는 다른 여성과 의사소통할 수 있으므로 더는 고립된 처지에 놓이지 않는다. 교육이 가져다주는 하나의 이점은 또 다른 이점을 낳는다. 특히 교육은 직업 선택의 힘, 정치적 힘의 밑바탕이 된다. 교육받은 여성은 가정에서 유리한 위치에 선다. 남편의 위협과 폭력에 당하고만 있지 않는다. 남편의 폭력성이 사라지지 않으면 주저없이 이혼을 청구할 힘이 생긴다. 교육은 가정의 역학관계도 바꿔놓기 때문에 가사노동을 공평하게 분담할 기회를 열어주고 그럼으로써 여성의 여가시간을 늘린다. 신용대출과 재산권도 생산적 기능으로서 여성의 역량 증대에 기여하지만, 교육만큼 두드러지지는 않는다. 과거 200년 동안 평등을 추구한 국가는 예외 없이 교육에 힘을 쏟았다.

인도는 교육에 개인의 근본권리라는 지위를 부여했다. 교육받을 권리를 보장하는 헌법 개정을 이끌어낸 모히니 자인Mohini Jain 대 카르나타카 주 소송의 판결은 "인간존엄성은 침해 불가능한 것이다 (……) 교육은 인간존엄성을 보장하는 주된 수단"이라고 주장했다. 교육받을 권리는 '존엄한 삶을 누리려면' 반드시 필요하고, (「세계인권선언」에 따르면) '인간 개성의 충실한 발달'과 밀접한 관련이 있다. 또 하나의 역사적 소송인 우니크리슈난Unnikrishnana 대 안드라 프라데시 주 소송의 판결 역시 "교육받을 권리는 생명권과 직결되며 인간존엄성과 관련 있다"라고 밝혔다.

미국 몇몇 주의 헌법은 교육에 근본권리의 지위를 부여했으나 연방 차원에서 교육을 근본권리로 인정한 적은 없었다. 그래도 연방헌법에서 교육은 특별한 지위를 점하고 있다. 불법 이주민 자녀의 교육

받을 권리를 부인한 법률을 놓고 다툰 플라일러 대 도Plyler v. Doe 소송
은 판결문에서 교육이 인간역량 계발과 밀접하게 관련되기 때문에
대단히 중요하다고 밝혔다. 이 역사적 판결의 내용을 간추려 소개해
보자. 사람은 평등하다는 근본적 주장이 논의의 출발점이다. "미국
헌법의 동등보호 조항은 신분과 계급을 기준으로 사람을 차별하는
부당한 법률을 철폐하기 위한 것이었다." 공립교육은 "우리 사회의
구조를 유지하고 정치적·문화적 유산을 보존한다는 점에서 중추적
역할을 한다." 교육 기회의 박탈은 "개인의 사회적·경제적·지적·심
리적 행복에 헤아리기 힘든 피해를 안기고 개인의 그 어떤 성공도 가
로막는다." 판결문 뒷부분에서는 더욱 정교하게 가다듬은 주장이 나
온다. "자유와 독립을 유지하고 싶다면 시민이 지적이고 효과적으로
개방적 정치제도에 참여할 역량을 길러줘야 한다." 교육은 개인의 기
회와 자기발달에 대단히 중요하다. "사람이 글을 읽고 쓸 줄 모르면
살아가는 동안 기본적 교육을 받을 기회가 사라진다. 교육 기회의 박
탈은 개인의 사회적·경제적·지적·심리적 행복에 막대한 피해를 입
히고 개인의 성공을 방해하기 때문에 신분을 이유로 기본 교육을 받
을 기회를 부정하는 정책은 헌법의 동등보호 조항에 담긴 평등구조
와 모순될 수밖에 없다." 한마디로 '플라일러 대 도' 소송에서 다수 의
견은 교육이 인간발달 및 기회의 확보에 중추적 역할을 한다는 점을
살펴 동등하게 교육받을 권리와 동등한 인간존엄성은 떼려야 뗄 수
없는 관계라고 보았다.

　세계의 많은 국가가 그렇듯 인도와 미국도 교육을 인간존엄성과
평등과 기회의 핵심 요소로 본다. 이런 시각이 옳은 한 교육은 역량
접근법에서도 핵심 역할을 할 자격이 충분하다.

　인간개발지수도 교육을 장수와 함께 중요한 척도로 활용하고, 국

민이 도달한 학력 수준을 국가의 성공과 실패를 가늠할 결정적 요소로 정하라고 권장한다. 센은 교육 진흥에 깊은 관심을 기울였다. 노벨상 상금 전액을 출연해 자신의 고향인 서벵골 주에 교육을 연구하고 진흥하기 위한 재단을 설립했다(이 신탁기금의 명칭은 산티니케탄에 있는 센의 어머니 집의 이름을 따 프라티치 트러스트Pratichi Trust로 지어졌다. 산티니케탄은 타고르가 1863년 브라마비잘라야校를 세운 뒤 교육 도시로 떠오른 곳이다). 프라티치 트러스트는 교육정책 연구에 주력했다. 특히 서벵골 주의 미흡한 교육 실태에 관한 보고서를 몇 차례 발간했는데, 매번 인도는 물론 전 세계가 깊은 관심을 보였다. 그중 한 보고서는 교사의 잦은 결근과 '개인지도'(교사가 방과 후 부잣집 학생을 따로 가르치는 행위) 같은 부도덕한 관행을 낱낱이 폭로했고, 여기에 힘입어 대대적 교육개혁운동이 일어났다. 당시 막강한 힘을 가졌지만, 나태하고 안일하기만 했던 교원노동조합도 바짝 긴장했는지 교사의 떳떳하지 못한 관행에 반대한다는 입장을 표명했다.

지금까지 교육 개입의 주안점은 읽고 쓸 줄 알고 숫자를 이해하는 기본 기술을 기르는 데 맞춰졌다. 기본 기술이 부족하면 기회의 문이 닫힌다는 점에서 올바른 방향이었다. 그러나 기본 기술에만 국한해 교육과 역량을 분석해서는 안 된다. 인간발달을 위한 진정한 교육에는 그 이상이 필요하다. 오늘날 국익을 위해 글로벌 시장 점유율 증대 및 유지를 원하는 많은 국가는 단기간에 많은 돈을 벌어다 줄 것처럼 보이는 생산 기술에만 관심을 쏟는다. 그러나 비판적으로 생각하는 능력, 다른 사람의 처지를 역지사지로 상상하고 이해하는 능력, 세계 역사와 오늘날의 글로벌 경제질서를 이해하는 능력 등 인문학 및 예술 관련 기술은 책임 있는 민주시민을 육성하기 위해서는 물론, 성인이 나이에 걸맞게 광범위한 역량을 발휘하도록 돕기 위해서도 반드시 필요하다. 결국 역량 접근법을 활용하려는 사람이라면 교육 내용에 각별히 신경 써야 한다(당연한 말이지만, 시민의 역량을 높이기 위한 교육은 토박이 시민만을 위한 것이 아니다. 합법 이주민은 물론 불법 이주민의 자녀도 성인이 된 뒤 건전한 시민으로서 제구실을 하는 데 필요한 교육을 받을 권리가 있다).

교육은 선택 존중이 완화되는 영역이다. 정부는 부모에게 자녀의 역량뿐 아니라 기능도 길러주라고 요구해야 한다. 왜 어린이 교육은 특별해야 하는가? 부모에게 경제적으로 의존해야 하는 어린이는 다른 선택의 여지가 없다. 설령 다른 선택을 할 기회가 있더라도 선택 역량은 마냥 미숙하다. 때로는 공부하지 말고 일해서 돈 벌라는 부모의 압력에 직면하기도 한다. 교육은 광범위한 역량을 발휘할 수 있게 해주는 핵심 수단이다. 따라서 어린이 의무교육은 성인이 된 뒤 역량의 극적 확대를 가능하게 한다는 점에서 정당화된다. 국가는 유능하고 교양 있는 시민의 확보에 깊은 관심을 기울여야 한다. 어린이가 시민이 되어 활용할 역량을 길러줄 책임이 있다. 이 점만 봐도 어린이에 관한 한 국가의 적극적 개입은 정당화된다. 국가는 16세가 될 때까지 초중등교육을 의무화해야 하고, 대학교육도 장려하며 뒷받침해야 한다(어린이는 신체건강 역량과 신체보전 역량의 영역에서도 성인과 다른 대우를 받는다. 이들 역량에서 어린이 본인이나 부모의 선택이 존중받지 못하더라도 용인해야 한다). 지금보다 더 많은 교육을 받고 싶어하는 성인의 교육을 다룰 때 적절한 접근방식은 설득이다.

양질의 교육은 역사적 맥락과 문화적·경제적 상황에 민감해야 한다. 프라티치 트러스트의 교육 연구가 그렇듯 세계 각지의 교육 연구도 구체적인 지역 실정에 초점을 맞춰야 한다. 지난 수백 년 동안 전 세계에서 다양하고 자유로운 삶을 살아가는 청년을 양성해야 한

다는 목표에 초점을 맞춘 많은 교육 연구가 이루어졌고, 그 과정에서
여러 교육이론가가 서로에게 자문과 조언을 아끼지 않았다(예를 들
어 인도의 타고르, 이탈리아의 마리아 몬테소리Maria Montessori, 영국의 레너
드 K.엘머스트Leonard K. Elmhirst 등이 대표적 인물이다). 이 사례로 볼 때
역량 접근법이 그렇듯 문화 간 대화를 꾸준히 진행하면 어느 지역에
나 유연하게 적용할 수 있는 일반적 교육원리가 나타날 가능성이 높
다.

동물의 권리

역량 증진 개념을 밑바탕에 깔고 있는 접근법이라면 누구의 역량이
중요한가 하는 문제에도 대답해야 하는데, 역량 접근법 지지자는 모
든 사람의 역량은 똑같이 중요하다고 생각한다. 동물로 범위를 넓히
면 역량 접근법에는 다음과 같은 다섯 가지 기본 입장이 존재할 수
있다.

1 인간역량 자체가 목적이지만 사람이 아닌 존재의 역량도 인간역
   량을 증진하는 수단으로서 중요할 수 있다.
2 인간역량을 최우선으로 고려해야 하지만 사람은 사람이 아닌 존
   재와도 관계를 맺는다는 사실을 무시해서는 안 된다. 따라서 사
   람이 아닌 존재 역시 수단이 아니라 대단히 가치 있는 관계의 한
   쪽 당사자이고 그들의 역량 증진도 목표가 될 수 있다.
3 모든 지각 있는 존재의 역량은 그 자체가 목적으로서 중요하다.
   달리 말해 모든 지각 있는 존재는 최저수준 이상의 역량을 갖춰

야 한다.

4　식물을 비롯한 모든 살아 있는 생물의 역량은 생태계 일부로서가 아니라 독자적 존재로서 중요하게 생각해야 한다.

5　1번에서 4번까지의 입장은 전부 미흡하다. 계(종뿐 아니라 생태계) 전체의 역량 증진 그 자체가 역량 접근법의 목적이다.

역량 접근법에 관심 있는 사람은 이 다섯 가지 입장 중 하나를 택할 수 있다. 조만간 그 각각을 둘러싸고 활발한 논쟁이 일어나야 할 것이다. 센은 동물의 행복과 환경의 질 문제에 관심을 보이기는 했으나 포괄적 입장을 밝히지는 않았다. 나는 『여성과 인간개발』에서 위의 입장 가운데 2번을 택했다. 즉 다른 종 및 자연계와의 관계도 인간역량의 일부고, 사람 아닌 존재는 수단일 뿐 아니라 사람과 관계를 맺는 한쪽 당사자로서 중요하다고 보았다. 이 입장은 1번(사람의 고통에 주목하는 입장이라고 하자), 3번과 4번(사람 아닌 존재의 행복에 관심을 기울이는 입장이라고 하자) 사이 어딘가에 위치한다.

『정의의 최전선』에서 나는 사회정의를 논하면서 3번 입장을 지지했다. 사회정의 개념은 지각능력(특히 고통을 느끼는 능력), 그리고 지각 능력에 뒤따르는 생존을 위해 노력하는 역량, 일정한 행위주체성 등과 긴밀한 연관이 있다고 보았다. 내 직관적 판단으로는 사람을 부당하게 대우해도 괜찮다는 생각이 옳을 때에만 동물을 부당하게 대우해도 괜찮다는 생각이 옳다. 사람과 동물 모두 고통과 위해를 경험할 수 있으며 생명을 유지하기 위해 몸부림친다. 언제 어떻게 좌절될지 모르는 계획을 세우기도 한다. 나는 정의 개념은 위해와 좌절 개념과 긴밀한 관련이 있다고 생각한다. 이런 점에서 나무에 위해를 가하는 것은 잘못이라는, 도덕적 이유나 도덕에 근거하지 않은 이유도 있을 수 있지만, 나무가 **부정의**에 시달린다고 주장하는 것은 어딘가 어색하다. 나무와 마찬가지로 생태계도 고통과 위해를 스스로 경험하지 않는다. 생명을 유지하기 위해 계획을 세우거나 몸부림치지도 않는다. 그래서 생태계에 가해지는 위해를 걱정해야 할 도덕적 이유와 도덕에 근거하지 않은 이유(지적·과학적·경제적 이유)가 아무리 많더라도 생태계가 부정의에 시달린다는 주장 역시 어색하다. 지금은 이런 직관을 명쾌하게 설명하기가 쉽지 않다. 앞으로 많은 논의가 이루어져야 할 것이다. 여기서는 동물은 생태계와 달리 고통뿐 아니라 부정의를 경험할 수 있다는 점만 분명히 해두겠다.

정의에 관한 한 종이 아니라 살아 있는 개체가 관심의 대상이다. 종은 개체의 건강에 대해 도구적 중요성을 띨 수 있고, 미적·지적·윤리적으로 의미가 있을 수 있다. 그러나 멸종이 개체가 부당한 위해를 받으며 진행된다는 점을 별도로 한다면 멸종 자체를 부정의라고 하는 것은 부정확하다.

역량 접근법은 사람이 동물에게 어떤 잘못을 저질렀는지 밝혀내는 데 적합하다. 공리주의는 동물도 고통의 최소화와 쾌락의 최대화를 추구한다는 점을 밝혀냈지만 그 고유의 단점(총효용에만 관심을 기울인다는 점, 개체의 적응적 선호를 간과한다는 점) 때문에 동물의 권리를 제대로 설명하지 못한다. 열렬한 공리주의자 피터 싱어Peter Singer는 공리주의적 계산 결과를 근거로 동물에 고통을 가해서는 안 된다고 주장하지만, 인간은 축산업에서 많은 쾌락(그리고 고용)을 얻는다. 결국 동물의 고통은 누구의 관점에서 보느냐에 따라 평가가 달라질 수밖에 없다. 공리주의 접근법은 노예제를 지지할 때 그랬듯이 허술한 경험적 논거에 의지해 동물을 적절하게 대우해야 한다고 주장할 뿐이다. 인간의 행복을 위한다는 명분으로 몇몇 동물에 대해서는 참혹하고 잔인한 짓을 해도 괜찮다는 방향으로 흐를 소지가 다분하다. 동물은 고통을 피하려고 할 뿐 아니라 능동적으로 움직이고 정을 느끼며 자존과 존엄을 추구한다는 점에서 생명체 전체를 놓고 볼 때 독자적인 요소가 많다. 이들 요소 각각의 중요성을 이해해야 한다. 마지막으로 공리주의자는 평균효용이 아니라 총효용을 주로 고민하기 때문에 세계의 총효용이 늘어날 수만 있다면 참혹한 삶(죽지 못해 사는 수준의 삶)을 사는 수많은 생명체가 세상에 존재하는 것을 정당화할 수 있다. 공리주의자의 관점에서는 공장식 축산업도 총효용의 증대에 기여한다. 그러나 역량 접근법은 그런 식으로 총효용을 늘리는 데 반대한다. 살 가치가 별로 없는 동물이라도 고통스러운 삶을 강요하는 것은 잘못이라고 본다.

일반적으로 역량 접근법은 동물도 쾌락과 고통의 수동적 수용주체가 아닌 엄연한 능동적 행위주체라고 본다. 발상 자체가 색다르기 때문에 동물의 온갖 활동과 생명을 유지하려는 노력을 더 적절하게 존중해줄 수 있다.

역량 접근법은 동물의 대우를 둘러싼 논의를 놓고 볼 때, 공리주의 전통에 속하는 벤담, 밀, 싱어 등의 이론이 상당한 공헌을 했지만, 공리주의 전통에 속하지 않는 이론도 그에 못지않게 공헌했다고 주장한다. 그중 하나가 칸트주의 전통에 속하는 이론이다. 칸트 자신은 동물의 행복에 관해 많은 이야기를 하지 않았다(칸트는 동물에게 잔인한 짓을 하지 말아야 하는 유일한 이유를 동물에게 잔인한 짓을 하지 않는 사람일수록 다른 사람에게도 잔인한 짓을 하지 않을 가능성이 높다는 점에서 찾았다). 하지만 철학자 크리스틴 코스가드Christine Korsgaard는 칸트주의 전통에 뿌리를 둔 이론에서도 역량 접근법과 똑같은 결론이 나올 수 있음을 보여주었다. 그의 주장을 살피면 사람은 자신의 행위주체성은 물론 세상에서 살아남으려고 몸부림칠 때 드러나는 동물성의 측면, 간단히 말해 동물적 본능도 증진해야 할 이유가 있다고 본다. 만약 사람이 자신의 동물적 측면을 존중하면서 다른 동물의 동물적 측면을 부정한다면 그것은 모순이다. 칸트주의가 강하게 반대하는 왜곡된 자기옹호인 것이다. 코스가드의 이론은 어쩌면 내 역량 접근법보다 훨씬 인간 중심적이다. 코스가드는 **동물**의 어떤 점이 아닌 **사람**의 어떤 점을 근거로, 그리고 **동물**과 **사람**은 서로 닮았다는 점을 근거로 사람은 동물을 존중해야 한다고 말한다. 칸트주의를 토대로 행위주체성을 바라보는 코스가드의 견해가 다원주의 사회에서 정치적 원리의 근원이 될 수 있는가는 의문의 여지가 있다(코스가드의 견해는 정치적이기보다는 윤리적이다). 그러나 역량 접근법과 코스가드의 견해를 자세히 비교해보면, '기본적으로' 비슷한 주장을 하고 비슷한 결론에 도달한다는 것을 알 수 있다.

물론 약간의 차이도 있다. 첫째로, 역량 접근법을 수정해 확대된 **존엄성** 개념을 도입해야 한다. 인간존엄성에 어울리는 삶은 물론 지각이 있는 광범위한 동물의 존엄성에 어울리는 삶에 관해서도 논의해야 하기 때문이다. 둘째로, 칸트주의는 동물의 존엄성을 존중해야 할 의무가 사람의 동물성을 인정하고 지지해야 할 의무에서 나온다고 본다. 역량 접근법은 칸트주의와 다르게 생각한다. 동물의 존엄성 존중과 인간존엄성을 결부시키지 않는다. 사람이 그렇듯 동물도 개체를 중시해야 하지만, 종도 동물의 삶의 형태 중 어떤 것을 장려해야 하는지 알려준다는 점에서 일정한 역할을 한다고 본다. 적절하게 확대된 역량 목록에는 뒷받침해야 할 동물의 역량이 실린다. 우리는 그것을 토대로 각각의 종이 어떻게 사는지 주의 깊게 살핀 뒤 고유의 삶의 방식에 맞게 살아가고 행동할 기회를 증진해야 한다. 동물에게 선택능력이 있다면 선택을 인정하고 지지해야 하지만, 동물은 인간과 달리 기능의 증진에 더 초점을 맞출 필요가 있다(일종의 세심한 온정주의다).

동물을 '야생상태'에서만 살아가게 놔둬야 한다는 견해가 있다. 순진한 낭만적 자연주의에서 유래하는 견해로서 오늘날의 현실과는 맞지 않다. 이제 사람의 영향을 받지 않는 동물의 서식지는 없다. 코끼리가 야생상태에서 살아가는 것처럼 말하는 사람이 있다. 그러나 따지고 보면 사람이 코끼리의 서식지를 침범한 현실을 호도하는 말이다. 코끼리가 현재의 서식지에서 잘 살게 해주려면 오히려 인간이 현명하고 꾸준하게 개입해야 한다(사람이 자연에 개입하는 방식 중 중요한 것을 하나 꼽자면 동물의 수태 조절이다. 동물의 관점에서 수태 조절이란 핵심역량 목록 중 번식 선택 항목의 수정을 뜻한다. 그렇다면 두말할 필요 없이 수태 조절보다도 서식지 보호가 더 중요하지만, 현재의 서식지는 제대로 보호된다 해도 동물의 개체 수 증가를 감당하지 못한다. 수태 조절을 하는 대신 천적 종을 들여오는 방법도 있지만, 동물의 역량이라는 관점에서 보면 수태 조절을 강화했을 때보다 못한 결과를 낳을 것이다).

내 역량 접근법의 주요 결론은 모든 동물에게는 종 고유의 특징에 어울리는 삶의 기회를 최저수준 이상으로 누릴 권리가 있다는 것이다. 그러나 이 같은 결론은 아직 완전하지 않다. 먼저 식용 목적의 동물 살상마저 전면적으로 금지할 것인지는 더 논의해봐야 할 문제다(벤담과 싱어는 식용 목적의 동물 살상까지 반대하지는 않았다). 생존 가망성이 희박한 어떤 종의 동물을 안락사시키는 것이 위해를 가하는 일인지도 따져볼 필요가 있다. 우리가 죽음이라는 위해를 어떻게 생각하느냐에 따라 결론이 달라질 것이다. 동물의 행복을 중요하게 생각하는 사람일수록 동물이 괜찮은 조건에서 품위 있게 살았다면 안락사를 기꺼이 지지하겠다는 입장을 보인다. 이 점 역시 앞으로 더 깊은 열린 논의가 필요하다.

　스포츠 목적의 사냥과 낚시, 관행적으로 실시되는 동물 대상 제품 시험, 연구를 명분으로 동물에게 불필요하게 가하는 위해 등이 중단되어야 하듯, 축산업의 공장식 사육도 동물에게 부정의를 강요하기에 중단되어야 한다. 이 문제를 둘러싼 논의의 물꼬는 아직 충분히 열리지 않았다. 동물과 사람의 삶을 개선하는 데 필요한 동물 대상 연구는 최악과 차악 가운데 하나를 선택해야 한다는 점에서 앞에서 말한 비극적 갈등을 고스란히 재연한다. 이런 상황에서 우리에게 필요한 일은 괴로운 선택에 직면하지 않을 방법을 찾는 것이다. 컴퓨터 시뮬레이션을 이용한 연구 방법이 그 예다. 인조고기도 일찌감치 개발되었는데,(여기서 인조고기란 식물성 단백질을 가공한 고기가 아니라 줄기세포 배양으로 만든 고기를 말한다) 이 역시 좀더 공정한 세상을 만들어가는 데 기여할 수 있을 것이다.

환경의 질

동물의 권리를 두고 앞에서 이야기한 다섯 가지 입장 중 어느 것을 선택하건 상관없이 환경의 질은 역량 접근법에서 일정한 역할을 한다. 자연환경의 질과 생태계의 건강이 사람의 잘살기에 대단히 중요하다고 주장하기 위해 1번 입장을 넘어설 필요는 없다. 사람의 잘살기는 미래 세대에 대한 의무까지 담긴 개념이라고 생각한다 해도 1번 입장이면 충분한 것이다. 대단히 중요한 미래 세대에 대한 책임 문제는 자유주의 정치이론(예컨대 롤스의 정치이론)에서는 폭넓게 다뤄졌지만, 역량 접근법에서는 아직 철저하게 다뤄진 적이 없다. 역량 접근법이 환경 문제에서 중요한 역할을 해야 한다면, 미래 세대의 이익을 어떻게 고려해야 하는가에 관한 입장을 분명히 밝혀둬야 한다. 이미 환경경제학은 물론 위험과 불확실성을 연구하는 여러 학문 분야가 환경 문제에서 미래 세대의 이익을 어떻게 고려해야 하는가를 깊이 파고든 바 있다. 현재 세대의 역량을 증진하는 것을 역량 접근법의 목표로 정하더라도 환경의 질은 중요하다. 미래 세대의 이익까지 고려한다면 환경의 질이 중요하다는 주장은 더욱 힘을 얻을 수밖에 없다. 따라서 미래 세대의 이익을 올바르게 고려할 방법을 알아내는 일이 중요하다. 이는 미래의 연구자가 도전해야 할 과제다.

브리나 홀랜드Breena Holland의 최근 저서는 환경의 질과 지속 가능성 문제를 다룰 때 역량 접근법은 환경경제학의 여타 접근법에 견주어 장점이 분명하다는 것을 밝혀냈다. 역량 접근법을 토대로 삼으면 환경이 인간 삶의 다양한 영역에 미치는 영향을 구분해서 살필 수 있기 때문이다. 예를 들어 경제성장에만 관심을 쏟는 국가일수록 국민의 평균 건강상태를 악화시키는 정책을 선택하기 십상이기 때문에 역량 접근법은 환경이 한 국가 국민의 건강에 미치는 영향과 경제에 미치는 영향을 구분하는 것이 중요하다고 본다.

홀랜드는 인간 중심 접근법을 취하며 인간 삶의 질에서 환경이 대단히 중요하다고 본다. 인간 중심 접근법이 정확하다고 믿기 때문이 아니다. 공적 논의에서는 설득력도 없고 논란의 여지도 없는 전제, 다시 말해 많은 사람이 쉽게 받아들일 것으로 짐작되는 전제에서 강력한 결론이 나올 수 있음을 보여주는 것이 유용한 전략이라고 보기 때문이다. 한편 환경 문제를 바라보는 다양한 접근법의 스펙트럼에서 홀랜드의 인간 중심 접근법과 정반대에 놓인 생태계 중심 접근법은 생태계 내의 개체는 물론 생태계 그 자체를 목적으로 보는 견해가 힘있는 환경보호론을 이끌어낼 수 있다고 주장한다. 그러나 생태계 중심 접근법은 지지자가 극소수라서 정책 선택에 영향을 미칠 가능성이 낮다(인간과 동물 같은 지각 있는 개체는 그 자체로 가치 있고 생태계는 개체의 삶을 뒷받침할 때만 의미 있다고 믿는다는 점에서 나도 생태계 중심 접근법에 반대한다). 시간이 흐를수록 동물의 고통, 동물의 삶의 가치를 강조하는 주장이 설득력을 얻을 것이므로, 환경 문제를 바라보는 다양한 접근법의 스펙트럼에서 중간으로 이동할 사람이 점점 많아질 수밖에 없다는 것이 내 생각이다. 그때는 동물의 역량 그 자체도 중요하다는 견해에 관한 '중첩적 합의'에 도달할 것이다. 그러나 지금 당장은 그런 중첩적 합의가 존재하지 않는다. 이런 현실에서 누군가가 앞장서서 환경보호에 나서기를 마냥 기다릴 수는 없으므로, 홀랜드처럼 인간 중심 접근법을 최대한 효율적으로 발전시키는 것이 중요하다. 현재 나 말고도 여러 역량 접근법 이론가가 환경 문제를 바라보는 여러 입장을 탐구 중이다.

환경의 질 문제는 인구조절 문제와 긴밀한 관련이 있다. 한때 센은 인구조절 문제에 상당한 관심을 기울였다. 그는 식량 생산증가율이 인구증가율을 따라잡지 못하는 탓에 식량이 부족해져 대재앙이 닥칠 것이라는 맬서스의 음울한 예측은 반대하지만, 그 논리적 귀결인 인구증가를 억제해야 한다는 주장은 지지한다. 많은 인구조절 지지자가 사람의 선택의 자유를 큰 폭으로 제한하는 강압적 인구조절 전략을 옹호하기 때문에 인구조절 정책에 관한 논의는 역량 접근법의 핵심과 맞물릴 수밖에 없다. 중국, 그리고 인디라 간디 수상 재임 시절의 인도는 인구증가를 억제하기 위해 강력한 산아제한정책을 밀어붙였다. 생명과 건강이 서로 경합하는 비극적 딜레마가 빚어졌

던 것이다. 센은 강압적 인구조절정책에 의문을 품는다. (교육·취업
기회·신용을 제공해) 여성의 역량을 증진하는 정책이 인구증가율 억
제에 더 나은 효과를 발휘할 수 있다고 (잠정적으로) 믿어 의심치 않
는다. 아무튼 자유의 본질적 가치를 중시하는 센과 나는 강압적 전략
이 아무리 효과를 발휘한다 해도 인간역량의 증진을 강조하는 비강
압적 전략을 지지한다. 센은 교육과 인간역량의 증진에 힘쏟은 케랄
라 주가 인구조절정책에서도 상당한 성과를 거뒀다는 점만 보더라
도 케랄라 주 모델이 강압적으로 인구를 억제하는 중국 모델보다 더
효과적이고 도덕적으로도 우월하다고 주장한다.

헌법과 정치구조

특정 역량이 인간존엄성에 어울리는 삶을 살기 위해 중요하다면, 또
한 사회의 '기본구조'(즉 사회의 기본이 되는 정치적 원리와 그 원리를 구
현하는 제도적 구조)는 핵심역량을 최저수준 이상으로 보장해야 한
다면, 정치구조가 어떻게 핵심역량을 보장할 수 있는지 살펴야 한다.
센의 역량 접근법은, 공공정책의 지향점은 제시하지만 민주주의 내
부의 법과 제도적 구조에 관해서는 별로 언급하지 않는다. 반면에 내
역량 접근법은 최소한의 사회정의 문제에 초점을 맞추고자 하기 때
문에 법과 정치구조 문제가 처음부터 핵심 지위를 점했다. 핵심역량
과 사회정의의 최저수준에 관한 내 설명은 공정한 정치제도를 통해
구현될 정치적 원리의 밑거름이 될 수 있을 것이다. 나는 특히 핵심
역량 목록과 시민의 근본권리를 자세히 정해놓은 성문헌법(만약 성
문헌법이 없는 국가라면 불문헌법의 여러 원리)을 연관시키려고 했다.

오늘날 많은 국가의 헌법이 인간존엄성에 어울리는 삶이라는 개념과 연관지으며 근본권리를 열거한다. 이 점과 관련해 인도와 남아프리카공화국의 헌법 전통이 특히 흥미를 자아낸다.

최근 나는 역량 접근법과 헌법의 연관성을 밝히는 작업에 많은 힘을 쏟았다. 역량 접근법을 중심으로 미국 대법원의 판례를 분석하는 틀도 만들었다. 미국 대법원은 꽤 오래전에 '둔감한 형식주의'를 버렸고 인간역량 보호 측면에서 놀라운 발전을 보였다. 둔감한 형식주의는 내가 지어낸 말로, 사회적 약자의 역량을 증진해야 하는 명확한 헌법적 근거에도 불구하고 마냥 눈감은 채 법적 논증만을 중시하는 태도를 말한다. 인간역량은 헌법에 실리고 사법적 해석을 계속 거치며 법률로 구체화되었으므로, 역량 접근법과 헌법의 관계를 전면적으로 연구하려면 인간역량의 구체적 영역을 하나하나 자세히 살펴봐야 한다.

핵심역량 개념과 정부의 임무 사이에는 개념적 연관성이 존재하는가? 내 생각에 근본권리는 의무와 긴밀한 상관관계가 있다. 사람에게 근본권리가 있다면, 그 근본권리를 보호할 의무도 반드시 존재해야 한다(물론 누구의 의무인지 말하기 힘들 수도 있다). 글로벌 차원에서도 모든 세계시민의 역량을 보장해줄 집단적 의무가 존재한다. 그러나 세계를 총괄하는 국가가 없고 그런 국가가 있어야 한다고 생각할 이유도 없으므로, 세계 속 구체적 집단과 개인에게 근본권리를 보장할 의무를 어떻게 분배해야 하는가는 극히 까다로운 문제다. 여러 학문이 이론적으로 협력하며 그 해법을 찾아내야 한다. 무엇보다도 끊임없이 변화하는 세계의 전반적 구조를 통찰할 수 있게 해주는 역사학과 정치학이 특히 중요한 역할을 해야 한다. 결국 오늘날 각 국가가 인간역량 보장의 의무를 분담할 수밖에 없다. NGO, 기업, 국제기관, 그리고 개인이 책임져야 하는 의무도 있다. 이런 의미에서 인간역량 보장의 의무는 도덕적이기보다는 정치적이다. 즉 도덕적으로 구속력 있는 국가 수준의 집행 메커니즘을 필요로 하지 않는다.

그러나 근본권리(또는 핵심역량)가 정부의 행동과 개념적으로 저절로 연관되는 것은 아니다. 아리스토텔레스 시대로 거슬러 올라가는 서양의 오랜 전통에 따르면, 국민에게 가장 핵심적 권리를 보장해주는 것이 정부의 핵심 임무와 존재 이유였다. 미국의 「독립선언서」는 서구의 오랜 역사적 전통을 간략히 설명하며 "권리를 확보하기 위해 인류는 정부를 조직했고 정부의 정당한 권력은 국민의 동의에서 유래한다"라고 분명히 밝혔고, 근본권리를 보장하지 못한 정부는 본질적 임무를 완수하지 못한 정부라고 규정했다. 어떤 역량이 핵심역량 목록에 올랐다면 정부는 법률과 공공정책으로 그 역량을 보호하고 보장할 의무가 있다. 반면 글로벌 차원에서 역량의 보호와 보장은 세계 전체를 총괄하는 국가가 존재하지 않기 때문에 다소 독특하다. 인간역량을 보호하고 보장하는 의무를 다하지 못한다는 이유로 불공정하다고 판단할 근거는 없지만, 많은 국제기관이 집단구조 속에서 부정의를 야기했으므로 그러한 구조를 바꿔야 한다는 말이 나와도 이상할 게 없다. 그러나 개별 국가는 다르다. 우리는 현실의 특정 국가를 향해 국민에게 핵심역량을 보장하는지 묻는다. 그리고 그러지 못했다면 최소한의 공정성조차 갖추지 못한 국가라고 단정한다.

센은 가족이 상의해 가정사를 결정할 권리가 그렇듯 법으로 강제해서는 안 되는 역량(권리)이 있다면서 역량과 정부 사이의 개념적 연관성을 인정하기를 꺼린다. 나는 센보다 한 걸음 더 나아간다. 가족이 상의해 가정사를 결정할 권리가 인간존엄성에 어울리는 삶에 꼭 필요한지부터 따져봐야 한다고 주장한다. 그래서 필요하다면 (아동학대와 가정폭력을 금지하는 것처럼) 법률로 강제해야 하고, 필요하지 않다면 핵심역량 목록이나 사람의 권리에 속하지 않는다고 하면 그만이라고 주장한다. 무언가가 핵심역량 목록에 실렸다면 우리는 그것을 '인류가 정부를 조직한' 목적과 개념적·실천적으로 연관짓는다. 내가 보기에 센이 말한 권리, 즉 가족이 상의해 가정사를 처리할 권리에 대해서는 종교와 도덕에 관한 포괄적 교설이 사람들마다 상이한 만큼 시민이 제각각 다른 견해를 보일 수밖에 없다. 실제로 가족의 유대와 투명한 의사결정을 강조하는 종교적·도덕적 견해가 있는가 하면 가족구성원 개개인이 높은 수준의 자율성을 누려야 한다고 주장하는 종교적·도덕적 견해도 있다. 이런 점에서 견해차가 심각한 가정에서는 상의(어느 하나의 종교적·도덕적 견해를 지지하는 쪽의 정책이다)를 강제해서는 안 된다(결국 이 점에 관한 한 센과 나의 생각은 똑같다). 나는 가족이 상의해 가정사를 처리할 권리를 내 핵심역량 목록에 집어넣지 않는다. 핵심역량은 모든 합리적인 포괄적 교설이 중첩적 합의를 이루어낼 잠재력을 지닌 인간역량에 관한 정치적 개념이어야 하기 때문이다.

10대 핵심역량은 모든 사람의 선정치적prepolitical 권리를 실현하거나 선정치적 권리에 부응하는 것이 목표다. 그래서 우리는 누구나 10대 핵심역량을 갖고 태어난다고 말한다. 국가 차원에서는 10대 핵심역량을 보장하는 것이 정부(최소한의 공정성을 갖춘 정부)의 임무다. 사실 근본권리가 있기 때문에 정부가 할 일도 있는 법이다. 정부의 핵심 임무는 국민의 역량을 보장하는 것이다. 인간과 동물이 삶을 살아간다는 사실 자체가 정부에 존재 이유를 부여하고 정치적 의무를 낳는다. 세계 전체의 차원에서 보자면 단일한 총괄정부는 가난한 국가의 역량 실패 문제를 해결할 최상의 방법이 아니다. 대신 다양한 국가의 정부가 역량을 보장하는 역할을 떠맡아야 한다. 가난한 국가의 국민을 지원할 의무는 일차적으로는 해당 국가의 정부가 지고, 이차적으로는 부유한 국가의 정부가 가난한 사람을 지원할 의무를 져야 한다. 인도주의 정신에 따라 지원받을 권리가 있는 가난한 사람을 지원하는 것이 정부의 존재 이유고 정부가 할 일이다.

　헌법에서 특정 역량이 (다소 추상적 수준에서) 근본권리로 인정되면 정부가 할 일은 늘어난다. 역량을 좀더 정교화·구체화해야 하고 그 최저수준을 정확히 설정해야 한다. 헌법이 이 임무를 어떻게 해결하는지 핵심역량 하나를 예로 들어 살펴보자.

　'종교 활동의 자유'를 둘러싼 미국 헌법 전통의 역사를 보면 처음에는 추상적으로 명시되었던 핵심역량이 그 보장 요건에 대한 이해가 깊어지고 구체화함에 따라 어떻게 헌법을 통해 이행되었는지 잘 알 수 있다. 미국 헌법 제정 당시 건국의 아버지들은 수정헌법 제1조에서 종교 활동의 자유를 보호한다는 것을 어떤 말로 표현할까 고민하다 결국에는 다음과 같이 간명하게 정리했다. "연방의회는 국교를 창설하거나 종교 활동의 자유를 금지하는 법을 제정할 수 없다." 여기서는 '종교 활동의 자유' 조항을 집중적으로 살펴보기 위해 '국교 창설' 조항은 미뤄놓기로 한다.

　건국의 아버지들은 시민 대다수가 특정 종교를 믿으면 종교의 자유가 항상 위험에 처한다는 것을 충분히 알고 있었다. 사실 종교 소수자의 신앙과 실천은 악의적으로, 또는 주의소홀 탓에 무심코 침해되기도 한다. 종교 다수자는 일요일을 안식일로 정한 뒤 공휴일로까지 지정한다. 토요일이 안식일인 종교 소수자의 처지는 전혀 고려하지 않는 것이다. 또 평화주의를 준수하는 종교가 있다는 사실은 무시한 채 종교 다수자가 징병제를 법으로 못 박을 때도 있다. 다수자 종교는 환각제를 엄격하게 금지하나 음주는 허용한다(예컨대 기독교 예배에서는 포도주가 빠져서는 안 된다). 그러나 환각제가 종교의식의 핵심 요소인 소수자 종교도 있다.

이처럼 소수자 종교의 신앙과 실천이 제약당할 때는 '종교 활동의 자유' 개념을 폭넓게 해석해야 할 필요가 있다. 다시 말해 종교 활동의 자유는 어떤 종교의 신앙과 실천을 이유로 시민을 처벌하는 법률을 폐지하는 차원을 넘어서야 한다. 그보다는 소수자 종교를 선택한 신자가 직면하는 불평등한 자유, 특수한 부담의 문제를 살펴 해결하는 쪽으로 종교 활동의 자유를 바라봐야 한다. 미국에서는 건국 초기부터 20세기 초까지 종교 활동의 자유 조항은 각급 지방정부와 주정부의 행정 조치에는 적용되지 않는 것으로 해석되었기 때문에 관련 판례가 상대적으로 적었다. 그러나 오늘날 각 주의 헌법과 판례를 보면, 종교적 '융통성' 개념이 뿌리를 내렸다는 증거를 쉽게 발견할 수 있다. 모든 사람에게 적용되는 법률이 소수자 종교의 신앙과 실천을 특수하게 제약한다면, 엄중한 국가적 이해관계가 존재하지 않는 한 소수자 종교에 그 법률을 적용해서는 안 된다는 규범이 널리 인정받고 있는 것이다. 예컨대 노동일 관련 정책이 다수자 종교와 다른 날을 안식일로 정해 준수하는 소수자 종교에 부담을 줄 때 국가는 조정에 나서야 한다. 마약정책도 인디언과 소수자 종교의 환각제 복용이 마약법의 적용을 받지 않을 근거를 마련해둬야 한다. 물론 이들 문제를 둘러싼 논쟁은 지금도 끊이지 않고 있다. 보통 평화와 안보 관련 이해관계가 종교적 실천에 대한 '실질적 부담'을 정당화하는 엄중한 국가적 이해관계의 고전적 예로 꼽히지만, 그 밖의 국가적 이해관계, 이를테면 교육도 때로는 종교적 실천에 주는 부담을 정당화한다고 여겨졌다. 행정적 부담은 엄중한 국가적 이해관계와 무관하지만, 인

디언 부모가 자기 자녀에게 사회보장번호를 발급하는 정부의 행정
조치를 거부하는 것은 엄중한 국가적 이해관계와 관련이 있다고 해
석되었다.

　　입대를 거부하는 퀘이커교도에게 보낸 조지 워싱턴George Wash-
ington의 편지에는 융통성 원리를 고전적으로 보여주는 말이 나온다.
"분명히 말씀드려 나는 양심의 자유 문제를 대단히 원만하고 조심스
럽게 처리해야 한다고 생각합니다. 국가안보에 대한 적절한 배려를
해치지 않는 한, 또한 국가의 본질적 이해관계가 허용하는 한 법률이
양심의 자유에 대해 폭넓은 융통성을 발휘하기를 바랍니다." 워싱턴
은 퀘이커교도에게 군대에 가라고 요구하지 않았다. 양심상의 이유
에 따른 군 복무 거부를 법률에 따라 처벌하지도 않았다(내 책『양심
의 자유』2장은 로크의 견해와 윌리엄스의 견해를 비교한다. 로크는 양심
상의 이유에 근거한 군복무 거부라 해도 법에 따라 처벌해야 한다고 생각
했지만, 윌리엄스는 양심의 자유를 광범위하게 수용해야 한다는 입장을
지지했다).

　　20세기 중반 들어 종교 활동의 자유를 보장해야 한다는 생각이
법체계 안에 뿌리 내리기 시작했다. 덕분에 모든 시민을 동등하게 존
중하려고 할 때 종교 활동의 자유를 보장해야 하는지에 관한 이해
가 깊어졌다. 아델 셔버트Adell Sherbert는 캘리포니아 주 남부의 한 직
물회사에서 일하던 성실한 여성 노동자였다. 1950년대에 그녀가 다
니던 회사의 거의 모든 노동자가 기독교인이라는 사정을 고려해 토
요일을 여섯 번째 근무일로 지정했다. 토요일을 안식일로 정한 제7
일안식일 교회 신자인 아델은 토요일 근무를 거부했고 그로 인해 해
고당했다. 게다가 그녀가 일한 직물업계는 비슷한 노동시간 제도를
시행했으므로 재취업할 곳도 마땅치 않았다. 토요일에 문을 닫고 일

요일에 문을 여는 회사는 아무 데도 없었던 것이다. 셔버트는 주정부에 실업수당을 청구했으나 '적합한 노동'을 거부했다는 이유로 지급을 거절당했다. 아델은 실업정책이 자신의 종교 활동의 자유를 침해했다고 주장하면서 주정부를 상대로 소송을 걸었다. 1963년 미국 대법원은 셔버트 대 베르너Sherbert v. Verner 판결에서 주정부가 실업수당 지급을 거부한 것은 셔버트의 종교 활동의 자유를 침해하는 조치라고 판결했다. 토요일에 종교행위를 실천하는 사람에게 벌금을 부과한 것과 다를 바 없는 조치로 보았던 것이다. 더불어 헌법상 주정부가 실업수당을 지급할 의무가 있는 것은 아니지만, 실업수당제도를 수급자의 종교적 양심을 침해하면서까지 시행해서는 안 된다고 밝혔다. 셔버트 대 베르너 판결은 '엄중한 국가적 이해관계'가 존재하지 않는 한 어떤 법률이나 정책도 개인의 종교 활동에 '실질적 부담'을 강요할 수 없다는 점을 분명히 밝혀 '종교 활동의 자유'를 보장하기 위한 이론적 기틀을 다졌다는 점에서 의의가 깊다.

셔버트 대 베르너 판결에 적용된 각종 개념은 대단히 추상적이다. 특정인에게 실업수당을 지급하지 않는 조치는 '실질적 부담'을 강요하는 것이라고 분명히 밝혔지만, 무엇이 '실질적 부담'인지는 정하지 않았다. 미국 대법원은 또 종교 소수자의 요구를 처리할 때 겪게 되는 행정상의 어려움이 '엄중한 국가적 이해관계'라는 사우스캐롤라이나 주의 주장을 기각했을 때도 무엇이 '엄중한 국가적 이해관계'인지에 관한 전반적 설명은 내놓지 않았다. 이것이 미국의 헌법제도가 작동하는 방식이다. 하루아침에 철도를 놓을 수는 없다. 매일 조금씩 철도를 놓다 보면 언젠가는 목적지까지 연결되는 법이다. 미국 대법원도 이와 비슷한 접근방식을 취한다. 쟁점으로 떠오른 역량이 구체적으로 이행되는 조건을 차근차근 세부적으로 정하면서 권리의 윤곽을 밝혀나간다. 미국 대법원 판결의 역사를 쭉 따라가면 새로운 판결이 등장할 때마다 종교 활동의 자유와 관련한 여러 개념이 어떻게 꼬리에 꼬리를 물며 구체적으로 해석되었는지 알 수 있다. 더 나아가 종교 활동의 테두리를 넘나드는 새로운 문제가 등장할 때마다 그에 발맞춰 새로운 판결이 어떻게 등장했는지도 이해할 수 있다. 그런 문제를 예로 들면 다음과 같은 것이다. 종교 활동의 자유 원리는 특정 종교를 믿는 부모에게 자녀의 건강이나 생명을 위험에 처하게 할 권리를 부여하는가?(여호와의 증인 신자의 수혈 거부에 대해 생각해보라) 정부가 국유지에서 사업을 벌일 때도 '실질적 부담'을 안겨주는 상황이 발생할 수 있는가?(국유지에 철도를 놓는 사업 때문에 거기서 거행되는 인디언의 특정 의식이 방해받는 경우를 생각해보라) 링 대 노스웨스트 인디언 묘지Lyng v. Northwest Indian Cemetery 판결에서 미국 대법원은 철도 부설 때문에 국유지에서 거행하던 인디언 의식이 무산되었더라도 '실질적 부담'은 없었다고 밝혔다. 정부가 사유지가 아닌 국유지에서 정당한 사업을 시행했다는 것이 핵심 근거였다. 더 나아가 엄중한 국가적 이해관계라는 측면을 따져보면, 행정상의 과중한 부담을 엄중한 국가적 이해관계라고 할 수 있을까? 교육은 엄중한 국가적 이해관계일까? 만약 그렇다면 국가는 어떤 유형의 교육을 어느 정도로 실시해야 하는가? 이 같은 물음의 답이 판결로 제시될수록 철도의 길이는 점점 늘어난다. 물론 철도의 길이가 늘어난다는 이미지는 언제나 발전과 진보가 있다는 것을 암시하지 않는다. 훌륭한 전통이 거부되는 사례도 얼마든지 있을 수 있다. 그러나 전례를 존중하는 사회에서 훌륭한 전통이 일거에 거부되는 일은 거의 없다.

    지금까지 논의했듯 헌법이 인정하는 핵심역량의 사법적 해석에는 몇 가지 특징이 있다. 이들 특징은 역량 개념을 적절히 구체화해

204

전달할 때 유용하므로 역량 접근법을 더욱 발전시키고 싶다면 눈여겨봐야 한다. 이런 맥락에서 사법적 해석과 역량 접근법은 서로 특별한 친연성이 있다고 할 만하다. 첫 번째 특징은 쟁점으로 떠오른 역량을 중시하며 **독립적으로** 다룬다는 점이다. 미국 대법원은 판결을 내릴 때 여러 권리를 넘나들며 어느 한 권리의 보호가 다른 권리의 보호에 필요하다는 견해를 밝힐 때도 있으나 그리 흔치 않다. 과거 역사를 돌아보면 종교 활동의 자유 조항과 국교 창설 금지 조항은 별개로 해석되어 이행 단계에서는 서로 맞물리며 돌아갔는데, 이는 두 조항 모두 종교의 영역에서 역량을 보장하기 위한 것으로 여겨졌기 때문이다. 다른 근본권리를 보호하기 위해 꼭 필요한 근본권리인 언론의 자유조차도 철저하게 독립적으로 해석되었다.

여러 역량은 서로 맞물려 돌아가는 근본권리의 집합을 이루고, 그중 몇 가지 역량은 다른 역량을 증진하는 구심점 구실을 한다. 헌법 전통 역시 이 사실을 인정한다. 그래서 근본권리 사이의 동등성을 거부할 뿐 아니라 하나의 근본권리를 무시하는 대신 그 보상 차원에서 다른 근본권리를 증진하지 않는다. 예컨대 종교의 자유, 평등 같은 근본권리의 결손과 훼손을 돈으로 보상하지 않는다. 조지 워싱턴은 퀘이커교도에게 이렇게 말하지 않았다. "우리는 여러분이 군대에 가게 하지만, 그 대가로 상당한 금액의 보상금을 지급할 것이다." 국민 대 필립스People v. Philips 판결에서 가톨릭 신부는 법정 선서를 한 뒤 고해성사로 얻은 정보를 제공하라는 법관의 명령을 거부했지만, "정보를 제공해달라. 그러면 당신이 재직하는 성당에 많은 현금을 기부하는 방법으로 보상할 것이다" 같은 말을 듣지는 않았다. 대신 이런 말을 들었다. "관대하면서 공정한 법의 원칙은 어떤 사람에게 종교적 양심을 위반할 것인가, 교도소에 갈 것인가 중 하나를 선택하라고 강요해 그 사람이 '끔찍한 딜레마 상황'에 처하게 하지 않는다. 유일한 해결책은 법원이 먼저 그 사람은 증언하지 말아야 한다고 선언하는 것이다." 이 같은 판결이 나온 이유를 알기는 어렵지 않다. 자신의 양심을 저버리라는 요청을 받은 가톨릭 신부의 처지에서 볼 때 법원의 요청을 따르는 일은 고해성사라는 신성한 의식을 파기하는 것과 다름없는 짓이기 때문이다. 신부나 성당이 상당한 액수의 현금 기부금을 받았더라도 딜레마 상황은 사라지지 않는다. "신부가 고해성사에서 입수한 비밀을 법정에서 누설하면 성당은 상당한 액수의 기부금을 받을 것이다. 이 점을 잘 알고 고해성사를 하라"라고 성당 정문에 써 붙이는 것과 같기 때문이다.

사법적 해석으로 핵심역량을 현실에서 이행할 때의 두 번째 특징은 신중한 **점진주의**incrementalism다. 이때의 점진주의란 선행 판례가 후속 판례를 낳는 밑거름 구실을 하거나 후속 판례가 선행 판례에 담긴 통찰을 확인하고 심화함에 따라 판례의 구조와 체계가 자리잡아가는 것을 말한다. 추상적으로 헌법에 명시된 권리의 윤곽은 처음에는 불분명하기 마련이다(미국을 예로 들면 전시에는 반체제 인사의 언론 자유가 보호되지 않는 것으로 오랫동안 해석되었다). 그러나 시간이 흘러 새로운 판결이 쌓이면서 권리가 무엇을 보호하는지 점점 분명해지고 보호수준도 더 높아진다. 이 과정에서 '최저수준'이라는 추상적 개념도 점차 분명한 헌법적 표현과 해석적 표현('실질적 부담', '엄중한 국가적 이해관계')이 담긴 개념으로 변모해간다.

세 번째 특징은 **맥락주의**다. 추상적 원리는 언제나 구체적 맥락 속에서 실현되는 법이다. 해당 맥락의 현실적 의미와 맥락 안에 담긴 여러 가능성은 핵심역량 관련 사건을 올바르게 판결하고자 할 때 대단히 중요하다. 각 사건의 구체적 내용은 따져보지도 않고 일반론 차원에 머물거나 단순한 형식논리 속으로 숨어서는 안 된다. 어떤 역량이 보장되어야 하는가 하는 어려운 문제에 대처하기 위해서는 역사적·사회적 현실을 깊이 파고들어야 한다. 여기서 말하는 맥락주의는 미래에 대한 아무런 지침도 제시하지 않는 임시변통의 '상황 윤리'나 근거 없는 실용주의를 의미하지 않는다. 일반원리의 이행을 의미한다. 일반원리를 제대로 이행하기 위해서는 삶의 구체적 영역에서 어떤 기회가 열리고 닫혔는지 이해해야 한다. 어떤 접근법이든 맥락주의가 필요하다. 그러나 역량의 완전한 실현을 가로막는 숨겨진 장애물을 알아내려면 사람이 역사적·사회적 맥락에서 어떻게 살아왔는지를 꼼꼼히 살펴보는 것이 중요하다고 강조하는 역량 접근법이야말로 맥락주의와 특별한 친연성이 있다.

　핵심역량, 달리 말하면 헌법상 근본권리에 대한 뛰어난 사법적 해석에서 엿보이는 네 번째 특징은 항상 **소수자가 동등한 대우를 받을 권리에 초점을 맞춘다**는 점이다. 두말할 필요 없이 사법부는 소수자의 권리와 얽힌 사건에서 중요한 역할을 한다. 소수자는 다수결주의에 따라 운영되는 정치과정에서 불리한 처지에 놓이므로, 그들의 근본권리는 특별한 사법적 보호를 받아야 한다. 장로교나 성공회가 수정헌법 제1조 종교 활동의 자유를 놓고 소송을 제기하는 모습은 상상조차 불가능하다. 이들 교파가 과연 종교 활동의 자유를 두고 문제의식을 느낄지 의문스럽기 때문이다. 각종 규범을 만드는 주체는 다수자이므로 소수자는 언제나 불평등에 시달리고 '실질적 부담'을 감수해야 할 위험에 놓인다. 사실 미국 사법제도의 훌륭한 점 중 하나가 소수자를 이해하기 위한 세미나 자료 같은 판례를 풍부하게 축적해

●　집단의 의사결정이 개인의 의사결정보다 더 극단적 방향으로 치닫는 현상을 말한다 — 옮긴이.

놓고 있다는 것이다. 건국 초기만 해도 미국 대법원은 개신교 이외의
종교를 이해하는 데 곤란을 겪었다. 가톨릭과 유대교는 그나마 잘 알
았지만, 인디언의 종교나 모르몬교는 제대로 알지 못했다.

　　그러나 세월이 흐르면서 미국 대법원은 낯선 종교가 연루된 사건
을 다룰 때면 그 교리와 주장을 반복해 살핀 뒤 무엇이 실질적 부담
인지 폭넓게 이해하는 사법 전통을 굳게 세웠다. 오늘날에는 미국 건
국 초기에 비하면 인디언의 종교에 대한 이해의 폭이 상당히 넓어졌
다. 아미시파 구교도처럼 공동체 생활을 영위하는 종교 역시 상당히
공정한 대우를 받고 있다. 나 개인적으로는 스완 대 팩Swan v. Pack 판결,
즉 예배 시간에 독사를 손으로 쥐거나 그 독을 마시는 교파가 연루된
소송에서 테네시 주 대법원이 확정한 판결이 마음에 든다. 당시 쟁점
은 독사를 다루는 데서 비롯된 위험을 피하는 것이 엄중한 국가적 이
해관계에 들어맞는가였다. 쟁점을 해결하는 과정에서 테네시 주 대
법원은 해당 교파의 전반적 교리, 독사를 바라보는 관점, 종교의식에
서 독사가 차지하는 비중 등을 따졌고, 결국 독사를 활용한 종교의식
을 인정하지 않는다면 해당 교파에 실질적 부담을 가하는 것이라고
결론 내렸다. 당시 하급심에서는 어린이가 참석할 때에만 독사를 만
지는 종교의식을 제한해야 할 정도로 엄중한 국가적 이해관계가 존
재한다고 판결했다. 상급심(테네시 주 대법원)은 엄중한 국가적 이해
관계를 더 넓게 해석해 독사를 만지는 행위의 위험성을 미리 전달받
지 못한 성인 신자가 있을 때도 종교의식을 제한해야 한다고 언급했
다. 규모가 작은 소수 교파를 세심하게 존중하겠다는 인식이 엿보인
다는 점에서 대단히 인상적인 판결이었다.

　　지금까지 역량과 법률에 관한 내 연구는 성문헌법에 규정된 근본
권리가 어떻게 보호받는지, 어떻게 사법적 해석을 통해 이행되는지

에만 초점을 맞췄다. 사법부에 근본권리를 해석할 임무를 부여하는
정치구조를 전제로 한다는 점, 사법부가 맡은 임무를 잘 수행할 것으
로 굳게 믿는다는 점에서 아주 적절하다고 하기는 힘든 연구였다. 그
러나 핵심역량은 입법기관과 행정기관을 통해 이행된다. 공공선택
에 관한 풍부한 연구 덕분에 현실을 변화시키고자 할 때 이익집단은
어떤 역할을 하는가 하는 문제, 동등한 행위주체성, 동등한 호혜성
같은 규범적 원칙이 지배하는 심의과정을 만들려고 할 때 정치구조
의 핵심 요소(선거제, 양원제, 연방제, 사법심사제)가 어떤 역할을 하는
가 하는 문제가 상당 부분 밝혀졌다.

　센의 역량 접근법 연구는 민주주의와 공적 논의의 본질적·도구
적 가치에 초점을 맞춰 이익집단의 역할, 정치구조의 역할 같은 문
제를 다뤘다. 그는 특히 『아마티아 센, 살아 있는 인도』*The Argumentative
Indian*와 『인도: 민주주의와 참여』*Indian: Democracy and Participation*에서 공적
합리성 추구를 '서구적 특징'으로 규정하는 주장에 맞서 인도에도 공
적 합리성을 추구하는 전통이 뿌리 깊다는 것을 보여주었다. 종교적
극단주의를 살핀 『정체성과 폭력』*Identity and Violence*에서는 공적 논의의
부재를 집단극화Group Polarization•와 집단갈등의 주된 원인 중 하나로
꼽았다. 그러나 나는 (공적 논의의 구조와 성격을 신중하게 규정하지 않
은 채) 공적 논의가 활발해지기만 하면 종교적 폭력이 사라질 것이라
는 믿음은 잘못이고, 바로 이 점에서 센이 오류를 범했다고 본다. 센
은 어떤 민주적 절차가 집단극화와 집단갈등 같은 구조적 문제를 처
리할 수 있는지를 자세히 설명하지 않고 있다. 그가 근본권리를 다수
결 투표의 대상에서 제외하는지도 아직 분명하지 않다.

　센과 내가 행위주체성과 선택의 존중을 강조하는 데서 드러나듯,
민주적 절차를 밟아가며 시민의 역량을 강화하는 것은 역량 접근법

연구자 대부분이 공유하는 목표이자 역량 접근법의 중요한 특징이다. 그러나 '민주주의'라는 말은 부적절하게 정의되는 일이 너무 잦다. 현대 민주주의에는 다수결 투표의 대상이 될 수 없는 권리가 확고히 자리잡고 있다. '국민의 지배'를 뜻하는 민주주의의 필수적 특징은 다수결 투표의 대상에 포함되지 않는 권리가 있다는 점이다. 그렇지 않다면 1인1표제, 법 앞에서의 동등한 보호, 적법 절차, 결사의 자유 등 자치의 근본 측면이 보호받을 수 없을 것이다. 한마디로 정리하자면 민주주의를 다수결주의로 단순하게 이해해서는 안 된다. 민주주의를 실현하면서 인간역량도 강화하는 방법 중 하나가 인도 농촌의 마을의회인 **판차야트** 위원 3분의 1을 여성에 할당하는 제도다. 만약 지방의 각급 판차야트에서 다수당이 여당의 지위를 유지하기 위해 여성할당제를 도입했다면 비민주적 제도라는 비난을 들었을 것이다. 그러나 그렇지 않았다. 여성의 역량을 강화하기 위한 제도로서 모든 인도인에게 구속력을 발휘하는 헌법 개정을 거쳐 도입되었고 뚜렷한 성과도 거두었다.

'민주주의'라는 말 자체는 많은 것을 말해주지 않는다. 민주주의는 인간역량 강화와 인간존엄성 존중을 확고하게 지지하나 어떻게 인간역량을 강화하고 인간존엄성을 존중해야 하는가 하는 문제는 정치구조가 공개적으로 논의해 처리하도록 맡긴다. 그러므로 역량 접근법이 앞장서 정치구조가 이들 문제를 논의할 수 있는 장을 열어줘야 한다. 더불어 권력분립, 선거제도, 이익집단의 역할 그리고 이익집단의 역할을 제한하는 절차 같은 문제도 깊이 살펴봐야 한다. 정교한 구조적 분석 없이 '민주적 논의'를 이야기하는 것은 불필요한 말의 성찬에 지나지 않을 것이다. 마찬가지 맥락에서 시민사회단체와 시민의 평등, 헌법의 근본규범이 어떤 관계에 있는지 검토하지 않은 채 '시민사회'라는 말을 자주 입에 올리는 것 역시 문제가 있다. 인도 역사상 가장 강력한 시민사회단체로 꼽히는 힌두 라이트Hindu Right는 공적 논의를 거쳐 결집된 힘을 무슬림 비난에 동원한다! 로비 단체 역시 외형은 공적 논의에 참여하는 힘 있는 시민사회단체지만, 모든 시민역량의 동등한 강화에는 반대한다. 이러 점에서 나는 공적 논의를 하는 것만으로는 절대로 충분하지 않다고 생각한다.

앞으로 역량 접근법은 정치구조를 체계적으로 고민해야 한다. 이 과제는 각 국가의 역사와 상황(유권자의 교육 수준, 유권자의 삶과 생각에 부합하는 투표 결과가 나올 가능성 등)을 추상적으로만 이해해서는 달성하기 힘들다. 역량 접근법 이론가는 공공선택 이론, 참여민주주의 이론, 심의민주주의 이론에 관한 연구성과를 수용해 한층 정교하게 가다듬고 심화하는 것이 필요하다.

역량과 인간심리

역량 접근법은 정치심리, 즉 인간역량을 실현하는 프로그램을 지지하거나 방해하려는 감정 및 심리적 성향을 올바르게 설명해야 하며, 이 역시 우리 미래의 의미심장한 도전 과제다. 공감과 연대의 감정이 뒷받침되지 않는 한 개인의 이익을 희생시키라고 요구하는, 그래서 부담이 큰 역량 실현 프로그램을 만들어낼 수 없다. 대니얼 뱃슨Daniel Batson이 연구한 바로는 어떤 사람이건 자신과 밀접한 관계에 있는 사람을 우선 생각하기 때문에 공감(그는 '감정이입적 관심'이라고 부른다) 그 자체는 믿을 만한 것이 아니다. 물론 그는 다른 한편 감정에는 동기를 부여하는 엄청난 힘이 있다는 것도 보여준다. 제도는 사람과 달리 확고하고 공정한 측면이 있으므로 감정의 일시적 기복을 견뎌 낼 수 있다. 물론 사람의 감정이 식으면 제도도 바뀔 수 있다. 아리스 토텔레스, 홉스, 루소, 밀, 롤스 등 많은 위대한 정치 이론가가 정치감 정을 중요하게 생각한 것은 결코 놀라운 일이 아니다.

정치감정은 두 부분으로 나눠 연구해야 한다. 첫째, 인간심리 '그 자체'에 관해 우리가 아는 것은 무엇인가, 다시 말해 특정 문화의 산 물이 아닌 인간심리가 존재하는지 물어야 한다. 사람은 쉽게 변하지 않는다. 따라서 비교문화적으로 확실하게 검증된 일반적 성향(예컨 대 동료의 압력에 민감하고 권위를 존중하며 공포감, 혐오감에 사로잡히 기 쉬운 성향 등)을 심리학적으로 연구하는 것이 가능하다.

둘째, (가족과 학교 등 다양한 사회 환경에) 어떻게 개입해야 정치 감정이 세계시민의 핵심역량 실현을 지지하는 방향으로 흐를지 고 민할 필요가 있다. 사람은 변화시키기 쉬운 존재라고 생각한 밀은 타 인의 성공을 자신의 성공으로 여기게 하는 공립학교 교육 프로그램 을 제안했다. 두말할 필요 없이 밀은 사람이 변화하기 쉬운 정도를 과장했지만, 어느 시대나 사회규범이 감정 형성 과정에서 중요한 역 할을 하며 사람을 변화시켰다는 점을 과소평가해서는 안 된다. 역량 접근법을 깊이 이해하고 정당화하고 싶다면, 인간발달 과정을 잘 알 아야 한다. 정치감정이 사회 속에서 어떻게 형성되는지도 깊이 이해 해야 한다.

공감과 존중 같은 역량 접근법을 뒷받침해주는 감정을 이해하는 것도 역량 접근법을 이해하는 과정의 일부다. 공감과 존중은 폭 좁고 균형 잡히지 않은 감정으로 느껴질 때도 드물지 않기 때문에 이들 감 정은 본질적으로 믿을 만한 것이 아니다. 하지만 역량 접근법 이론가 는 공감과 존중의 감정이 동기를 부여하는 특유의 힘을 유지하는 가운데 인간평등 개념상이 밑바탕에 깔린 정책을 지지하는 방향으로 흐르려면 어떻게 해야 할지 고민해야 한다. 언론과 토론의 자유라는 귀중한 가치를 훼손하지 않고 공감과 존중의 감정을 함양할 방법을 찾아야 한다. 혐오감과 증오감은 다양한 모습으로 표출된다. 원초적 수치심은 절망감을 먹고 자라 타자에 대한 멸시와 낙인찍기로 흐른다. 역량을 좀먹는 이들 감정을 연구하는 것도 역량 접근법 연구자가 할 일이다.

　정치감정을 연구할 때는 정치적 자유주의의 한계도 심사숙고해야 한다. 정치적 자유주의는 다원주의 사회에서 삶에 관한 다양한 견해를 존중하고 싶다면 논란이 많은 형이상학적·인식론적·심리학적 교설에 관한 정치적 원리를 확립하지 말아야 한다고 말한다. 만만찮은 과제지만, 롤스는 삶에 관한 다양한 종교적·세속적 견해가 어지럽게 늘어놓는 개인, 행위주체성, 자율성, 객관성 등의 개념을 두고 정치적으로 설득력 있는 설명을 한다면 아주 어려운 과제는 아니라고 보았다. 그는 정치심리에 관한 설득력 있는 설명이 가능하다고 생각했고 정치적 안정에 관한 합리적 설명도 닥치면 할 수 있을 것으로 믿었다. 하지만 단지 말에 그쳤을 뿐 실제로 자신이 그렇게 하지는 않았다.『정의론』에서 그는 아동 발달과 감정에 관한 설명을 논란의 소지가 많은 것 같다며 나중으로 미뤘다. 더불어 '합리적 정치심리학'이 개발되어야 한다고 주장했지만, 자신이 직접 나서지는 않았다.

　롤스가 제시한 과제는 정치적 자유주의의 테두리 내에서 중요하고 실천해볼 만한 것이었다. 그가 말만 하고 실천하지 못한 과제를 제대로 해내기 위해서는 감정에 관한 과학적·경험적 연구로 어떤 것들이 있는지 많이 알아야 한다. 이들 연구는 모든 합리적 견해가 받아들일 수 있는 기준점을 제시할 수 있을 것이다. 또한 중첩적 합의의 대상인 정치적 원리 그 자체에서 우리가 길러야 할 감정이 무엇인지도 도출해낼 수 있을 것이다. 경험적 데이터만 갖고서는 어린이, 특히 한두 살 먹은 어린이에 관해 우리가 꼭 알아야 할 모든 것을 알수 없다. 다만 임상심리학, 심리분석, 역사, 문학 등 인문학의 힘을 빌리면 어린이의 내면에서 어떤 역동이 일어나는지 통찰하는 것이 가능하다. 종종 그러듯 실험으로 통찰을 뒷받침하는 것은 괜찮지만, 실험이 어린이의 공포감, 자기애, 수치심에 관한 모든 것을 알려주지는 않는다. 이런 점에서 인문학과 해석학에서 얻은 통찰을 유연하게 활용하며 감정을 다양한 방식으로 쉽게 설명하는 것이 중요하다. 그러면 심리분석을 거부하는 세계관을 가진 사람도 프루스트의 소설에 담긴 심리분석과 비슷한 정도의 통찰은 받아들일지 모른다.

사람의 감정을 잘 이해하기 위해서는 사람으로 산다는 것이 무엇인지 직접 경험하고 사람이 겪는 숱한 곤경을 다룬 글을 널리 읽어 인간의 고통과 즐거움을 두루 살필 수 있어야 한다. 인간의 감정을 통찰한 경제학자는 드물었다. 적어도 책을 쓸 때만큼은 그러지 못했다. 때로는 감정 자체를 중요하지 않은 것으로 여기며 마냥 무시하기도 했다. 몇몇 뛰어난 철학자(플라톤, 아리스토텔레스, 세네카, 루소, 밀, 타고르 등)는 사람의 감정을 두루 꿰뚫어 보았다. 물론 그럴 능력이 없는 철학자, 혹은 적어도 사람의 감정에 관한 글을 남기기를 꺼린 철학자도 있었다. 역량 접근법 이론가라면 심리학의 경험적 연구에서 배울 수 있는 것은 모두 배우려고 해야 한다. 또 소설, 전기, 자서전, 심리치료 사례 등도 열심히 읽어야 한다. 이 모두는 정치적 성취와 안정에 큰 영향을 미치는 인간 경험의 복잡한 요소를 더 깊이 이해할 수 있게 해줄 것이다.

결론

우리는 이윤 동기가 지배하는 시대, 경제성장에 안달하는 시대를 살아가고 있다. 하지만 경제성장은 공공정책의 일부이며 단순한 수단이다. 가장 중요한 것은 사람이다. 이윤은 사람이 삶을 사는 데 필요한 도구적 수단일 뿐이다. 국가정책의 목적과 마찬가지로 글로벌 발전의 목적도 사람이 자신의 잠재력을 충분히 계발하고 동등한 인간 존엄성에 어울리는 의미 있는 존재가 되어 풍요롭고 창조적인 삶을 살아가게 하는 데 있다. 달리 말해 발전의 진정한 목적은 **인간개발**이다. 인간개발 이외의 목적을 상정하는 접근법과 척도는 삶의 발달과정을 간접적으로만 보여줄 뿐 사람이 가장 우선적으로 생각해야 할 것을 풍부하고 정확하게 반영하지 못한다. 1인당 GDP는 사람의 삶의 질을 측정하는 지표가 아니라는 견해가 점차 설득력을 얻고 있지만 현실을 돌아보면 여전히 삶의 질을 나타내는 척도로 활용되고 있다.

대부분 국가는 사람을 존중하려면 GDP가 강조하는 경제성장보다 더 풍부하고 복합적인 국가 우선과제를 제대로 설명할 필요가 있다는 것을 알고 있으며, 일반적으로 헌법 및 건국이념이 담긴 여러 문서로 국가 우선과제를 설명한다. 새로운 글로벌 질서 아래서 경제성장을 강조하는 여러 불완전한 이론은 헌법에 담긴 복합적 이념을 제대로 설명하지 못하는 결함이 있지만, 그럼에도 그 영향력은 아직 막강해 정책 입안 과정을 좌지우지한다. 결국 오늘날 많은 국가가 경제성장만 추구할 뿐 반드시 이행해야 할 여러 책임은 소홀히 한다. 그러나 이처럼 경제성장 일변도의 정책이 판을 치는 배후에 불완전

한 이론이 자리잡고 있다는 사실이 일부라도 밝혀져 그나마 다행이
다. 앞으로는 속속들이 밝혀질 것이다.

동등한 인간존엄성에 어울리는 삶의 질을 보장하라는 요구가 높
아지는 가운데 오늘날 새로운 이론적 패러다임으로 전개되고 있는
것이 역량 접근법이다. 역량 접근법은 기존의 지배적 접근법과 달리
계급·종교·신분·성별에 상관없이 모든 사람의 동등한 존엄성을 강
조하는 것을 출발점으로 삼고, 모든 사람이 동등한 존엄성에 어울리
는 삶을 살아가게 하는 데 초점을 맞춘다. 역량 접근법은 삶의 질에
대한 비교 설명과 기본적인 사회정의 이론을 무기로 지배적 접근법
의 주요 결함을 바로잡고자 한다. 이와 더불어 사회적으로 소외당하
거나 주변부로 밀려난 집단의 힘겨운 노력에 관심을 기울인다는 점
에서 분배도 중시한다. 사람마다 제각기 다르게 세우는 복잡한 목표
에도 예민하게 반응한다. 다양한 목표를 압축해 하나로 정리하기보
다는 개별 목표가 서로 어떤 관계를 맺는지 잘 살핀 뒤 보완하고 뒷
받침해줄 방법을 모색한다. 사람이 서로 다른 사회적 지위에서 삶을
시작하더라도 선택하고 행동하는 능력의 수준이 똑같아야 한다면
필요한 자원의 양은 달라질 수밖에 없다는 점을 충분히 고려한다.

역량 접근법은 발전경제학과 공공정책을 지배하는 발전 접근법
의 대안으로 주목받고 있다. 또한 사회계약 모델이 허용하는 것 이상
으로 장애인의 생존 노력을 강력히 뒷받침해주기 때문에 개별 국가
나 국제적 차원에서 사회정의에 올바르게 접근하는 방법이라는 평
가도 받는다. 이때 역량 접근법은 사회정의를 논하는 여타의 철학이
론과 일치할 수도, 어긋날 수도 있다.

우리가 사는 현 세계에는 비판적 사고와 상대방을 예우하는 논쟁
이 필요하다. 자극적인 말로 상대방을 쥐어뜯으며 논쟁하는 낡은 관

행을 버리고, 동등한 인간존엄성을 존중하는 공적 논의에 힘을 쏟아야 한다. 역량 접근법은 무비판적으로 수용해야 하는 도그마가 아닌 만큼 개별 국가 차원과 글로벌 차원의 공적 논의에 이바지할 것이다. 역량 접근법은 누구나 소화할 수 있고, 다른 접근법과 비교하기가 쉬우며, 토론을 거쳐 받아들여지면 곧바로 실천에 옮길 수 있는 이론이다. 이 책을 통해 역량 접근법을 접하고 이해한 독자라면 인간발달 이야기의 다음 장을 쓸 저자가 될 수 있을 것이다.

헤크먼은 역량을 어떻게 바라보는가?

2000년 노벨경제학상을 수상한 시카고대학교 교수이자 경제학자인
제임스 J. 헤크먼James J. Heckman은 유아교육에 관심을 기울이다 인간
역량 개념에 주목하게 되었다. 헤크먼의 경험적·공식적 연구 성과는
의미가 큰데도 지금까지 나온 인간개발 접근법 연구에서는 충분히
인용되지 않았다. 그가 주도한 비교 연구 프로젝트에 담긴 여러 개념
은 인간개발 접근법의 향후 연구에도 매우 중요하다. 공공정책으로
인간역량을 개발하려 할 때 취해야 할 방향을 제시할 뿐 아니라 그
방향으로 나아갈 때 등장하는 쟁점을 해결하는 데 도움이 될 수 있기
때문이다. 2010년 시카고대학교에서 헤크먼의 접근법과 인간개발
접근법의 간극을 좁히기 위한 학회가 열렸다. 헤크먼과 내가 공동주
최자였고 센이 기조연설을 했다.

　헤크먼은 '역량'을 성취를 위한 기술이나 잠재력으로 이해한다.
그의 접근법은 경제학의 '인적 자본' 접근법에 뿌리를 둔다. 그의 역
량 개념은 나의 '역량' 개념 중 '결합역량'보다는 '내적역량'과 더 가깝
다. 다시 말해 헤크먼이 사용한 역량 개념대로라면 어떤 기능의 선택
을 허용하거나 가로막는 외적이고 사회적인 조건은 역량의 요소가
아니다. 이런 점에서 두 접근법이 원활히 소통하려면 용어 사용과 이
해에 주의를 기울일 필요가 있다.

　헤크먼은 (광범위한 심리학적·경험적 연구를 토대로) 태아기의 경
험이 유아기에서 아동기를 거쳐 학령기 초기까지 꾸준히 영향을 미
친다는 점에서 어릴 때의 환경이 인간역량 형성에 결정적으로 영향

을 미친다고 주장한다. 그는 인지 기술과 '비인지 기술'에도 관심을 기울인다. 비인지 기술이란 성인의 성공에 강한 영향을 미치는 감정적·기질적 역량(주의력, 자기절제력 등)을 뜻한다(나는 여기서 비인지 기술이라는 말에 따옴표를 쳤다. 헤크먼은 비인지 기술이 인지 기술과 정반대되는 개념이라고 하지 않았다. 단지 계산이나 지적 측면의 기술 영역과 구분되는 감정 영역을 가리키기 위해 비인지 기술이라는 말을 썼을 뿐이다). 경험적 연구에 비춰 보면, 불평등이 심한 사회에서 잠재력을 계발하려 할 때 조기 개입은 결정적으로 중요하다. 이 점은 학령기 이전 아동에 대한 개입, 가족과 협력하는 프로그램을 지지하는 논거가 될 수 있다. 사실 헤크먼도 미래에 인간이 될 **자궁 내** 태아와 신생아의 건강을 증진하는 프로그램으로 조기 개입하는 데 실패하면 사람의 잠재력에서 많은 부분이 낭비된다고 주장한다. 그는 유아기와 아동기에 무슨 일이 일어나느냐에 따라 인간의 핵심역량 대부분이 결정적 영향을 받는다는 것을 보여주는 데서 그치지 않는다. 절제력 같은 핵심적인 감정 역량은 청소년기에도 계발되므로 청소년의 감정 역량을 길러주는 프로그램을 만들어야 한다고 주장한다.

헤크먼은 심리학자, 건강 전문가, 가족 전문가 등과 협력하며 광범위한 연구를 진행하는 중이다. 이 연구는 인간발달 패러다임을 추구하는 철학자 및 경제학자의 연구와 통합될 필요가 있다.

아래의 논문 목록은 헤크먼이 다른 공저자들과 함께 인간역량을 연구한 성과 중 일부지만 참고문헌을 보면 그들이 어떤 연구를 했는지 알 수 있다.

Borghans, Lex, Angela Lee Duckworth, James J. Heckman, and Bas ter Weel, "The Economics and Psychology of Personality Traits", *Jour-*

nal of Human Resources 43 (2006): 972-1058.

Borghans, Lex, Bart H. H. Golsteyn, James J. Heckman, and Huub Meijers, "Gender Differences in Risk Aversion and Ambiguity Aversion", *Journal of the European Economic Association 7* (2009): 649-658.

Carneiro, Pedro, and James J. Heckman, "Human Capital Policy", IZA Discussion Paper no. 821, SSRN http://ssrn.com/abstract=434544.

Cunha, Flavio, and James J. Heckman, "Formulating, Identifying and Estimating the Technology of Cognitive and Noncognitive Skill Formation", *Journal of Human Resources 43* (2006): 738-782.

_____ , "The Technology of Skill Formation", *AEA Papers and Proceedings* 97 (May 2007): 31-47.

_____ , "The Economics and Psychology of Inequality and Human Development", *Journal of the European Economics Association 7* (2009): 320-364.

Cunha, Flavio, James J. Heckman, Lance Lochner, and Dimitriy V. Masterov, "Interpreting the Evidence on Life Cycle Skill Formation", *Handbook of the Economics of Education*, vol. 1, ed. Eric A. Hanushek and Finis Welch. Amsterdam: Elsevier, 2006, 697-812.

Heckman, James J., "Catch'em Young", *Wall Street Journal*, January 10, 2006, p. A14.

_____ , "Skill Formation and the Economics of Investing in Disadvantaged Children", *Science* 312, June 30, 2006, 1900-1902.

_____ , "The Economics, Technology, and Neuroscience of Human Capability Formation", *PNAS* 104, August 14, 2007,

13250 – 13255.

_____ , "Schools, Skills, and Synapses", *Economic Inquiry* 46 (2008): 289 – 324.

_____ , "Schools, Skills, and Synapses", VOX http://www. voxeu.org/index/php?q=node/1564.

Heckman, James J., and Dimitriy V. Masterov, "The Productivity Argument for Investing in Young Children", *Review of Agricultural Economics* 29 (2007): 446 – 493.

Heckman, James J., and Yona Rubinstein, "The Importance of Noncognitive Skills: Lessons from the GED Testing Program", *American Economic Review* 91 (2001): 145 – 149.

Heckman, James J., Jora Stixrud, and Sergio Urzua, "The Effects of Cognitive and Noncognitive Abilities on Labor Market Outcomes and Social Behavior", *Journal of Labor Economics* 24 (2006): 411 – 482.

Knudsen, Eric I., James J. Heckman, Judy L. Cameron, and Jack P. Shonkoff, "Economic, Neurobiological, and Behavioral Perspectives on Building America's Future Workforce", *PNAS* 103 (2006): 10155 – 10162.

센은 잘살기와 행위주체성을 어떻게 바라보는가?

1985년 『저널 오브 필로소피』*Journal of Philosophy* 82호, 169쪽부터 221쪽에 실린 듀이 헌정 강의 「잘살기, 행위주체성, 그리고 자유」Well-Being, Agency, and Freedom에서 센은 잘살기 자유well-Being freedom와 행위주체성 자유agency freedom를 구분해 상당한 반향을 불러일으켰다. 나는 이런 식으로 구분하지 않으므로(센도 최근 글에서는 이렇게 구분하지 않는다), 왜 그런지 이유를 설명하고 센의 개념 범주와 나의 개념 범주가 어떤 관계에 있는지 밝히는 것이 중요하다고 생각해 이 자리에서 짚어보려 한다.

센은 사람의 '잘살기 측면'(풍요롭고 건강하게 살아가는 것을 의미한다)과 '행위주체성 측면'(선택할 줄 아는 능력)을 구분한다. 다양한 잘살기 개념을 살핀 뒤, 정신상태 중심 그리고 욕구 충족 중심의 잘살기 개념은 잘살기의 중요한 측면인 다양한 행위를 포함하지 않아 협소하다는 이유에서 거부한다. 그는 이렇게 결론 내린다. "잘살기라는 말을 넓은 의미로 생각한다면 사람이 어떻게 '기능'할 수 있는가라는 관점에서 볼 때 그 주요 특징을 파악할 수 있다."(197쪽) 그는 이같은 생각을 여러 번 반복한다. "어떤 사람의 잘살기의 주요 특징은 그 사람이 성취하는 기능 벡터다."(198쪽) "잘살기의 핵심 특징은 유용한 기능을 성취할 수 있는 능력이다."(200쪽) 사람은 중요한 기능을 평가해야 하고, 이런 점에서 사람의 잘살기는 중요한 기능을 어떻게 평가하느냐와 관련된다는 말도 덧붙인다.

여기서 다음과 같은 의문이 생긴다. 잘살기는 유용한 기능을 발휘할 기회(역량)인가, 아니면 유용한 기능의 성취인가? 앞에 인용한 센의 말은 전자, 즉 잘살기란 유용한 기능을 발휘할 기회를 뜻한다고 암시하는 듯하다. 이어지는 논의도 이 추측을 확인해준다. 그런데 그는 자유 역시 잘살기의 한 측면이라는 주장을 내놓아 논의를 복잡하게 만든다. 기능의 성취는 잘살기의 성취로 이어지지만 기능을 선택할 기회는 "잘살기를 어떻게 평가하느냐"(201쪽)와 관련된다고 본 것이다. 단식하는 사람과 굶주림에 시달리는 사람을 생각해보자. 센은 "이 두 사람이 성취하는 실질적인 잘살기 수준에는 차이가 없지만, 단식하는 사람은 자신의 선택에 따라 낮은 수준의 영양 상태를 감내하므로 자유라는 측면에서는 큰 차이를 보인다"라고 한다. 뒷부분에서 센은 이처럼 어떤 기능을 하기와 하지 않기를 선택할 자유를 "잘살기 자유"라고 부르고, 후속 논의를 통해 잘살기 자유를 잘살기의 단순한 수단이 아니라 잘살기를 구성하는 한 부분이라고 넌지시 암시한다.

센이 생각하기에 자유, 즉 무언가를 할 수도 있고 하지 않을 수도 있다는 의미의 이중적 성격을 띤 자유란 잘살기 그 자체에 본질적으로 내재한다. 잘살기 자유는 "사람이 다양한 기능 벡터를 갖고 그에 상응하는 잘살기를 누릴 역량"(203쪽)을 강조하는 자유다. 센은 이제 이 잘살기 자유 개념을 "사람의 행위주체성 측면과 관련된 더 넓은 범위의"(203쪽) 자유 개념과 비교한다. 행위주체성이 잘살기 자유 개념에 반영되었을 수도 있다는 점에서 다소 뜻밖인 비교다.

'행위주체성 자유'는 사람이 중요하다고 생각하는 목표나 가치를 추구하는 과정에서 무언가를 할 자유, 원하는 것을 성취할 자유를 가리킨다. 사람의 행위주체성 측면은 지향, 목표, 충성, 의무처럼 넓게 보면 선 관념에 해당하는 것을 주의 깊게 살펴야 파악할 수 있다. 여기서 사람의 행위주체성 측면은 지향, 목표, 헌신, 의무 등 넓은 의미의 선 관념을 주의 깊게 살피지 않으면 이해할 수 없는 것이다. 잘살기 자유는 특별한 무언가를 성취할 자유, 즉 잘살기를 성취할 자유지만 행위주체성 자유는 어느 하나의 목적에 얽매이지 않는 자유고, 그래서 더 일반적인 자유다. 행위주체성 자유는 사람이 책임 있는 행위주체로서 성취하겠다고 마음먹은 것을 성취할 자유다. 조건에 얽매이지 않는다는 것 open conditionality은 행위주체성 자유의 본질과 잘살기 자유의 본질을 구분하는 기준이다. 잘살기 자유는 특정 목적에 초점을 맞추고 그에 따라 기회를 판단한다.(203~204쪽)

잘살기를 행복이나 욕구 충족 정도로만 이해하는 공리주의자에게는 잘살기 자유와 행위주체성 자유의 구분이 헷갈리지 않는다. 그러나 센은 앞에서 말했듯이 좁은 의미의 잘살기 개념을 거부했다. 대신 잘살기를 사람이 가치 있게 생각하는 것, 즉 선 관념에 따라 사는 것으로 규정했다. 그런데 위 인용문을 보면 센은 선 관념의 견지에서 행위주체성을 정의한다. 잘살기 개념을 추가로 도입할 필요가 없다. 내 짐작에 그가 협소한 잘살기 개념으로 후퇴하는 바람에 (그 전 강연에서) 넓은 의미의 잘살기 개념이 했던 역할을 맡아서 할 행위주체성 개념이 필요해진 것 같다. 잘살기 자유와 행위주체성 자유의 구분을 어떻게 이해해야 할까?

먼저 행위주체성 자유는 목표를 추구할 자유와 추구하지 않을 자유를 포함하므로 범위가 넓은 것 아닌가 추측해볼 수 있다(예를 들어 건강한 삶을 사는 일과 같이 유익한 행위만 하게 하고 그렇지 않은 행위는 하지 못하게 하는 가부장적 보호정책 아래서는 사람이 잘살기 자유를 누린다 해도 행위주체성 자유는 누리지 못할 것이다. 그러나 센은 유익하지 않은 행위를 할 자유도 잘살기 자유의 구성 요소라고 분명히 밝혔다). 이어서 행위주체성 자유도 사람이 자신의 개인적 삶과 무관한 목표를 추구하고 충성할 자유, 개인 자격으로 어떤 행동을 할지 말지를 선택할 자유를 포함하기 때문에 범위가 넓은 게 아닌지 추측해볼 수 있다. 그러나 센은 행위주체성 자유는 사람의 '선 관념'과 관련되고 그런 의미에서 개인적 자유라고 주장한다. 다시 말해 행위주체성 자유는 사람이 선을 지향하면서 가치 있다고 생각하는 모든 것과 관련된다. 그러면 처음에 정의했던 대로 잘살기 자유는 행위주체성 자유보다 범위가 더 좁은가? 행위주체는 모든 기능을 고려하며 그 가치를 평가해야 하기 때문에 꼭 그렇지는 않은 것 같다. 센은 선 관념과 무관한 것을 추구할 자유와 행위주체성 자유를 서로 연관짓지 않는다. 센에 따르면 풀 뽑기에 아무 의미도 부여하지 않는다면 풀 뽑을 자유는 잘살기 자유 및 행위주체성 자유와 무관하다. 반면에 풀 뽑기를 유익하다고 생각한다면 풀 뽑기 기능을 선택할 기회는 행위주체성 자유나 잘살기 자유 모두와 관련된다.

　나는 잘살기 자유와 행위주체성 자유의 구분은 모호하다고 생각한다. 센처럼 (충분한 근거를 갖고) 공리주의적 잘살기 개념을 거부한 사람에게는 그런 구분이 불필요하다고 단언한다. 이 두 가지 자유를 구분하는 것은 센의 비공리주의적 기획 속에 여전히 남아 있는 공리주의의 흔적이라고 본다.

　나의 자유 개념과 센의 자유 개념을 비교하기는 쉽지 않다. 나의 자유 개념은 정치적 개념이지 잘살기 및 행위주체성을 포괄하는 개념이 아니다. 그래서 정치적 개념 안에 포함되지 않는 포괄적 선 관념을 추구할 자유에 관해서는 아무 말도 하지 않는다. 정치적 개념은 다양한 선 관념을 추구할 능력에 큰 영향을 미친다. 건강, 신체보전, 실천이성, 종교의 자유 같은 역량은 다양한 삶의 계획을 실현하려고 노력할 때 중요하기 때문에 핵심역량 목록에 올라 있다. 그런데 내 핵심역량 목록은 선 관념의 각 요소를 실현하려고 노력할 자유를 꼬치꼬치 따지지 않으며, 또 모든 시민에게 그러한 요소를 추구할 기회를 보장해주지도 않는다. 몇몇 선 관념은 실현하려 나섰다가는 자칫 시민을 보호할 국가의 능력을 심각하게 훼손할 정도로 많은 자원이 들기 때문이다.

정치적 개념을 적용해 하나씩 따질 만한 선 관념에서 보면 역량은 잘살기라는 부분적인 정치적 개념을 추구할 자유로서 대단히 중요하다. 나는 정신상태를 중시하는 잘살기 개념보다는 역량을 중시하는 잘살기 개념을 더 지지하는 센의 견해에 전적으로 동의한다. 물론 내가 역량 개념을 활용하는 방법은 포괄적이기보다는 정치적이다. 그러나 무언가를 하거나 하지 않을 자유를 중시하기 때문에 행위주체성이 곳곳에 깃들어 있다. 일단 이 자리에서는 아주 정교한 잘살기 개념이 있다면 행위주체성 자유와 잘살기 자유를 굳이 구분할 필요는 없다는 말로 논의를 마무리하겠다.

추록

이 책은 관심 있는 전문가라면 누구나 가입할 수 있는 단체인 인간개발및역량협회Human Development and Capability Approach(HDCA)의 지적·실천적 운동 이야기를 담고 있다. HDCA는 3년간의 준비모임을 거쳐 2004년에 출범했다. 해마다 연례총회를 개최하고 기관지『인간개발 및 역량 저널』Journal of Human Development and Capabilities을 발행한다(초기에는 유엔개발계획UNDP과 손잡고 발행했지만, 지금은 HDCA가 편집권을 독점적으로 행사한다). 세계 각지에서 열리는 무수한 세미나와 학술 활동도 후원한다. 순번제 집행위원회, '일벌레'로 소문난 헌신적인 소장 학자 집단, 2년 임기의 의장단이 일상적 업무를 처리한다(센이 초대 의장이었고 내가 2대 의장을 지냈다. 옥스퍼드대학교의 프랜시스 스튜어트Frances Stewart가 3대 의장을 역임했고 현재는 코넬대학교 교수로 있다가 인도 정부의 선임 경제자문관이 된 카우시크 바수Kaushik Basu가 의장직을 맡고 있다).

　　HDCA는 역량 접근법에 관심 있는 사람이 다음과 같은 학문 세계의 칸막이를 초월할 수 있게 돕는 것을 목표로 삼는다.

1　학문 영역을 나누는 칸막이: 역량 접근법의 주장이 현실에서 힘을 얻으려면 경제학자가 정치학자, 철학자, 사회학자, 심리학자, 환경학자 등과 활발하게 대화를 나눠야 한다.
2　이론과 실천 간의 칸막이: 이론 작업에 치중하는 연구자는 발전정책 수립자, 정치인과 활발하게 교류하며 의견을 주고받아야 한다.

그래야 이론 작업이 현실의 요구에 부응할 수 있다. 공공정책과 발전정책의 실천이 어때야 하는지도 이론적으로 밝힐 수 있다.

3   소장학자와 노장학자 간의 칸막이: 연구 경력이 짧은 소장학자와 노련한 노장학자가 서로 접촉할 기회가 마련되어야 한다.

4   다양한 종교나 민족 간의 칸막이: 노장학자와 소장학자 모두 민족과 종교의 경계를 초월해 만날 기회를 절실히 원한다.

학문 세계에 몸담지 않은 독자도 HDCA에 가입할 수 있다. 신청서를 제출하면 연례총회에 참가할 수 있다. 웹사이트에서 유사한 문제에 관심 있는 사람과 네트워크를 형성하는 것도 가능하다.

감사의 말

이 책에 담긴 여러 주장은 내가 지난 수십 년간 역량 접근법을 연구한 결과물이다. 연구하는 동안 숱한 논평과 제안을 아끼지 않았던 모든 사람에게 진심으로 감사한다. 2008년 인도 뉴델리에서 열린 HDCA 연례총회에서 일반 독자에게 역량 접근법을 소개할 얇은 책을 쓰겠다는 생각이 처음 싹텄다. 그때 나는 사전강연에서 HDCA 신입회원에게 역량 접근법의 발전 과정, 다양한 양상, 오늘날의 도전 과제 등을 소개했다. 강연이 끝난 뒤 많은 신입회원이 이런 말을 했다. "선생님, 오늘 강연하신 내용을 책으로 펴내신다면 저희가 역량 접근법을 강의할 때는 물론이고, HDCA 회원과 일반인 사이의 관계가 돈독해지는 데도 도움이 될 것 같습니다." 그전에도 비슷한 요청을 받은 적이 있었으므로, 이 말을 들은 뒤 역량 접근법을 널리 알리는 일이 내 책무임을 인정하게 되었다. 연례총회 강연 내용을 책으로 펴내라고 권유한 모든 사람에게 고맙다. 엄청난 노력으로 눈부신 성취를 이룬 비나 아가월, 사비나 앨키레Sabina Alkire, 카우시크 바수, 데이비드 크록커David Crocker, 엔리카-치아페로 마르티네티Enrica Chiappero-Martinetti, 플라비오 코밈Flavio Comim, 레이코 고토Reiko Gotoh, 모자파르 키질바시Mozaffar Qizilbash, 헨리 리처드슨, 잉그리드 로베인스Ingrid Robeyns 등 HDCA의 '일벌레'로 소문난 연구자 집단과 순번제 집행위원회에 감사드린다. 이들의 노력과 성취 덕분에 나는 세상 사람과 젊은 학자가 지켜보는 가운데 열정을 바쳐 연구할 수 있었다. 이들의 연구에 감사하는 마음에서 이 책을 썼다고 할 수 있다. 부디 도움이 되는 책이기를 바란다. 넓은 마음으로 내 연구에 관심을 기울여 준 시카고대학 로스쿨의 동료 교수들에게도 무한한 고마움을 표시하고 싶다. 소중한 시간을 쪼개 이 책의 초고를 읽고 귀한 의견을 들려준 다니엘 에이베베Daniel Abebe, 에밀리 버스Emily Buss, 로잘린드 딕슨Rosalind Dixon, 매리 앤 프랭크스Mary Anne Franks, 톰 긴스버그Tom Ginsburg, 애덤 호사인Adam Hosein, 재 리Jae Lee, 사울 레브모어Saul Levmore, 리처드 맥애덤스Richard McAdams, 에릭 포스너Eric Posner, 리오르 스트라힐러비타Lior Strahilervita, 줄리에 석Jullie Suk, 데이비드 와이즈바크David Weisbach에게도 각별히 고맙다는 말을 전한다. 헨리 리처드슨과 데이비드 크록커는 하버드대학교 출판부에 나를 뛰어난 저자라고 추켜세우는 추천사를 써주었다. 이 두 사람과 추천사를 읽고 기꺼이 이 책을 선택해 읽어준 이름 모를 독자들에게도 감사한다. 내가 가장 감사해야 할 사람은 당연히 센이다. 이 책을 읽으면 내 연구가 센에게 많은 빚을 지고 있다는 것이 너무나 자명하므로, 감사하다는 말만 하고 끝내기에는 사실 송구스럽다.

더 읽어보면 좋은 책

아래에 적어놓은 것은 더 깊은 독서를 원하는 독자를 위한 지침이다. 이 책의 본문에 담긴 의미를 이해하는 데는 그리 필요하지 않지만 본문에 등장하는 다양한 주장을 옹호하거나 반박하는 문헌이 무엇인지 알려준다(구체적인 목록은 '참고문헌'에 실려 있다).

참고문헌 I과 II에 실린 나의 저서와 센의 저서에 관해서는 추가 설명이 필요 없을 것이다. 참고문헌 III에는 나와 센 이외의 저자가 역량 접근법을 직접 거론한 문헌을 다수 소개한다. 선별해서 몇 가지만 실었지만, 역량 접근법에 관해 자세히 알기를 원하는 독자에게 도움이 될 것이다. 참고문헌 IV에는 그 이외에 본문에서 언급한 모든 자료가 실려 있다. 본문에서 살펴본 여러 문제와 밀접한 관련이 있지만 역량 접근법을 직접 거론하거나 상세히 설명한 자료는 아니다. 'III'과 'IV'라는 구분은 어떤 갈래의 문헌인지 독자가 일일이 찾아보는 수고를 덜어주기 위해 내가 임의로 해놓은 것이다.

1장

『인간발달보고서』는 매년 유엔개발계획과 뉴욕의 옥스퍼드대학교 출판부에서 간행된다.

바산티의 이야기는 참고문헌 I의 누스바움 3 및 그 밖의 여러 이야기와 데이터에서 논의된다.

SEWA와 브하트Bhatt의 저서는 참고문헌 IV의 '로즈'Rose에 서술되어 있다. SEWA 회원의 투쟁에 관해 자세히 알고 싶다면 참고문헌 IV의 '브하트'를 보라.

여성의 영양 및 건강 문제에 관해서는 참고문헌 II의 센과 드레즈Drèze 14, 16, 18을 보라. 성 선택적 낙태에 관해서는 18을 보라. 센의 논문 33, 34를 참조하면 도움이 될 것이다.

불균등한 재산 및 상속에 관해서는 비나 아가월Bina Agarwal(참고문헌 IV), "A Field of One's Own"을 참조하라. 가정폭력과 토지 소유에 관해서는 아가월과 팬다Panda(참고문헌 III)를 보라. 누스바움 69는 가정폭력 문제를 깊이 다룬다.

2장

2장에 등장하는 기본 개념에 관한 포괄적 논의는 누스바움 3, 6, 55와 센의 7, 9에서 찾아볼 수 있다. 여기 제시된 능력 목록은 누스바움 3, 6, 55에 실린 것과 동일하다.

정치적 자유주의 개념은 라모어Larmore(참고문헌 IV)와 롤스(참고문헌 IV)의 『정치적 자유주의』Political Liberalism에 나오는 자유주의와 비교, 분석될 수 있다. 핵심 문제인 객관성은 누스바움 46에서 논의된다.

보건의료정책에서 능력과 기능을 둘러싸고 어떤 논의가 진행 중인지 알아보고 싶다면 아네슨Arneson(참고문헌 IV)을 참조하라.

인간존엄성 개념은 누스바움 48과 79를 참조하라. 누스바움 3과 6도 참조할 만하다.

비극적 선택에 관해서는 센 6과 누스바움 43을 보라. 리처드슨

(참고문헌 Ⅲ)의 *Practical Reasoning about Final Ends*도 참조하라.

3장

누스바움 3, 6, 55, 센 3, 5, 9에는 GDP 접근법에 대한 비판이 실려 있다. 스티글리츠, 센 그리고 피투시Fitoussi 등(참고문헌 Ⅳ)의 GDP 접근법과 비교해보라.

누스바움 3, 6, 33, 55와 센 2, 4, 9, 19, 21, 23, 26, 38에는 공리주의 접근법에 대한 비판이 담겨 있다. 누스바움 65와 83은 공리주의적 행복 개념을 자세하게 분석해놓았다. 소크카에르트Schokkaert(참고문헌 Ⅲ)도 참조할 가치가 있다. 포스너Posner(참고문헌 Ⅳ)는 포괄적 복지주의를 정교하게 옹호하려는 흥미로운 시도를 보여준다.

센 35는 선택의 내적 일관성을 다룬다. 센 20도 보라. 다원적 효용 개념을 제시한다.

엘스터(참고문헌 Ⅳ)와 센 3과 4, 누스바움 3의 2장은 적응적 선호를 논의한다.

행위주체성과 자유의 본질적 중요성은 센 9에서 논의된다. 센 27도 보라.

기본재에 관한 롤스의 설명은 롤스(참고문헌 Ⅳ)의 『정의론』과 『정치적 자유주의』를 참조하라. 센 24에서 센은 자원에 대한 다양한 욕구에 관해 처음으로 명확하게 설명했고 이후 후속 저서와 논문에서도 계속 다루었다. 특히 센 3, 4, 7, 9를 참조하라. 누스바움도 3, 6, 55에서 이 문제를 다룬다.

역량과 인권 사이의 관계는 센 49와 누스바움 3, 6, 34, 55, 86에서 다룬다. 인권과 관련된 여러 문제를 살펴보고 싶다면 센 27을 보라.

4장

센의 접근법과 내 접근법의 차이를 보려면 누스바움 55를 참조하고 센 9와 비교하라.

센의 롤스 비판은 센 13에 나온다.

내가 정치적 정당화에 어떻게 접근하는지 알고 싶다면 누스바움 3의 2장에 제시되어 있다. 정치적 정당화를 깊게 이해하려면 누스바움 63을 보라. 거기에는 오킨Okin(참고문헌 IV)의 부정확한 정치적 정당화 설명을 반박하는 글이 나온다. 그 유명한 롤스의 접근법은 롤스(참고문헌 IV)의 『정의론』에 실려 있다. 자기교육 과정에 관해서는 누스바움 35도 보라.

중첩적 합의 개념을 알고 싶다면 롤스(참고문헌 IV)의 『정치적 자유주의』를 읽어보라. 누스바움 6은 내가 중첩적 합의 개념을 어떻게 활용하는지 설명한다.

완전정보하의 욕구 복지주의에 대한 내 비판은 누스바움 3의 2장에 나와 있다. 브랜트, 하시니, 햄턴도 보라(참고문헌 IV). 인격의 일부로 나타나는 욕구에 관해서는 누스바움 3의 2장을 보라〔거기서 나는 스캔런Scanlon(참고문헌 IV)의 *What We Owe to Each Other*를 비판한다〕.

사회계약론에 대한 광범위한 비판은 누스바움 6을 참조하라. 거기서는 사회계약론에 관한 역사적·현대적 논의는 물론 롤스의 사회계약론도 살펴볼 수 있다. 리처드슨(참고문헌 III)의 "Rawlsian Social-Contract Theory and the Severely Disabled"는 롤스에 대한 내 비판을 상당히 흥미로운 방식으로 언급한다. 나는 리처드슨의 이 논문이 실린 학술지의 동일 호 지면을 빌려 리처드슨에게 답변했다.

스캔런의 도덕적 계약론을 더 알고 싶다면 스캔런(참고문헌 IV)의 *What We Owe to Each Other*를 보라. 또 도덕적 계약론에 입각해 정치이론을 정립하려는 시도를 알고 싶다면 배리Barry(참고문헌 IV)를 보라. "Value, Desire, and the Quality of Life"에서 스캔런(참고문헌 IV)은 자신의 접근법이 구체적 목록과 관련해서는 달라질 수 있다고 주장한다.

정치적 자유주의 및 이와 연관된 개념에 관해서는 라모어, 롤스의『정치적 자유주의』를 보라(참고문헌 IV). 누스바움 32에서 나는 처음으로 정치적 자유주의가 역량 접근법의 토대가 될 수 있다는 말을 했다. 역량 접근법을 설명할 때마다 같은 말이 여러 번 나왔다. 내가 누스바움 77에서 이야기했듯 정치적 자유주의를 '세계시민주의'의 한 형태로 설명하는 것은 부정확하다.

종교와 국가에 관해서는 누스바움 8과 76을 참조하라.

'결과 지향적'이지만 결과주의가 아닌 접근법에 관해서는 누스바움 6을 보라.

감정 문제에 관해서는 누스바움 4, 5, 7, 9, 23, 24, 26, 53, 73, 80, 83, 88과 센 21을 참조하라.

5장

문화적으로 민감한 보편주의의 한 갈래를 옹호하는 입장이 누스바움 3의 1장과 누스바움 19, 22, 25, 27에 각각 실려 있다.

센이 인권운동의 핵심 개념은 '서구적 가치'를 담고 있다는 생각을 어떻게 비판하는지 알고 싶다면 센 42, 43의 2장 그리고 센과 함께 쓴 누스바움 20을 찾아보라.

종교와 여성의 평등을 비롯한 여타 핵심적 정치규범 사이의 관계에 관해서는 누스바움 2, 3, 7, 8, 30, 40, 50, 64, 71, 75, 76, 78, 82, 85와 센(참고문헌 II)을 참조하라.

타고르, 간디, 네루에 관해서는 센(참고문헌 II), 누스바움 7, 10, 도니거Doniger와 함께 쓴 누스바움 15를 보라.

인도와 남아프리카공화국 헌법이 사회적 권리와 경제적 권리를 어떻게 보호하는가에 대해서는 누스바움 78을 참조하라.

단일하지 않은 문화에 관한 논의는 글로버Glover와 함께 쓴 누스바움 12, 벤하비브Benhabib(참고문헌 IV), 누스바움 3을 참조하라.

자유의 체계를 명확히 정립할 필요성에 관해서는 리처드슨(참고문헌 III)이 "The Social Background of Capabilities for Freedom"에 쓴 흥미로운 비판을 읽어보라.

인도주의적 간섭에 관한 내 견해는 누스바움 6에 실려 있다.

6장

역량 접근법이 한 국가의 차원을 넘어서야 한다는 내 주장은 누스바움 6에 실려 있고 누스바움 67에서도 예고되었다. 이 분야에 공헌한 주요 문헌으로는 롤스의 『만민법』*The Law of Peoples*, 베이츠, 포그Pogge의 *Realizing Rawls*와 *World Poverty and Human Rights* 등(참고문헌 IV)을 꼽을 수 있다. 웅거Unger의 공리주의적 견해와 싱어도 참조하라(참고문헌 IV).

개인적 인도주의의 공정성 문제에 관해서는 머피Murphy(참고문헌 IV)를 보라. 공감이 공정한 지원이나 균형 잡힌 지원으로 귀결되지 않는다는 심리적 증거를 알고 싶다면 뱃슨(참고문헌 IV)을 읽어보라.

사람에게 개인적 통제 영역을 부여하는 게 얼마나 중요한지는 윌리엄스(참고문헌 IV)를 보라. 매력적인 해법이 무엇인지 알고 싶다면 나글Nagel(참고문헌 IV)을 찾아보라.

7장

7장에 실린 여러 생각의 비서구적 뿌리를 알고 싶다면 센(참고문헌 II)과 그중 특히 42, 그리고 누스바움 7을 참조하라.

아리스토텔레스 사상이 역량 접근법의 토대라는 사실에 관해서는 누스바움 18, 19, 21, 22, 25, 27에서 논의된다. 누스바움 78은 아리스토텔레스 사상 중 역량 접근법과 관련된 부분을 짚어낸 문헌을 포괄적으로 소개한다. 부의 추구에 대한 아리스토텔레스의 비판을 보고 싶다면 『정치학』Politics의 1256a1~1258b8을 참조하라. 플라톤의 조합주의 국가에 관한 비판은 『정치학』 II에 나온다. '각 개인의 선'에 관해 알고 싶다면 1261a17~b10을 보라.

스토아학파의 존엄성 개념과 그 안에 담긴 함축적 의미를 알고 싶다면 누스바움 21과 78을 보라. 누스바움 37, 48, 53에서도 제한적 논의가 이루어진다.

로저 윌리엄스는 누스바움 8의 2장에서 다뤄진다.

애덤 스미스와 교육에 관해서는 누스바움 78의 관련 논의를 참조하라. 직업 규제에 관해 더 알아보고 싶다면 『국부론』*The Wealth of Nations*(이하 WN), 452~498쪽을 참조하라. 스미스가 부자의 과도한 영향력을 제한하는 정부의 행동을 옹호했음을 보여주는 뛰어난 논의는 로스차일드Rothchild(참고문헌 IV)에 실려 있다. '연약한 식물'에 관해서는 WN 97쪽을 참조하라. 교육에 관해서는 WN 782~788쪽을 보라.

페인의 『인간의 권리』에 실린 역량 개념을 분석하려면 누스바움 78을 참조하라.

바커(참고문헌 IV)와 그린(참고문헌 IV)도 보라. 그린의 생각과 영국의 정치발전 사이의 관계는 해리스harris와 모로Morrow(참고문헌 IV)의 '서론', 디Deigh(참고문헌 IV)를 보라. 뉴딜에 담긴 유사한 생각을 보려면 선스타인Sunstein(참고문헌 IV)을 참조하라.

8장

장애에 관해 더 알려면 울프와 드샬리트(참고문헌 III)를 보라.

젠더와 사람의 능력에 관해서는 누스바움 2, 3, 13, 25, 26, 35, 39, 54, 55, 56, 62, 63, 69, 71, 센 32, 33, 34, 40, 47, 아가월과 팬다(참고문헌 III), 아가월과 험프리스Humphries 그리고 로베인스Robeyns 편저(참고문헌 III) 등을 각각 참조하라.

관련 철학 연구를 알아보고 싶다면 누스바움 2, 5, 28, 29, 30, 38, 40, 41, 44, 50, 51, 57, 58, 59, 66, 68을 참조하라.

인터넷상 여성의 대상화에 관해서는 레브모어Levmore와 함께 쓴 누스바움 16에 실린 에세이를 보라.

성적 지향에 관해서는 누스바움 2, 5, 9를 참조하라. 볼Ball(참고문헌 III)도 참조하면 좋다.

장애와 보살핌은 누스바움 6의 핵심 주제다. 이 책에서는 다른 이론에 나온 견해도 광범위하게 논의된다. 누스바움 6에 나오는 인지장애인의 정치적 권리에 관한 주장을 넘어선 새로운 주장이 누스바움 87에 실려 있다. 이 논문은 인지장애인 문제를 주로 다루는 저널에 수록되었는데, 거기에는 다른 연구자의 관련 논문도 동시에 수록되어 있다. 이와 관련한 비판은 리처드슨(참고문헌 III)의 "롤스의 사회계약론"을 참조하라. 『인간개발보고서 1999』는 돌봄 및 돌봄노동 문제를 특집으로 다룬다.

누스바움이 교육에 관해 쓴 각종 글을 읽으려면, 누스바움 1, 10, 17, 59, 72, 74, 81을 보라. 교육 관련 법률적·헌법적 문제는 누스바움 68과 78에서 논의되고 있다(본문에서 거론된 여러 사례는 누스바움 78에 심층적으로 분석되어 있다).

프라티치 트러스트의 성과에 관해 알고 싶다면 『프라티치 교육보고서』The Pratichi Education Report(참고문헌 IV)를 읽어보라.

본문에서 언급한 판결의 출처는 인도의 경우 *Mohini Jain v. State of Karnakata*, AITR 1992 1858, *Unnikrishman J. P. v. State of Andhra Pradesh*, AIR 1993 SC 2178이고, 미국의 경우는 *Plyler v. Doe*, 457 U.S. 202(1982)다.

동물의 권리에 관한 누스바움의 견해는 누스바움 6, 68, 89와 코스가드(참고문헌 IV), 벤딕-케이머Bendik-Keymer(참고문헌 III)를 참조하라.

환경의 질에 관해서는 홀랜드(참고문헌 III)의 "Ecology and the Limits of Justice"와 "Justice and the Environment in Nussbaum's 'Capabilities Approach'", 벤딕-케이머(참고문헌 III)를 보라. 인구에 관

한 센의 견해는 센 39, 41을 살펴보라.

역량과 헌법에 관해서는 누스바움 78을 참조하고 정부의 임무에 관해서는 누스바움 6, 78을 살펴보라. 센이 역량과 정부 사이의 개념적 연관성을 어떻게 부정했는지 알고 싶다면 센 49를 참조하라. 누스바움 8은 종교 활동의 자유 문제를 광범위하게 논의한다. 본문에 거론된 모든 법원 판결도 누스바움 8을 보면 더욱 자세히 알 수 있을 것이다. 누스바움 76과 78도 참조하라.

센과 공적 토론에 관해서는 센 11, 12, 13을 참조하면 된다.

본문에서 거론된 종교 활동의 자유 판결은 다음과 같다.

Sherbert v. Verner, 374 U.S. 398(1963).

Employment Division v. Smith, 494 U.S. 872(1990)(이 판결은 해석구조에 획기적 변화를 가져왔다).

People v. Philips, N.Y. Court of General Sessions, June 14, 1983(신부와 고해성사에 관한 이 판결은 맥코넬McConell, 개버리Garvery와 베르그Berg 편저 종교 판례집 103~109쪽에 따로 수록되었다).

Swann v. Pack, 527 S.W. 2d 99(Tenn. 1974)(뱀을 손으로 만지는 사건에 관한 판결).

감정에 관한 내 선행 연구를 보려면 누스바움 4, 5, 23, 24, 26, 32를 참조하라. 현재 진행 중인 프로젝트의 일부를 이루게 될 내 연구에 대해 알고 싶다면 누스바움 53, 75, 80, 85, 90을 살펴보라.

참고문헌

I. 누스바움의 연구

아래 목록은 선별해서 정리한 것으로 각 장의 논의와 관련된 저서만
제시한다.

저서

1 *Cultivating Humanity: A Classical Defense of Reform in Liberal
   Education*, Cambridge, MA: Harvard University Press, 1997.

2 *Sex and Social Justice*, Oxford: Oxford University Press, 1999.

3 *Women and Human Development: The Capabilities Approach*, New
   York: Cambridge University Press, 2000.

4 *Upheavals of Thought: The Intelligence of Emotions*, Cambridge:
   Cambridge University Press, 2001.

5 *Hiding from Humanity: Disgust, Shame, and the Law*, Princeton:
   Princeton University Press, 2004.(국역본은 『혐오와 수치심』, 조계
   옮김, 민음사, 2015.)

6 *Frontiers of Justice: Disability, Nationality, Species Membership*,
   Cambridge, MA: Harvard University Press, 2006.

7 *The Clash Within: Democracy, Religious Violence, and India's Fu-
   ture*, Cambridge, MA: Harvard University Press, 2007.

8 *Liberty of Conscience: In Defense of America's Tradition of Religious
   Equality*, New York: Basic Books, 2008.

9   *From Disgust to Humanity: Sexual Orientation and Constitutional Law*, New York: Oxford University Press, 2010.

10 *Not For Profit: Why Democracy Needs the Humanities*, Princeton: Princeton University Press, 2010. (우석영 옮김,『공부를 넘어 교육으로』, 궁리, 2011.)

공저

11 (with Amartya Sen) *The Quality of Lift*, Oxford: Clarendon Press, 1993.

12 (with Jonathan Glover) *Women, Culture, and Development*, Oxford: Clarendon Press, 1995.

13 (with Joshua Cohen) *Is Multiculturalism Good for Women?*, Princeton: Princeton University Press, 1999.

14 (with Cass Sunstein) *Animal Rights: Current Debates, New Directions*, New York: Oxford University Press, 2004.

15 (with Wendy Doniger) *India: Implementing Pluralism and Democracy*, New York: Oxford University Press, forthcoming.

16 (with Saul Levmore) *The Offensive Internet: Speech, Privacy, and Reputation*, Cambridge, MA: Harvard University Press, forthcoming.

17 (with Zoya Hasan) *Affirmative Action in Higher Education*(tentative title), in preparation.

논문

18 "Nature, Function, and Capability: Aristotle on Political Distribution", In *Oxford Studies in Ancient Philosophy*, supp. vol. 1, pp. 145~184, New York: Oxford University Press, 1988. Reprinted in *Marx and Aristotle*, ed. G. McCarthy, pp. 175~212, Savage, MD:

Rowman and Littlefield, 1992.

19 "Non-Relative Virtues: An Aristotelian Approach", *Midwest Studies in Philosophy* 13(1988): pp. 32~53, Expanded version in Nussbaum and Sen, *The Quality of Life*, pp. 242~269.

20 (with Amartya Sen) "Internal Criticism and Indian Rationalist Traditions", In *Relativism: Interpretation and Confrontation*, ed. M. Krausz, pp. 299~325, Notre Dame, IN: University of Notre Dame Press, 1989.

21 "Aristotelian Social Democracy", In *Liberalism and the Good*, ed. R. B. Douglass, G. Mara, and H. Richardson, pp. 203~252, New York: Routledge, 1990. Reprinted in *Aristotle and Modern Politics*, ed. A. Tessitore, pp. 47~104, Notre Dame, IN: University of Notre Dame Press, 2002.

22 "Human Functioning and Social Justice: In Defense of Aristotelian Essentialism", *Political Theory* 20(1992): pp. 202~246. Shorter version published as "Social Justice and Universalism: In Defense of an Aristotelian Account of Human Functioning", *Modern Philology* 90(1993): supp., S46-S73. German version published as "Menschliches Handeln und soziale Gerechtigkeit", In *Gemeinschaft und Gerechtigkek*, ed. H. Brunkhorst and M. Brumlik, Frankfurt: Fischer Taschenbuch, 1993.

23 "Tragedy and Self-Sufficiency: Plato and Aristotle on Fear and Pity", In *Oxford Studies in Ancient Philosophy* 10(1992): pp. 107~160. A shorter version is in *Essays on Aristotle's Poetics*, ed. A. Rorty, pp. 261~290, Princeton: Princeton University Press, 1992.

24 "Equity and Mercy", *Philosophy and Public Affairs* 22(1993): pp. 83~125. Reprinted in *Punishment: A Philosophy and Public Affairs Reader*, ed. A. John Simmons et al., pp. 145~187, Princeton University Press, 1995. Also reprinted in *Punishment and Rehabilitation*, ed. Jeffrie Murphy, pp. 212~248, Belmont, CA: Wadsworth, 1995; and in *Literature and Legal Problem Solving*, ed. Paul Heald, pp. 15~54, Durham, N.C.: Carolina Academic Press, 1998.

25 "Human Capabilities, Female Human Beings", In Nussbaum and Glover, *Women, Culture, and Development*, pp. 61~104.

26 "Emotions and Women's Capabilities", In Nussbaum and Glover, *Women, Culture, and Development*, pp. 360~395.

27 "Aristotle on Human Nature and the Foundations of Ethics", In *World, Mind, and Ethics: Essays on the Philosophy of Bernard Williams*, ed. J. E. G. Altham and Ross Harrison, pp. 86~131, Cambridge: Cambridge University Press, 1995.

28 "Objectification", *Philosophy and Public Affairs* 24(1995): pp. 249~291. Reprinted in *The Philosophy of Sex*, ed. Alan Soble, 3rd ed. Lanham, MD: Rowman and Littlefield, 1997(Also in Nussbaum, *Sex and Social Justice*).

29 "The Feminist Critique of Liberalism", In *Women's Voices, Women's Rights: Oxford Amnesty Lectures 1996*, ed. Alison Jeffries, Boulder, CO: Westview, 1999. Also published in pamphlet form as the Lindley Lecture for 1997, University of Kansas Press(Also in Nussbaum, *Sex and Social Justice*).

30 "Religion and Women's Human Rights", In *Religion and Contempo-*

rary Liberalism, ed. Paul Weithman, pp. 93~137, Notre Dame, In: Notre Dame University Press, 1997(Also in Nussbaum, *Sex and Social Justice*).

31 "Kant and Stoic Cosmopolitanism", *Journal of Political Philosophy* 5(1997): pp. 1~25. Also as "Kant und stoisches Weltburgertum", In *Frieden durch Recht: Kants Friedensidee und das Problem einer neuen Weltordnung*, ed. Matthias Lutz-Bachmann and James Bohman, pp. 45~75, Frankfurt: Suhrkamp, 1996. Also in *Perpetual Peace*, ed. James Bohman and Matthias Lutz-Bachmann, pp. 25~58, Cambridge, MA: MIT Press, 1997.

32 "The Good as Discipline, the Good as Freedom", In *Ethics of Consumption: The Good Life, Justice, and Global Stewardship*, ed. David A. Crocker and Toby Linden, pp. 312~341, Lanham, MD: Rowman and Littlefield, 1998.

33 "Flawed Foundations: The Philosophical Critique of (a particular type of) Economics", *University of Chicago Law Review* 64(1997): pp. 1197~1214.

34 "Capabilities and Human Rights", *Fordham Law Review* 66(1997): pp. 273~300. A revised version is in *Global Justice, Transnational Politics*, ed. Pablo De Greiff and Ciaran Cronin, pp. 117~150, Cambridge, MA: MIT Press, 2002.

35 "Public Philosophy and International Feminism", *Ethics*, p. 108(1998): pp. 762~796.

36 "Virtue Ethics: A Misleading Category?", *Journal of Ethics* 3(1999): pp. 163~201.

37 "Duties of Justice, Duties of Material Aid: Cicero's Problematic
    Legacy", *Journal of Political Philosophy* 7(1999): pp. 1~31. Revised
    version in Stoicism: Traditions and Transformations, ed. S. Strange
    and J. Zupko, pp. 214~249, Cambridge: Cambridge University
    Press, 2004.

38 "A Plea for Difficulty", In *Is Multiculturalism Bad for Women?*, ed.
    J. Cohen, M. Howard, and M. Nussbaum, pp. 105~114, Princeton:
    Princeton University Press, 1999.

39 "Women and Equality: The Capabilities Approach", *International
    Labour Review* 138(1999): pp. 227~245. Reprinted in *Women, Gen-
    der and Work*, ed. Martha Fetherolf Loutfi, pp. 45~68, Geneva:
    International Labour Office, 2001.

40 "Religion and Women's Equality: The Case of India", In *Obligations
    of Citizenship and Demands of Faith*, ed. Nancy Rosenblum, pp.
    335~402, Princeton: Princeton University Press, 2000.

41 "Is Privacy Bad for Women? What the Indian Constitutional Tradi-
    tion Can Teach Us about Sex Equality", *The Boston Review* 25(April/
    May 2000): pp. 42~47.

42 "Aristotle, Politics, and Human Capabilities: A Response to An-
    tony, Arneson, Charlesworth, and Mulgan", *Ethics* III(2000): pp.
    102~140.

43 "The Costs of Tragedy: Some Moral Limits of Cost-Benefit Analy-
    sis", *Journal of Legal Studies* 29(2000): pp.1005~1036. Reprinted
    in *Cost-Benefit Analysis: Legal, Economic and Philosophical Perspec-
    tives*, ed. Matthew D. Adler and Eric A. Posner, pp. 169~200, Chi-

cago: University of Chicago Press, 2000.

44 "The Future of Feminist Liberalism", Presidential Address delivered
to the Central Division of the American Philosophical Association,
Proceedings and Addresses of the American Philosophical Association
74(2000): pp. 47~79. Reprinted in *The Subject of Care: Feminist
Perspectives on Dependency*, ed. Eva Kittay and Ellen K. Feder, pp.
186~214, Lanham, MD: Rowman and Littlefield, 2002. Also re-
printed in *Setting the Moral Compass: Essays by Women Philosophers*,
ed. Cheshire Calhoun, pp. 72~90, New York: Oxford University
Press, 2004.

45 "India: Implementing Sex Equality through Law", *Chicago Journal
of International Law* 2(2001): pp. 35~58.

46 "Political Objectivity", *New Literary History* 32(2001): pp.
883~906.

47 "Sex, Laws, and Inequality: What India Can Teach the United
States", *Daedalus*, Winter 2002, pp. 95~106.

48 "The Worth of Human Dignity: Two Tensions in Stoic Cosmo-
politanism", In *Philosophy and Power in the Graeco-Roman World:
Essays in Honour of Miriam Griffin*, ed. G. Clark and T. Rajak, pp.
31~49. Oxford: Clarendon Press, 2002.

49 "Aristotelische Sozialdemokratie: Die Verteidigung universaler
Werte in einer pluralistischen Welt", In *Für eine aristotelische Sozi-
aldemokratie*, ed. Julian Nida-Rümelin and Wolfgang Thierse, pp.
17-40. A publication of the Kulturforum of the SDP, Essen: Klar-
text Verlag, 2002. Reprinted as "Aristotelian Social Democracy:

Defending Universal Values in a Pluralistic World", *Internationale Zeitschriftfür Philosophie*(2003): pp. 115~129.

50 "Rawls and Feminism", In *The Cambridge Companion to Rawls*, ed. Samuel Freeman, pp. 488~520, Cambridge: Cambridge University Press, 2003. Spanish translation in *Estudos Públicos* 103(2006): pp. 359~394.

51 "Women and the Law of Peoples", Symposium on John Rawls's *The Law of Peoples: Politics, Philosophy, and Economics*(2002): pp. 283~306.

52 "Sex Equality, Liberty, and Privacy: A Comparative Approach to the Feminist Critique", In *India's Living Constitution: Ideas, Practices, Controversies*, ed. E. Sridharan, Z. Hasan, and R. Sudarshan, pp. 242~283, New Delhi: Permanent Black, 2002. A shortened version is published under the title "What's Privacy Got to Do with It? A Comparative Approach to the Feminist Critique", In *Women and the United States Constitution: History, Interpretation, Practice*, ed. Sibyl A. Schwarzenbach and Patricia Smith, pp. 153~175, New York: Columbia University Press, 2003.

53 "Compassion and Terror", *Daedalus*, Winter 2003, pp. 10~26. A slightly different version, same title, is in *Terrorism and International Justice*, ed. James Sterba, pp. 229~252, New York: Oxford University Press, 2003.

54 "Women's Capabilities and Social Justice", In *Gender Justice, Development, and Rights*, ed. Maxine Molyneux and Shahra Razavi, pp. 45~77, Oxford: Oxford University Press, 2002.

55 "Capabilities as Fundamental Entitlements: Sen and Social Justice",
    Feminist Economics 9(2003): pp. 33~59. Reprinted in *Amartya
    Sen's Work and Ideas: A Gender Perspective*, ed. Bina Agarwal, Jane
    Humphries, and Ingrid Robeyns, pp. 35~62, Oxford: Routledge,
    2005. Also reprinted in India in *Capabilities, Freedom, and Equal-
    ity: Amartya Sen's Work from a Gender Perspective*, same editors,
    pp. 39~69, Delhi: Oxford University Press, 2006. A related shorter
    version is published as "Poverty and Human Functioning: Capabili-
    ties as Fundamental Entitlements", In *Poverty and Inequality*, ed.
    David B. Grusky and Ravi Kanbur, pp. 47~75, Stanford, CA: Stan-
    ford University Press, 2006. A related longer version is published as
    "Constitutions and Capabilities", In *Democracy in a Global World*,
    ed. Deen K. Chatterjee, Lanham, MD: Rowman and Littlefield,
    2008. Reprinted in *The Global Justice Reader*, ed. Thom Brooks, pp.
    598~614, Malden, MA: Blackwell, 2008.

56 "Promoting Women's Capabilities", In *Global Tensions*, ed. Lourdes
    Benaria and Savitri Bisnath, pp. 241~256, New York: Routledge,
    2004.

57 "The Modesty of Mrs. Bajaj: India's Problematic Route to Sexual
    Harassment Law", In *Directions in Sexual Harassment Law*, ed.
    Catharine A. MacKinnon and Reva B. Siegel, pp. 633~671, New
    Haven: Yale University Press, 2004.

58 "Gender and Governance: An Introduction", In *Essays on Gender
    and Governance*, ed. Martha Nussbaum, Amrita Basu, Yasmin
    Tambiah, and Niraja Gopal Jayal, pp. 1~19, New Delhi: United Na-

tions Development Programme Resource Centre, 2003.

59 "Women's Education: A Global Challenge", *Signs* 29(2004): pp. 325~355. Reprinted in *Women and Citizenship*, ed. Marilyn Friedman, pp. 188~213, New York: Oxford University Press, 2005.

60 "Capabilities and Disabilities: Justice for Mentally Disabled Citizens", *Philosophical Topics* 30(2002): pp. 133~165.

61 "Beyond 'Compassion and Humanity': Justice for Non-Human Animals", In *Animal Rights: Current Debates and New Directions*, ed. Cass R. Sunstein and Martha C. Nussbaum, pp. 299~320, New York: Oxford University Press, 2004.

62 "Women and Theories of Global Justice: Our Need for New Paradigms", In *The Ethics of Assistance: Morality and the Distant Needy*, ed. Deen Chatterjee, pp. 147~176, Cambridge: Cambridge University Press, 2004.

63 "On Hearing Women's Voices: A Reply to Susan Okin", *Philosophy and Public Affairs* 32(2004): pp. 193~205.

64 "'On Equal Condition': Constitutions as Protectors of the Vulnerable", In *Will Secular India Survive?*, ed. Mushirul Hasan and Hasan Saroor, pp. 22~49, New Delhi: ImprintOne, 2004.

65 "Mill between Bentham and Aristotle", *Daedalus*, Spring 2004, pp. 60~68. Reprinted in *Economics and Happiness*, ed. Luigino Bruni and Pier Luigi Porta, pp. 170~183, Oxford: Oxford University Press, 2005.

66 "Body of the Nation: Why Women Were Mutilated in Gujarat", *The Boston Review* 29(2004): pp. 33~38. A slightly different version

published as "Rape and Murder in Gujarat: Violence against Muslim Women in the Struggle for Hindu Supremacy", In *'Holy War' and Gender, 'Gotteskrieg' and Geschlecht*, ed. Christina von Braun, Ulrike Brunotte, Gabriele Dietze, Daniela Hrzán, Gabriele Jähnert, and Dagmar Pruin, pp. 121~142. *Berliner Gender Studies*, vol. 2, Münster: Transaction, 2006.

67 "Beyond the Social Contract: Toward Global Justice", *The Tanner Lectures on Human Values* 24: pp. 413~508, Salt Lake City: University of Utah Press, 2004.

68 "India, Sex Equality, and Constitutional Law", In *Constituting Women: The Gender of Constitutional Jurisprudence*, ed. Beverly Baines and Ruth Rubio-Marin, pp. 74~204, Cambridge: Cambridge University Press, 2004.

69 "Women's Bodies: Violence, Security, Capabilities", *Journal of Human Development* 6(2005): pp. 167~183.

70 "Wellbeing, Contracts and Capabilities", In *Rethinking Wellbeing*, ed. Lenore Manderson, pp. 27~44, Perth, Australia: API Network, 2005.

71 "Religion, Culture, and Sex Equality"(paper overlapping with chapter 3 of *Women and Human Development*, published after delay of some years), In *Men's Laws, Women's Lives: A Constitutional Perspective on Religion, Common Law and Culture in South Asia*, ed. Indira Jaising, pp. 109~137, Delhi: Women Unlimited, 2005.

72 "Education and Democratic Citizenship: Beyond the Textbook Controversy", In *Islam and the Modern Age*(New Delhi) 35(2005):

pp. 69~89. A slightly different version is published as "Freedom from Dead Habit", *The Little Magazine*(New Delhi) 6(2005): pp. 18~32.

73 "The Comic Soul: Or, This Phallus that Is Not One", In *The Soul of Tragedy: Essays on Athenian Drama*, ed. Victoria Pedrick and Steven M. Oberhelman, pp. 155~180, Chicago: University of Chicago Press, 2005.

74 "Education and Democratic Citizenship: Capabilities and Quality Education", *Journal of Human Development* 7(2006): pp. 385~395.

75 "Radical Evil in the Lockean State: The Neglect of the Political Emotions", *Journal of Moral Philosophy* 3(2006): pp. 159~178. A longer version is "Radical Evil in Liberal Democracies", In *Democracy and the New Religious Pluralism*, ed. Thomas Banchoff, pp. 171~202, New York: Oxford University Press, 2007.

76 "Liberty of Conscience: The Attack on Equal Respect", *Journal of Human Development* 8(2007): pp. 337~358.

77 "The Capabilities Approach and Ethical Cosmopolitanism: A Response to Noah Feldman", *Yale Law Journal: The Pocket Part*, October 30, 2007, http://thepocketpart.orghoo7/m/3o/nussbaum.html.

78 "Constitutions and Capabilities: 'Perception' against Lofty Formalism", Supreme Court Foreword, *Harvard Law Review* 121(2007): pp. 4~97.

79 "Human Dignity and Political Entitlements", In *Human Dignity and Bioethics: Essays Commissioned by the President's Council on Bioethics*, pp. 351~380, Washington, D.C.: President's Council on

Bioethics, 2008.

80 "Toward a Globally Sensitive Patriotism", *Daedalus*, Summer 2008, pp. 78~93.

81 "Education for Profit, Education for Freedom", Special lecture 1, Institute for Development Studies Kolkata, printed as pamphlet, March 2008.

82 "The Clash Within: Democracy and the Hindu Right", In *Arguments for a Better World: Essays in Honor of Amartya Sen*, ed. Kaushik Basu and Ravi Kanbur, vol. 2, pp. 503~521, Oxford: Oxford University Press, 2008. Also published in a slightly different form in *Journal of Human Development* 9(2008): pp. 357~376.

83 "Who Is the Happy Warrior: Philosophy Poses Questions to Psychology", *Journal of Legal Studies* 37(2008): pp. 81~114. Reprinted in Law and Happiness, ed. Eric A. Posner and Cass R. Sunstein, pp. 81~114, Chicago: University of Chicago Press, 2010.

84 "Land of My Dreams: Islamic Liberalism under Fire in India", *The Boston Review* 34(2009): pp. 10~14. Reprinted in The Idea of a University: Jamia Millia Islamia, ed. Rakhshanda Jalil, pp. 13~28, New Delhi: Aakar, 2009.

85 "Nationalism and Development: Can There Be a Decent Patriotism?", *Indian Journal of Human Development* 2(2008): pp. 259~278.

86 "Capabilities, Entitlements, Rights: Supplementation and Critique", *Journal of Human Development and Capabilities*, forthcoming.

87 "The Capabilities of People with Cognitive Disabilities", *Metaphi-*

losophy 40(2009): pp. 331~351. Reprinted in Cognitive Disability and Its Challenge to Moral Philosophy, ed. Eva Kittay and Licia Carlson. Wiley-Blackwell, 2010.

88 "Compassion: Human and Animal", In *Ethics and Humanity: Themes from the Philosophy of Jonathan Glover*, ed. N. Ann Davis, Richard Keshen, and Jeff McMahan, pp. 202~226, New York: Oxford University Press, 2010.

89 "The Capabilities Approach and Animal Entitlements", In *Handbook on Ethics and Animals*, ed. Tom Beauchamp, Oxford: Oxford University Press, forthcoming.

90 "Equality and Love at the End of *The Marriage of Figaro*: Forging Democratic Emotions", *Journal of Human Development and Capabilities II*(2010): pp. 397~423.

91 "Abortion, Dignity, and a Capabilities Approach"(with Rosalind Dixon), In *Feminist Constitutionalism*, ed. Beverly Baines, Daphne Barak-Erez, and Tsvi Kahana, Cambridge: Cambridge University Press, forthcoming.

II. 아마티아 센의 연구

다음 목록은 센의 관련 저서와 논문 중 극히 일부만 선별해 수록한 것이다.

저서

1 *Poverty and Famines: An Essay on Entitlement and Deprivation*, Ox-

ford: Clarendon Press, 1981.

2 *Choice, Welfare, and Measurement*, Oxford: Clarendon Press, 1982.

3 *Resources, Values, and Development*, Cambridge, MA: Harvard University Press, 1984.

4 *Commodities and Capabilities*, Amsterdam: North-Holland, 1985.

5 *The Standard of Living*, Tanner Lectures, 1985, ed. G. Hawthorn, with discussion by others, Cambridge University Press, 1987.

6 *On Ethics and Economics*, Oxford: Blackwell, 1987.

7 *Inequality Reexamined*, New York and Cambridge, MA: Russell Sage and Harvard University Press, 1992.

8 *On Economic Inequality*, expanded ed., Oxford: Clarendon Press, 1996. Originally published in 1973 by Oxford University Press.

9 *Development as Freedom*, New York: Knopf, 1999. (국역본은『자유로서의 발전』, 김원기 옮김, 갈라파고스, 2013.)

10 *Rationality and Freedom*, Cambridge, MA: Harvard University Press, 2002.

11 *The Argumentative Indian*, London: Allen Lane, 2005.

12 *Identity and Violence: The Illusion of Destiny*, New York: W. W. Norton, 2006. (국역본은『정체성과 폭력』, 이상환·김지현 옮김, 바이북스, 2009.)

13 *The Idea of Justice*, Cambridge, MA: Harvard University Press, 2009.

장 드레즈와의 공동 연구

14 *Hunger and Public Action*, Oxford: Clarendon Press, 1989.

15 (eds.) *The Political Economy of Hunger*, 3 vols, Oxford: Clarendon

Press, 1990.

16 *India: Economic Development and Social Opportunity*, Oxford and Delhi: Oxford University Press, 1995.

17 (eds.) *Indian Development: Selected Regional Perspectives*, Oxford and Delhi: Oxford University Press, 1996.

18 *India: Development and Participation*, Oxford and Delhi: Oxford University Press, 2002(A new edition of Sen 16, but with much added material).

버나드 윌리엄스와의 공동 연구

19 (eds.) *Utilitarianism and Beyond*, Cambridge: Cambridge University Press, 1982.

논문

20 "Behaviour and the Concept of a Preference", *Economica* 40(1973): pp. 241~259(Also in Sen 2).

21 "Rational Fools: A Critique of the Behavioural Foundations of Economic Theory", *Philosophy and Public Affairs* 6(1977): pp. 317~344. Widely anthologized(Also in Sen 2).

22 "Poverty: An Ordinal Approach to Measurement", *Econometrica* 44(1976): pp. 219~231(Also in Sen 2).

23 "Utilitarianism and Welfarism", *Journal of Philosophy* 76(1979): pp. 463~489.

24 "Equality of What?", In *Tanner Lectures on Human Values*, ed. S. McMurrin. Salt Lake City: University of Utah Press, 1980(Also in Sen 2).

25 "Description as Choice", *Oxford Economic Papers* 32(1980): pp.

353~369(Also in Sen 2).

26 "Plural Utility", *Proceedings of the Aristotelian Society* 81(1980~1981): pp. 193~215.

27 "Rights and Agency", *Philosophy and Public Affairs* II(1982): pp. 3~39.

28 "Development: Which Way Now?", *The Economic Journal* 93(1983): pp. 745~762(Also in Sen 3).

29 "Poor, Relatively Speaking", *Oxford Economic Papers* 35(1983): pp. 153~169(Also in Sen 3).

30 "Well-Being, Agency, and Freedom: The Dewey Lectures 1984", *Journal of Philosophy* 82(1985): pp. 169~221.

31 "The Moral Standing of the Market", *Social Philosophy and Policy* 2(1985): pp. 1~19.

32 "Women's Survival as a Development Problem", *Bulletin of the American Academy of Arts and Sciences* 43(1989).

33 "More than 100 Million Women are Missing", *New York Review of Books*, December 20, 1990.

34 "Gender and Cooperative Conflicts", In *Persistent Inequalities*, ed. Irene Tinker, New York: Oxford University Press, 1990.

35 "Internal Consistency of Choice", *Econometrica* 61(1993): pp. 495~521(Also in Sen 10).

36 "Positional Objectivity", *Philosophy and Public Affairs* 22(1993): pp. 126~145(Also in Sen 10).

37 "Markets and Freedoms", *Oxford Economic Papers* 45(1993): pp. 519~541(Also in Sen 10).

38 "Capability and Well-Being", In Nussbaum and Sen, *The Quality of Life*.

39 "Population: Delusion and Reality", *New York Review of Books*, September 22, 1994.

40 "Gender Inequality and Theories of Justice", In Nussbaum and Glover, *Women, Culture, and Development*, pp. 259~273.

41 "Fertility and Coercion", *University of Chicago Law Review* 63(1996): pp. 1035~1051.

42 "Human Rights and Asian Values", *The New Republic*, July 14/21, 1997, pp. 33~40.

43 "Indian Traditions and the Western Imagination", *Daedalus*, Spring 1997, pp. 1~26.

44 "The Possibility of Social Choice", Nobel Lecture, *American Economic Review* 89(1999), pp. 349~378.

45 "The Discipline of Cost-Benefit Analysis", *Journal of Legal Studies* 29(2000): pp. 931~953. Reprinted in *Cost-Benefit Analysis*, ed. Matthew Adler and Eric Posner, Chicago: University of Chicago Press, 2000.

46 "Consequential Evaluation and Practical Reason", *Journal of Philosophy* 97(2000): pp. 477~502.

47 "Population and Gender Equity", *The Nation*, July 24, 2000.

48 "The Many Faces of Misogamy", *The New Republic*, September 17, 2001, pp. 35~40.

49 "Elements of a Theory of Human Rights", *Philosophy and Public Affairs* 32(2004): pp. 315~336.

50 "What Do We Want from a Theory of Justice?", *Journal of Philosophy* 103(2006): pp. 215~238.

51 "The Place of Capability in a Theory of Justice", In Brighouse and Robeyns, eds.(Ⅲ): pp. 239~253.

III. 역량 접근법을 다루는 기타 연구

그 밖에도 많은 논문이 센과 누스바움의 연구 목록에 포함된 논문집에 수록되어 있다는 사실에 유념하라. 인간개발및역량연구협회의 연례총회가 열릴 때마다 기조연설문과 발표된 논문이 『인간개발 및 역량 저널』에 실린다(『인간개발 및 역량 저널』은 2008년까지 『인간개발 저널』로 불렸다). 나는 이 목록에서 『인간개발 및 역량 저널』의 일부만 언급할 뿐 전부를 언급하지는 않을 것이다. 『인간개발 및 역량 저널』 9호(2008)는 2007~2008년 역량 접근법 참고문헌이 수록되어 있다. 2011년에 나올 『인간개발 및 역량 저널』에도 2009~2010년 역량 접근법 참고문헌이 실릴 것이다.

Agarwal, Bina, and Pradip Panda, "Toward Freedom from Domestic Violence: The Neglected Obvious," *Journal of Human Development* 8(2007): pp. 359~388.

Agarwal, Bina, Jane Humphries, and Ingrid Robeyns, eds. *Amartya Sen's Work and Ideas: A Gender Perspective*, Oxford: Routledge, 2005. 인도에서는 *Capabilities, Freedom, and Equality: Amartya Sen's Work from a Gender Perspective*(Delhi: Oxford University

Press(2006))로 간행되었다(본래 *Feminist Economics*, 2003의 두 특집호에 실린 논문을 묶어 책으로 펴낸 것이다).

Alkier, Sabina, *Valuing Freedoms: Sen's Capability Approach and Poverty Reduction*, Oxford: Oxford University Press(2002).

_____ , "Measuring Freedom Alongside Well-Being", In *Well-Being in Developing Countries: New Approaches and Research Strategies*, ed. I. Gough and J. Allister McGregor, Cambridge: Cambridge University Press, 2007.

Ball, Carlos, *The Morality of Gay Rights: An Exploration in Political Philosophy*, New York: Routledge, 2003.

Basu, Kaushik and Ravi Kanbur, *Arguments for a Better World: Essays in Honor of Amartya Sen*, Oxford and Delhi: Oxford University Press, 2009.

Basu, Kaushik, Prasanta pattanaik, and Kotaro Suzumura, eds. Choice, *Welfare, and Development: A Festschrift in Honour of Amartya K. Sen*, Oxford: Oxford University Press, 1995.

Bendik-Keymer, Jeremy, "Freedom Humans to All of life: Nussbaum's Transformation of dignity", *Capabilities, Gender, Equality Towards Fundamental Entitlements*, eds. Flavio Comim, New York: Cambridge University Press, 2014.

Brighouse, Harry and Ingrid Robeysons, *Measuring Justice: Primary Goods and Capabilities*, Cambridge: Cambridge University Press, 2010.

Chiappero-Maryinetti, Enrica, ed. *Debating Global Society: Reach and Limits of the Capability Approach*, Milan: Fondazione Giangiacomo

Feltrinelli, 2009.

Comim, Flavio, ed. *Capabilities, Gender, Equality Towards Fundamental Entitlements*, New York: Cambridge University Press, 2014.

Comim, Flavio, Mozaffar Qiziblash, and Sabina Alkire, eds. *The Capability Approach: Concepts, Measures and Applications*, Cambridge: Cambridge University Press, 2008.

Crocker, David A., "Functioning and Capability: The foundation of Sen's and Nussbaums's Development Ethic", *Political Theory* 20(1992): pp. 584~612.

_____ , "Functioning and Capability: The foundation of Sen's and Nussbaums's Development Ethic, Part 2", In Nussbaum and Glover, *Women, Culture, and Development*.

_____ , *Ethics of Global Development: Agency, Capability, and Deliberative Democracy*, Cambridge: Cambridge University Press, 2008.

Crocker, David A., and Ingrid Robeyns, "Capability and Agency", In *Amartya Sen*, ed. C. Morris, pp. 60~90, Cambridge: Cambridge University Press, 2009.

Deneulin, Severine, and Lila Shahani, eds. *An Introduction to the Human Development and Capability Approach: Freedom and Agency*, London: Earthscan/IDRC, 2009.

Drydyk, Jay, "Responsible Pluralism, Capabilities, and Human Rights", *Journal of Human Development and Capability* 12, forthcoming.

Drydyk, Jay with Peter Penz, and Pablo Bose, *Displacement by Development: Ethics and Responsibilities*, Cambridge: Cambridge University

Press, 2010.

DuBois, Jean-Luc, et al., eds. *Repenser l'action collective: une approche par les capabilites*, Paris: Reseau IMPACT, 2008.

Esquith, Stephen L., and Fred Gifford, eds. *Capabilities, Power, and Institutions*, University Park, PA: Penn State Press, 2010.

Fukuda-Parr, Sakiko, and A. K. Shiva Kumar, eds. *Readings in Human Development*, Oxford: Oxford University Press, 2003.

Holland, Breena, "Ecology and the Limits of Justice: Establishing Capability Ceilings in Nussbaum's Capability Approach", *Journal of Human Development* 9(2008): pp. 401~426.

_____ , "Justice and the Environment in Nussbaum's 'Capabilities Approach': Why Sustainable Ecological Capacity Is a Meta-Capability", *Political Research Quarterly* 61(2008): pp. 319~332.

Jayal, Niraja Gopal, "The Challenge of Human Development: Inclusion or Democratic Citizenship?", *Journal of Human Development and Capabilities* 10(2009): pp. 359~374.

Kanbur, Ravi, and Kaushik Basu, eds. *Arguments for a Better World: Essays in Honor of Amartya Sen*, Oxford: Oxford University Press, 2009.

Morris, Christopher, ed. *Amartya Sen*, Contemporary Philosophy in Focus, Cambridge: Cambridge University Press, forthcoming.

Pogge, Thomas, "A Critique of the Capability Approach", In Brighouse and Robeyns, eds.(III), pp. 17~60.

Putnam, Hilary, "Capabilities and Two Ethical Theories", *Journal of Human Development* 9(2008): pp. 377~388.

Qizilbash, Mozaffar, "Social Choice and Individual Capabilities", *Politics, Philosophy and Economics* 6(2007): pp. 169~192.

Richardson, Henry, *Practical Reasoning about Final Ends*, Cambridge: Cambridge University Press, 1997.

_____ , "Some Limitations of Nussbaum's Capacities", *Quinnipiac Law Review* 19(2000): pp. 309~332.

_____ , "The Stupidity of the Cost-Benefit Standard", *Journal of Legal Studies* 29(2000): pp. 971~1003. Reprinted in *Cost-Benefit Analysis*, ed. Matthew Adler and Eric Posner, Chicago: University of Chicago Press, 2000.

_____ , "Rawlsian Social-Contract Theory and the Severely Disabled", *Journal of Ethics* 10(2006): pp. 419~462.

_____ , "The Social Background of Capabilities for Freedoms", *Journal of Human Development* 8(2007): pp. 389~414.

Robeyns, Ingrid, "The Capability Approach: A Theoretical Survey", *Journal of Human Development* 6(2005): pp. 93~114.

_____ , "The Capability Approach in Practice", *Journal of Political Philosophy* 14(2006): pp. 351~376.

_____ , "Justice as Fairness and the Capability Approach", In Kanbur and Basu, *Arguments for a Better World*, 2009.

Schokkaert, Erik, "Capabilities and Satisfaction with Life", *Journal of Human Development* 8(2007): pp. 415~430.

Stewart, Frances, "*Frontiers of Justice: Disability, Nationality, Species Membership*, by Martha C. Nussbaum", *Journal of Human Development and Capabilities* 8(2009): pp. 153~155.

Wolff, Jonathan, and Avner De-Shalit, *Disadvantage*, New York: Oxford University Press, 2007.

IV. 기타 본문에 인용된 연구

Agarwal, Bina, *A Field of One's Own: Gender and Land Rights in South Asia*, Cambridge: Cambridge University Press, 1994.

_____ , "'Bargaining' and Gender Relations: Within and Beyond the Household", *Feminist Economics* 3(1997): pp. 1~51.

Arneson, Richard J., "Perfectionism and Politics", *Ethics* III(2000): pp. 37~63.

Barclay, Linda, "What Kind of a Liberal Is Martha Nussbaum?", *SATS: Nordic Journal of Philosophy* 4(2003): pp. 5~24.

Barker, Ernest, *The Political Thought of Plato and Aristotle*, London: Dover, 1959. First published 1906 by G. P. Putnam's Sons.

Barry, Brian, *Justice as Impartiality*, Oxford: Clarendon Press, 1995.

Batson, C. Daniel, *The Altruism Question: Toward a Social-Psychological Answer*, Hillsdale, NJ: Lawrence Erlbaum Associates, 1991.

Beitz, Charles, *Political Theory and International Relations*, Princeton: Princeton University Press, 1979.

Benhabib, Seyla, "Cultural Complexity, Moral Interdependence, and the Global Dialogical Community", In Nussbaum and Glover, *Women, Culture, and Development*, pp. 235~255.

Bhatt, Ela, *We Are Poor But So Many*, New York: Oxford University

Press, 2006.

Brandt, Richard, *A Theory of the Good and Right*, Oxford: Clarendon Press, 1979.

Deigh, John, "Liberalism and Freedom", In *Social and Political Philosophy: Contemporary Perspectives*, ed. J. Sterba, pp. 151~161, New York: Routledge, 2001.

Elster, Jon, "Sour Grapes", In Sen and Williams, *Utilitarianism and Beyond*, pp. 219~238.

_____ , *Sour Grapes: Studies in the Subversion of Rationality*, Cambridge: Cambridge University Press, 1983.

Green, T. H., "Liberal Legislation and the Freedom of Contract", In Harris and Morrow, *T. H. Green*, pp. 194~212.

Hampton, Jean, "Feminist Contractarianism", In *A Mind of One's Own: Feminist Essays on Reason and Objectivity*, 2nd ed., ed. Louise Antony and Charlotte Witt, pp. 337~368, Boulder: Westview, 2002.

Harris, Paul, and John Morrow, eds. *T. H. Green: Lectures on the Principles of Political Obligation and Other Writings*, Cambridge: Cambridge University Press, 1986.

Harsanyi, John, "Morality and the Theory of Rational Behavior", In Sen and Williams, *Utilitarianism and Beyond*, pp. 39~62.

Korsgaard, Christine, "Fellow Creatures", *The Tanner Lectures on Human Values*, ed. Grethe B. Peterson, vol. 25/6(2004): pp. 79~110.

Larmore, Charles, *The Morals of Modernity*, Cambridge: Cambridge University Press, 1996.

Murphy, Liam, *Moral Demands in Ideal Theory*, New York: Oxford University Press, 2000.

Nagel, Thomas, *Equality and Partiality*, New York: Oxford University Press, 1991.

Okin, Susan Moller, "Poverty, Well-Being, and Gender: What Counts, Who's Heard?", *Philosophy and Public Affairs* 31(2003): pp. 280~316.

Pettit, Philip, *Republicanism: A Theory of Freedom and Government*, New York: Oxford University Press, 1997.

Pogge, Thomas, *Realizing Rawls*, Ithaca, NY: Cornell University Press, 1989.

_____ , *World Poverty and Human Rights: Cosmopolitan Responsibilities and Reforms*, Cambridge: Polity Press, 2008.

Posner, Eric, "Human Welfare, Not Human Rights", *Columbia Law Review* 108(2008): pp. 1758~1802.

The Pratichi Education Report: The Delivery of Primary Education, a Study in West Bengal, by the Pratichi Research Team, Kumar Rana, Abdur Rafique, Amrita Sengupta, with Introduction by Amartya Sen, number 1. Delhi: TLM Books, 2002.

Rawls, John, *A Theory of Justice*, Cambridge, MA: Harvard University Press, 1971. (국역본은 『정의론』, 황경식 옮김, 이학사, 2003.)

_____ , *Political Liberalism*, expanded ed., New York: Columbia University Press, 1986. (국역본은 『정치적 자유주의』, 장동진 옮김, 동명사, 1999.)

_____ , *The Law of Peoples*, Cambridge, MA: Harvard University

Press, 1999.

Rose, Kalima, *Where Women Are Leaders: The SEWA Movement in India*, Delhi: Vistaar, 1992.

Rothschild, Emma, *Economic Sentiments: Adam Smith, Condorcet, and the Enlightenment*, Cambridge, MA: Harvard University Press, 2001.

Scanlon, Thomas, "Value, Desire, and the Quality of Life", In Nussbaum and Sen, *The Quality of Life*, pp. 185~200.

_____ , *What We Owe to Each Other*, Cambridge, MA: Harvard University Press, 1999. (국역본은 『우리가 서로에게 지는 의무』, 강명신 옮김, 한울, 2008.)

Singer, Peter, "Famine, Affluence, and Morality", *Philosophy and Public Affairs*(1972): pp. 229~244.

Stiglitz, J. E., Amartya Sen, J.-P. Fitoussi, et al., *Report of the Commission on the Measurement of Economic Performance and Social Progress*, Online, 2010.

Sunstein, Cass R., *The Second Bill of Rights: F. D. R.'s Unfinished Revolution and Why We Need It More Than Ever*, New York: Basic, 2004.

Unger, Peter, *Living High and Letting Die: Our Illusion of Influence*, New York: Oxford University Press, 1996.

Williams, Bernard, "A Critique of Utilitarianism", In *Utilitarianism: For and Against*, ed. J. J. C. Smart and Bernard Williams, pp. 77~150, Cambridge: Cambridge University Press, 1973.

불평등과 역량 접근법의 모색

이양수(경기대학교 대우교수)

누스바움은 세계적으로 가장 주목받고 있는 여성 철학자이다. 서양 고전문학 및 철학에 해박한 그는 전공 분야인 플라톤, 아리스토텔레스를 위시한 고대 그리스 철학, 스토아학파에 관한 굵직한 다수의 저서로 세계적 명성을 날렸고, 최근에는 전공 분야를 뛰어넘어 윤리학, 정치학, 경제학, 예술 등 다방면에서 지적 재능을 맘껏 발휘하고 있다. 세심하면서도 거침없는 그의 논증은 독자를 매료시켰고, 그 결과 이 시대의 지성인으로 단연 손꼽힌다.

　이번에 번역 출간되는『역량의 창조』는 그의 정치사상을 가늠할 수 있는 중요한 저서다. 단순히 이론적 지적 호기심 차원을 넘어 전 지구가 당면한 현실 문제를 개선하려는 의지가 돋보인다. 누스바움은 1990년대부터 노벨 경제학상 수상자인 센과 공동으로 세계 빈곤 문제를 인간개발 문제와 연동시켜 국제적인 의제로 확장하고 있다. 인간역량의 개발, 특히 인간역량 개발에 필요한 핵심역량을 주창하며 개발 경제학과 철학을 접목하고 있다. 개발도상국의 여러 사례들을 바탕으로 개발경제학과 철학의 이론적 기반으로 제시한 것이 이른바 '역량 접근법'이다. 세계 개발경제학의 주류인 양적 연구 접근법을 비판하면서 새로운 질적 연구 방법으로 역량 접근법을 제시하고 있는 것이다. 무엇보다『역량의 창조』은 국내에서 본격적으로 소개되지 않은 역량 접근법을 가장 체계적으로 설명하고 있다.

　사실 이 책의 제목에 쓰인 '역량'이라는 용어는 우리에게 여간 생소한 게 아니다. 그런 점에서 이 책에서 말하는 역량이라는 말부터 간략하게 소개할 필요가 있다. 역량은 타고난 재능과 능력에 잠재된 것을 총괄하는 용어다. 재능과 능력이 현재 눈으로 확인된 것이라고 한다면, 역량은 눈으로 확인되지 않았지만 재능과 능력에 결부된 잠재성 같은 것이다. 쉬운 이해를 위해 다음 경우를 생각해보면 좋을 것이다. 누군가 뛰어난 재능과 능력과 갖고 태어났다고 해보자. 하지만 아무리 뛰어난 재능도 적절한 시기를 만나지 못하면 발휘되기 어렵다. 능력이 발휘되기 전까지 그는 능력이 있는지조차 모른다. 역으로 말하면 특정 능력은 능력 발휘의 조건을 충족시켜야 한다. 따라서 능력과 발휘 조건은 동전의 양면처럼 따라 붙어 다닌다. 누스바움은 이 둘을 가리켜 역량이라고 총칭한다. 누스바움이 역량 접근법의 시조로 언급하고 있는 것은 아리스토텔레스의 철학이다. 아리스토텔레스는 타고난 능력과 발휘된 능력을 구분하면서 능력 발휘의 조건을 충족시킬 정치공동체를 강조한다. 누스바움은 이런 입장이 현대 사회에도 매우 유용한 프레임임을 강조한다. 각자의 능력을 동등하게 대우한다고 해서 모든 사람의 능력이 동등하게 발휘되지 않는다. 이 책에 소개되고 있는 인도 여성인 바산티의 사례처럼 능력조차 발휘될 조건이 갖춰지지 않으면 그 어떤 역량도 나타나지 않는 상황이 부지기수이기 때문이다. 누스바움은 이런 맥락에서 각자의 역량을 발휘될 조건을 탐구하는 것이 중요하다고 생각한 것이다.

인간역량에 대한 관심은 센과의 교류를 통해서 형성된 것이다. 센은 노벨 경제학상 상금을 고향에 전액 기부해 연구재단을 설립했고, 역량과 인간개발의 상관성을 밝히는 주제에 아낌없이 후원했다. 그 결과 세계적 수준의 성과를 내는 후속 연구들이 진행 중이다. 이런 과정을 지켜보면서 역량의 중요성을 깨달은 누스바움은 센의 역량 접근법에 깊이 관여 했고, 이것을 자신의 철학적 기반으로 삼으면서 발전시켜 나간다. 물론 누스바움과 센의 접근법에는 상당한 차이가 있다. 센은 역량을 주로 개발경제학 차원에서 다루고 있지만, 누스바움은 역량을 철학적 기반, 특히 정치철학의 토대에 적용해보려고 시도하고 있다. 그런 점에서 누스바움은 역량이 정의문제와 밀접하게 연관됨을 강조한다. 헌법으로 보장된 핵심역량을 옹호하면서 역량이 사회 불평등 해소의 기반이 되어야 한다고 주장하고 있다.

국내에서는 누스바움의 역량 접근법에 대한 연구가 아직 미진한 편이다. 선구적인 몇 편의 글과 누스바움의 저서들이 번역되어 있지만, 대부분 그의 철학사상을 개괄적으로 소개하거나 특정 전공 관심사로 거론될 뿐이다. 아직 체계적으로 역량 접근법을 소개한 글을 찾기는 쉽지 않은 실정이다. 하지만 사회 불평등과 복지 문제가 핵심적인 정치적 이슈로 등장한 만큼, 누스바움의 역량 접근법은 국내외에서 더욱 집중 조명을 받을 것으로 기대된다. 한층 체계적인 후속 연구를 고대하면서, 이 글에서는 역량 접근법에 친숙하지 못한 국내 독자를 위해 서구 자유주의 논의 안에서 역량 접근법의 위치를 개략적으로 소개해볼 생각이다. 더불어 누스바움의 역량 접근법이 우리 사회에 적용 가능한지 생각해보려고 한다. 이를 통해 그의 실천적 관점이 우리가 당면한 문제를 해소해 나가는 데 디딤돌이 될 수 있다면, 아니 중요성이라도 가늠해볼 수 있다면, 소기의 목적을 달성했다고 자부할 수 있을 것이다.

평등, 어떻게 실현할 것인가?

역량 접근법은 자유주의 사상의 보완책으로 제시된다. 자유주의 사상의 특징은 자유와 평등의 조화를 모색하는 사상으로 무엇보다 개인 스스로 선택할 수 있는 자유, 자기 결정을 중시한다. 우리는 일본을 통해 자유주의 사상을 처음 접하게 되었다. 20세기 일부 개화 지식인 사회에서 애독했던 자유주의 사상이 본격적으로 우리 사회를 지배하게 된 것은 자본주의 체제가 우리 일상에 침투하게 된 최근의 일이다. 특히 자기결정과 책임의 문제는 널리 회자될 만큼 그 중요성이 모색되고 있다.

자유주의에 따르면, 자유는 일단 훼손되면 원래 상태로 복원될 수 없다. 자유는 어떤 보상으로도 회복 불가능한 것이다. 따라서 자유주의자들은 각 개인이 스스로 선택하고, 선을 교정할 수 있으며 각자의 행위에 책임질 줄 알아야 한다고 강변한다. 이런 자유주의 사상은 그 자체로 평등사상을 내포한다. 개인의 자유를 보존한다는 것은 모두가 동등하게 대우받음을 암시한다. 이는 서구 도덕의 기틀을 형성한 칸트의 근본 명제를 받아들이는 것이다. 자유를 상실하고는 절대로 평등을 달성할 수 없다.

그러나 이상과 현실은 다르다. 자유주의 체제 안에서 각 개인은 자유를 누리지만, 그 결과는 차이가 있다. 같은 선택이 항상 같은 결과를 내는 것은 아니다. 가령 각 개인의 소득은 다르다. 개인 간 소득 차이는 경제적 격차로 귀결된다. 아무리 각 개인들을 동등하게 대우한다고 해도, 선택에 따른 결과의 차이가 같을 수는 없다. 특히 자기 소유를 정당화하면 사유재산이 인정되면서 불평등은 극심해진다. 자유주의 사회의 동등한 대우라는 정치적 이상은 소득의 극심한 불균형을 막아내지 못한다. 현실의 불평등을 해소하지 못한 체제는 위기에 봉착하고, 자유와 평등의 이분법에서 양자택일을 강요받는다.

이런 현상은 현대사회에도 두드러진다. 소수가 부를 독점하는 극심한 양극화가 진행 중이며, 불평등의 악순환으로 고통 받고 있다. 마르크스주의자들은 현대사회의 불평등을 자본주의 체제의 구조적 모순으로 해석했고, 자본주의 체제의 극복을 불평등 해소의 유일한 길로 천명했다. 20세기 좌파 진영의 이론적 통로였던 이 같은 급진적인 정치철학은 결과의 불평등을 해소하기 위해서는 불평등을 부당하게 정당화하는 국가를 전복해야 한다고 역설했다. 그들은 이런 전복을 역사의 필연성으로 정당화하려 했다. 하지만 자유주의자들은 국가의 역할을 지나치게 단순화했다고 비판한다. 현대의 불평등은 인간의 과도하고 그칠 줄 모르는 탐욕이 작동한 결과이며, 국가의 적극적인 역할을 통해 이런 불평등을 완화시킬 수 있다고 주장한다. 이들에 따르면 국가는 모든 사람에게 동등한 기회를 부여하는 방향으로 부의 불평등을 해소하는 데 기여해야 한다.

이런 국가의 역할을 강조한 데는 근대사상에서 주목하지 않았던 정의의 분배적 기능에 대한 자각 때문이다. 이른바 정의가 필요한 상황(흔히 흄의 어휘를 받아들여 '정의의 여건'이라 부른다)은 이런 역할의 필요성을 대변한다. 특히 흄을 비롯한 공리주의자들은 물질 재화의 부족에서 생기는 갈등, 이질적인 가치에서 생기는 갈등은 결국 공리로 해결될 수 있다고 생각했다. 이런 공리적 역할이 바로 정의라고 본 것이다. 중요한 사실은 자유와 평등의 실현이 국가를 매개로 할 때만 가능하며, 이를 위해 제도 차원에서 자유와 평등의 규제가 필요하다는 점이다.

정의를 통한 평등 사회의 구현은 분명하게 고대적 이념이다. 플라톤의 『국가』는 전형적인 사례로, 정의를 국가 기능의 가장 중요한 요소로 간주한다. 정의는 개인의 자유에 토대를 두면서도 모든 사람이 동등하게 대우받는 평등사회의 성격을 띤다. 플라톤의 해법은 자유에서 생기는 불평등을 국가제도의 적극적인 기능으로 해소하는 것이다. 물론 플라톤은 국가제도의 원리적 측면보다 정의의 수행자인 철인 왕에 주목했다. 철인 왕의 역할은 해석의 차이에 따라 의견이 분분히 갈리지만, 분명한 건 자유로운 교환에서 생기는 두 극단, 즉 과도한 부와 빈곤을 조정하는 역할을 맡았다는 점이다. 플라톤을 적극적으로 해석하면, 정의의 목표는 사회성원의 자발적인 협력을 통해 사회 생산성을 높이면서 사회 전체의 행복을 키우는 것이다.

　자유주의 사상은 이런 정치 지도자의 덕목보다 사회제도의 원리 측면에서 정의를 활용한다. 분배정의를 적극적으로 적용하면서 평등이 실현될 수 있다고 본다. 다시 말해, 평등한 사회를 곧바로 달성할 수는 없다. 우리는 정의로운 제도를 적용해 각자에게 동등한 기회를 부여하고, 이를 통해 평등을 달성하는 것이다. 평등이 구현된다고 해서 정의롭다고 할 수 없다. 모두가 평등한 세상은 정의가 필요 없는 세상일 수 있지만, 현실의 불평등은 정의를 통해서만 타개할 수 있다. 그런 점에서 현대사회는 다음 물음에 봉착한다. 만일 현실이 극심한 불평등으로 고통 받는다면, 어떻게 평등을 달성할 수 있을까? 정의는 어떻게 평등을 포용할 수 있을까?

성장과 효용의 조화: GDP 접근법

가장 널리 알려진 방법은 이른바 지속적인 성장을 통해 불평등을 해소하는 것이다. 파이가 커지면 분배량도 커진다는 일반인의 고정관념에 가장 잘 부합하는 정의관이다. 누스바움은 이런 접근법을 'GDP 접근법'으로 명명한다. 양적 성장을 통해 불평등 문제를 해소할 수

있다고 생각하면서 사회 전체의 총생산을 늘리는 성장정책을 주도
한다. 물론 이들은 국가가 적극적인 분배정책을 통해 사회 불평등을
해소해야 한다고 주장한다. 그러나 분배정책이 가능하려면 이른바
재원이 요구되고, 재원 충족을 위해서 GDP의 실질적인 성장을 유도
해야 한다고 한결같이 주장한다. 이런 성장주도의 정책이 경제적 자
유 만능주의 정책으로 치우친다는 비판은 여러 경험적 예로 입증된
바 있다. 특히 신자유주의 비판 논리에 따르면, 성장주도 정책은 정
치의 실종으로 이어진다. 여기서 누스바움은 이념 논쟁이 아닌, 정의
자체의 내재적 비판을 제기하며 논리를 세운다. 총소득의 증가가 삶
을 향상시킨다는 가정이 사실이려면 또 하나의 전제가 충족되어야
한다. 소득 증가분이 사회성원 각자의 몫으로 돌아가야 한다. 또한
삶의 실질적인 향상을 가져올 수 있어야 하는데, 불행히도 GDP 접
근법은 삶의 향상과 무관하다는 연구 결과가 쏟아지고 있다. 사회적
약자를 보완할 정책을 포함하지 않는 성장 위주의 접근법은 근본적
인 문제를 낳는다.

　　물질적인 성장은 왜 효과적인 분배를 달성할 수 없을까? 이 근본
적인 물음은 플라톤이 과도한 부가 빈곤 못지않게 사회 불평등을 심
화시킨다는 통찰과 연동된다. 여기에는 인간 본성에 대한 통찰이 자
리 잡고 있다. 인간의 이기적인 본성은 불평등을 심화시킨다. 즉 이
기적인 인간에게 자비심을 기대할 수 없다. 그렇다면 사회적 부의 증
가는 평등사회를 구축하지 못하게 하고, 인간의 이기적인 본성으로
인해 온갖 사회갈등과 계층 간 갈등을 가속화시킨다. 누스바움은 불
평등한 현실을 극복하기 위해서는 국가의 적극적인 역할이 필요하
다고 강조한다. 그러나 물질적인 성장에 대한 과도한 집착은 정치를
상실시켜 극심한 양극화를 부채질한다. 빈곤은 필연적인 결과이고,

빈곤타파의 약속은 허언虛言이 돼버린다. 더욱이 빈곤은 물질적 부의 결핍만을 뜻하지 않는다. 상대적 박탈감, 무기력, 무능을 뜻하기 때문에 양극화는 더욱 어려운 파국으로 치닫는다.

누스바움은 GDP 접근법의 이론적 파산을 선언하면서 새로운 접근법의 필요성을 역설한다. 삶의 질을 향상시키면서 각 개인의 자질과 역량을 키울 수 있는 접근법이 요구된다고 주장한다. 불평등 해소 과정에서 사회적 약자의 능력을 향상시킬 수 있는 방향으로 진행되어야 한다. 성장 위주의 정책은 사회적 약자에 대한 배려가 필요한데, 이를 책임질 매개체가 사라지는 실정이다. 따라서 사회적 약자는 패배자로서 버림받는 경우가 허다하다. 이런 상황에서는 불평등은 더욱 심화되고, 성장의 혜택을 일부만 누리게 된다.

옳은 것의 우위

불평등을 해소하는 또 하나의 가장 중요한 시도는 롤스로 대변되는 평등주의적 자유주의다. 평등주의적 자유주의자들은 개인의 자기 결정 능력을 근본으로 삼으면서도 국가제도의 적절한 역할을 통해 평등사회로 나갈 수 있다고 믿는다. 평등주의적 자유주의자들도 일단 훼손된 자유는 복원 불가능하다는 측면에서 자유가 최우선되어야 한다는 데 동의한다. 하지만 모든 사람에게 공정한 기회를 부여하고, 그에 수반된 불평등에 '차등의 원칙'이라는 추가 원리를 적용하면 평등사회로 다가설 수 있다고 주장한다. 차등의 원칙이란 사회에서 가장 혜택을 받지 못한 구성원에게 기회를 더 부여하는 원칙이다. 물론 사회에서 누가 가장 불이익을 받느냐는 사회, 경제, 문화적 요인에 따라 평가해야 한다. 어떤 체제이든 가장 불이익을 받는 성원이 있기 마련이다. '최소 수혜자'에게 더 많은 혜택이 돌아가도록 국가 차원에서 차등의 원칙을 적용한다면 현실의 불평등을 점차 해소할 수 있다는 것이 평등주의적 자유주의자인 롤스의 생각이다.

평등적 자유주의의 가장 큰 장점은 사회 불평등을 제도적으로 해결하는 데 있다. 사회 불평등에 대한 제도적 해법은 무엇보다 헌법을 포함한 사회제도에 정의원칙을 적용해 사회 불평등을 줄여가는 것이다. 정의원칙은 사회 성원들이 생각하기에 옳은 것을 의미하며, 상호 동의를 통해 획득된다. 여기서 중요하게 여겨지는 원칙은 공정한 기회균등의 원칙이다. 공정하게 기회의 평등을 달성하면 평등사회를 달성할 수 있을까? 예를 들어 모든 사람에게 동등한 조건, 같은 유형의 문제지를 제시하고 실력을 측정한다면 그 사람의 진짜 실력을 알 수 있지 않을까? 언뜻 생각하면 우리의 일상 믿음처럼 공정한 기회의 평등을 제공한 만큼 진짜 실력을 알 수 있다고 말할 수 있다. 하지만 롤스를 위시한 평등주의적 자유주의자들은 아직도 국가 차원의 해결로는 미흡하다고 생각한다. 동등한 조건이긴 하지만, 그 이전 상황의 불공정함 여부는 전혀 묻지 않기 때문이다. 동등 조건의 시험이라고 해도 그 이전의 교육정도, 선행학습 여부, 더 나아가 영양상태 등을 고려하지 않았기 때문에 완전히 공정하다고 볼 수 없다. 평등주의적 자유주의자에 따르면 이를 시정하기 위한 추가 정의원칙이 필요하다. 차등의 원칙은 바로 이를 보완하기 위한 것이다.

공정한 기회균등을 제공해도 평등사회를 달성할 수 없는 이유는 누스바움의 역량 접근법을 이해하는 데도 중요하다. 롤스처럼 누스바움도 공정한 기회균등을 보장해도 여전히 불평등이 해소되지 않은 이유에 주목한다. 롤스의 처방은 두 가지 점에서 중요하다. 우선

국가가 적극적으로 사회 불평등을 해소하는 방향으로 나아가야 한다는 것이고, 다음으로 사회적 약자를 보호하는 방향으로 정의가 집행되어야 한다는 것이다. 물론 정의의 목적이 사회적 약자를 보호하는 데 있다는 것은 젊은 트라시마코스의 도전에 소크라테스가 옹호하고자 했던 생각이다. 그리고 그는 국가의 법이 사회적 약자들이 동등하면서도 행복하게 살 기회를 제공하는 것이어야 한다고 주장했다. 이런 소크라테스의 이상은 현대 평등주의적 자유주의자들이 계승하는 정치적 이념이다. 분배정의의 실현을 국가의 적극적인 역할 중 하나로 간주하면서 평등사회를 구현하려고 하기 때문이다.

하지만 누스바움은 이런 평등주의적 자유주의의 해법도 많은 문제를 노출한다고 본다. 사회적 약자를 보호하려는 당위성에 십분 동의하지만, 차등의 원칙으로는 사회적 약자의 역량을 끌어올릴 수 없다고 보기 때문이다. 흔히 지적하는 것처럼 롤스의 결정적인 약점은 차등의 원칙의 적용에서 나타난다. 사회적 약자에 대한 기회제공이라는 원칙에 동의한다고 해도 구체적으로 어떻게 사회적 약자들의 선택지를 넓히고 더 나아가 그들의 역량을 최고수준까지 끌어올릴 수 있는지 논의되지 않고 있다. 물론 이를 위해서 최소수준의 역량을 보존해야 한다는 것이 누스바움의 생각이다. 롤스 논의의 결정적인 약점은 원초적 입장의 계약 당사자들이 도출한 정의원칙이 역량을 창출할 만큼 구체적이지 못한 데 있다. 롤스의 정의원칙은 인간이면 누구나 누릴 최소한의 가치들(롤스가 '사회의 기본가치'라고 부른 것이다)을 전제로 도출했기에 현실 적용과정에서 구체적으로 역량을 키우는 데 필요한 가치들은 염두에 두지 않았다. 특정 문화에 적응해서 살아야 할 우리들의 역량은 이에 비해 구체적이어야 한다. 이 같은 간극을 메우기 위해서는 최소한의 가치가 아니라, 문화에 따라 자기 역량을 키울 수 있는 한층 구체적인 가치들을 고려해야 한다. 누스바움이 주장하는 바는 문화적인 차이를 넘어 인간역량을 키우는 핵심 역량 목록을 만들자는 것이다. 헌법이 보장되고, 특정 사회에서 꼭 필요한 자질을 키우는 데 조건이 될 역량 목록을 만들어, 이 역량을 보장하고 키우는 것을 국가의 의무로 삼자는 것이 누스바움의 기본 기획이다.

역량 접근법으로의 전회

누스바움이 제창하는 핵심역량 목록은 저서마다 약간의 미묘한 차이가 있지만, 대체로 9~10개 정도의 역량 목록으로 제시된다. 이 역량들은 인간이 좋은 삶을 사는 데 꼭 필요한 것들로 대략 소개하면 다음과 같다. ① 건강 보건 ② 고용과 근무 조건 ③ 경제 자원 ④ 지식과 교육의 기회 ⑤ 가족과 사회 통합 ⑥ 주택과 환경 ⑦ 생명과 재산 보호 ⑧ 여가와 문화 활동 ⑨ 정치 참여. 이 핵심역량은 인간이 좋은 삶을 영위하기 위한 기본 조건들이며, 인간이 누릴 추상적인 권리보다 한층 구체적인 내용을 담보하고 있다. 생활여건과 경제여건에 따라 순위의 차이는 날 순 있지만, 적어도 인간이 자기 역량을 발휘하기 위한 기본 목록이다. 따라서 국가는 이 조건들을 시민들에게 제공할 의무가 있다고 주장한다.

　누스바움은 국가의 역할을 강조하면서 블록 공동체를 구상하는 세계적 추세를 거부하게 한다. 누스바움은 세계국가를 지향한 로마 제국의 사회체제 통합과 유지 방식을 탐색하면서, 개인 각각의 행복을 만족시키는 데 중점을 두었다는 점을 보여준다. 하지만 그는 세계

국가는 역량 접근법의 주체가 될 수 없다고 비판한다. 현재 진행 중인 블록 공동체 국가는 사회적 의무를 도외시하고 경쟁만을 부추이고 있다. 결국 이런 추세는 사회의 불평등을 양산하면서도 해소하지 못한 상태로 빠질 수 있기 때문에 더욱 위험할 수 있다고 지적하는 것이다. 신자유주의 정책으로 양극화 현상이 가속화되는 과정을 지켜보는 우리 입장에서도 시사하는 바가 크다고 할 수 있다. 또 한편으로는 정의 실현을 위해 적절한 인구와 규모를 강조한 플라톤이나 소국과민 정치론을 주장한 노자의 입장도 이런 관점의 연장선상에서 이해될 수 있을 것이다.

역량 접근법이 갖는 또 하나의 철학적 이점은 현대사회의 인간관에 대한 비판과 연계된다. 자율적이고 독립적인 인간상을 지향하는 현대인들은 인간의 취약성fragility을 무시하는 경향이 있다. 누스바움에 따르면 인간이 취약하다는 사실은 피할 수 없는 조건이며, 이런 취약성의 보완으로 역량 접근법이 선호되어야 한다는 것이다. 인간의 나약성과 취약성은 고대 정치철학에서 가장 중요한 기반이다. 노인, 장애인과 같은 약자에 대한 배려도 인간 나약성의 고려에서 나온다. 하지만 현대인들의 지나친 자율에 대한 강조는 인간의 나약성을 감출 것, 보여서는 안 될 것으로 간주하는 경향이 강하다. 평등주의적 자유주의자들이 강조하지 못한 것도 이런 취약성에서 노출된 인간의 모습이다. 누스바움은 인간의 나약성을 인정할수록 나보다 못한 사람들, 고령자, 장애인, 성소수자에 대한 관심이 커지고, 더불어 살아갈 이유를 찾게 될 것임을 강조한다.

이런 누스바움 철학의 특징을 염두에 두었을 때, 이 책의 첫 장에서 인용된 바산티의 사례를 더욱 풍성하게 해석할 수 있다. 바산티의 역량은 사회적 편견과 인간다운 삶을 위한 조건을 충족시켰을 때만

비로소 나타난다. 더욱이 역량 문제는 단순히 자선이나 복지 차원의
수혜의 문제가 아님을 금방 알아차릴 수 있다. 역량 문제는 철저히
자기 자신의 정체성 문제와 밀접하게 연관된다. 역량의 창조는 자기
자신의 생성, 자기 자신이 되어가는 역사적 순간이다. 누스바움이 강
조하고 있는 바는, 자기정체성 확보 과정은 정치 참여와 밀접하게 연
관된다는 점이다. 자기 정체성은 공적 정체성, 집단적 정체성과 떨어
질 수 없다는 점에서 단순히 생계를 유지하는 경제적 보상으로는 해
결할 수 없는 지점이 있음을 역설한다.

복지국가 모델의 파산, 사회주의 모델의 틈새에서

인간역량과 정치참여의 상관관계는 현재 모든 사회에서 제기되는
복지 문제에 대한 중요한 단서를 제공한다. 수혜식 복지국가 모델의
파산을 맛본 우리로서는 누스바움의 역량 접근법이 어떻게 이해될
수 있는지 가늠하게 해준다. 기본 생계를 유지하는 수단으로서 복지
정책은 장기적인 관점에서 성공할 수 없는 것이었다. 보수 진영의 주
장처럼 무책임한 행위자를 양산했다는 비판을 면하기 힘들다. 무엇
보다 개인 스스로 자기 삶을 꾸리려는 자기 결정의 기회를 훼손하는
우를 범하는 것이다. 따라서 기회의 제공이 개인 선택을 훼손하지 않
으면서, 개인 역량을 키울 수 있는 방향이 모색되어야 할 것이다. 누
스바움의 역량 접근법은 정확히 이 길을 택하고 있다.

　또한 진보 진영의 노력에서도 배울 점이 많다. 국가를 욕망의 보
루가 아니라, 의무로 총체로 생각해야 한다는 것, 따라서 모든 것이
사적 소유의 수단으로 전락하는 이 상황에서 공공성의 확보가 얼마

나 중요한지 보여주고 있다. 그 조건은 평등의 근본 조건, 착취와 소외 없는 인간의 필요와 관련된다. 누스바움의 역량 접근법은 국가의 역할을 의무의 이행으로 보면서, 핵심역량 목록 차원에서 공공성 확보의 기틀을 마련하는 것이다. 공공성의 기틀 없이는 어떤 역량도 달성될 수 없으며, 인간이 또 다른 사적 소유의 수단으로 전락할 위험성이 있다. 스칸디나비아 반도의 복지정책의 기조에 어느 정도 동조하긴 하지만, 스웨덴식 복지모델을 역량접근법과 동일시하는 것은 누스바움의 역량 접근법에 대한 오해에 기인한 것이다.

누스바움의 역량 접근법은 적극적인 의미에서 어떤 정치 체제로 나타나야 하는지 아직 분명하지 않다. 하지만 적어도 그의 논의에서 배제되는 체제만큼은 확실하다. 먼저 자유지상주의의 최소국가 이념처럼 사적 소유를 정당화하는 경찰국가는 단호하게 거부되어야 한다. 특정인의 역량이 아닌 모든 각 개인의 역량이 보호받고 발휘될 수 있도록 해야 한다는 점에서 이런 국가는 거부되어야 한다. 동시에 신자유주의가 구상하는 세계국가의 이념 또한 설 땅이 없다. 과도한 경쟁보다 허약한 사람을 우선시할 수 있는 배려의 정신이 요구된다. 또 다른 측면에서 보면 누스바움의 국가는 국가 주도의 계획 경제 또한 부정할 것이다. 무엇보다 역량은 각 개인의 선택과 실천적 이성을 통해 나타나기 때문에, 국가 주도의 계획 경제는 개인의 선택보다 국가의 선택이 우선시됨으로써 왜곡된 개인의 선택을 주도한다. 전체주의 사회처럼 개인은 사라지고, 국가의 망령이 지배하는 사회가 된다. 누스바움의 입장에서 보면 이런 사회는 소수를 위한 역량만을 키울 가능성이 높다.

누스바움은 자유주의가 기본 정신임을 분명하게 밝힌 바 있다. 따라서 그의 역량 접근법은 자유주의 체제의 보완으로 보는 편이 온당할 것이다. 특히 핵심역량을 제시하고 실행하는 데 헌법의 기본 가치는 매우 중요하다. 누스바움은 간디, 타고르 이후의 인도 헌법과 남아프리카 공화국의 헌법을 언급하며 이들 국가에서 헌법이 갖는 의미와 중요성을 강조하고 있다. 이들 헌법은 역사적 경험을 바탕으로 정의 차원에서 역량의 중요성을 부각하고 있다. 핵심역량 목록이 보여주듯이 정치적 참여는 역량을 키우는 가장 중요한 방법이다. 자유주의는 스스로의 선택과 책임을 강조한다. 자유주의는 이런 선택과 책임이 정치적 자유의 보장에서 나온다고 본다. 그런 점에서 누스바움은 자유주의가 도달해야 할 종착지는 아니지만 출발점임을 강조한다.

우리에게 역량 접근법이란

우리는 누스바움의 역량 접근법을 어떻게 받아들여야 하는가? 서구의 성장 모델과 GDP 접근법을 선진국 모델로 받아들이는 우리에게, 역량 접근법은 적어도 우리 사회를 돌이켜볼 기회를 제공한다 하겠다. 성장 위주의 정책이 가져다 준 폐해는 더 이상 열거하지 않아도 될 것이다. 양극화사회, 고령화사회로 들어서면서 우리는 또 한 번의 중대 귀로에 서 있다. 모든 것을 원점에서 생각해볼 때가 되었다.

　우리는 또 다른 성장을 선택해야 하는가? 그렇다면 우리의 미래는 밝을 수 없다. 양극화, 청년실업 문제를 풀지 못하면 기득권초자설 땅을 잃게 될 것이다. 그렇다고 아직 정착하지 못한 복지정책에 너무 많은 것을 기대할 수는 없다. 미래의 불확실성이 앞서기 때문이다. 무엇보다 미래에 대한 기대가 없는 상황에서 역량 접근법은 많은

점에서 유용할 것으로 판단된다. 핵심역량을 중심으로 우리의 잠재
역량을 모색하는 것은 이른바 또 다른 성장의 기반이 될 수 있는 터,
한층 세밀하고 치열한 논쟁으로 이 문제에 대한 깊은 고민이 필요해
보인다.

　더욱이 고령화사회는 우리가 해결해야 할 또 다른 문제를 낳는
다. 단순히 경제적 이해타산의 문제가 아니라, 인간의 취약성이라는
조건에서 고령 문제를 접근해야 한다. 개인의 선택이 아닌 집단의 선
택 차원에서 잠재역량에 집중하는 것은 현실적인 문제해결에 도움이
될 것이다. 세대 간 갈등을 오히려 역량의 조화로 잇는 작업이 필요
하다. 이 과정은 정치 참여를 통해 가능하다. 소수가 독점하는 정치
가 아닌, 모두가 참여하는 정치, 역량을 모으는 정치로 새롭게 변신
해야 할 것이다. 이 모든 것은 우리의 숙제이지만, 역량 접근법은 그
에 대한 새로운 관점을 제시할 수 있을 것이다. 전혀 다른 시각에서
역량을 가늠하고 우리의 방향을 정립해야 한다.

　누스바움의 정치철학은 고대 정치철학 복원 측면에서도 도움을
줄 것이다. 우리는 근대의 서구 정치 이념에 지나치게 경도되어 있다.
이념 정치도 그 연장이라 할 것이다. 하지만 지금 우리는 새로운 사
고를 요구받고 있다. 산적한 우리 문제를 풀어내려면 과거를 새롭게
해석하면서 창의적으로 세계에 대처할 필요가 있다. 그렇다면 우리
는 근대 서구 이념의 장단점을 진단하면서 고대 정치철학이 지닌 가
치도 적극적으로 수용해야 한다. 누스바움의 역량 접근법은 이런 비
판적 수용의 가능성을 보여준다 하겠다. 그 때문일까. 암울하기만 한
우리 현실에서 누스바움의 책은 읽는 재미뿐 아니라, 캄캄한 어둠에
희미한 빛이 스며드는 듯한 희망을 품게 해준다. 그 희망을 실현시키
는 자는 분명 우리일 것이다.

이양수 한양대학교를 졸업하고 미국 조지아대학교에서 『폴 리쾨르의 정의개념 연구』로 박사학위를 받았다. 주요 관심 영역은 폴 리쾨르, 해석학, 영미 정치철학, 윤리학이며 최근에는 내러티브에도 관심을 두고 있다. 현재 경기대학교 대우교수이며 연세대학교, 한양대학교, 건국대학교, 숭실대학교, 인하대학교에도 출강하고 있다.

찾아보기